從心理時間的祕密，
到記憶如何形塑我們的人生

為什麼年紀愈大，時間過得愈快？

WHY LIFE SPEEDS UP AS YOU GET OLDER

How Memory Shapes Our Past

Douwe Draaisma

荷蘭 格羅寧根皇家大學 行爲暨社會科學學院 首席教授

杜威·德拉伊斯瑪——著　張朝霞——譯

第一章　總論

第二章　最初記憶

第三章　氣味與記憶

第四章　刻骨銘心的記憶

第十章　腦損傷和記憶
——身心巨大創傷對大腦的影響……142

第十一章　記憶不可察的生命風景

第十二章　似曾相識感

第十三章　懷舊情結

第十四章　為什麼年紀愈大，時間過得愈快？

第十五章　關於遺忘

第一章　總論

──記憶就像狗一樣，窩在牠自己想待的地方

記憶有其自由意志。我們告訴自己：我必須記住這件事，必須銘記這一刻，不能忘記這個神情、這種感覺、這樣的撫愛……結果不消幾個月，甚至不出數日，便發現記憶已經不復我們期待中的色彩、氣味或滋味。作家賽斯．諾特博姆（Cees Nooteboom）在詩作《儀式》（*Rituals*）中這麼說：「記憶就像狗一樣，窩在牠自己想待的地方。」

另一方面，如果我們命令記憶「別」保存某些事，它也從不放心上。「真希望我從沒見過這東西、沒體驗過它、聽都沒聽說過它！」「要是我能把整件事忘得一乾二淨就好了！」沒用的，每當你夜裡輾轉難眠，它總不期然地不請自來。這種時候，記憶也還是像隻狗，啣回我們才丟棄的東西，朝我們搖尾巴。

從一九八〇年代起，心理學家開始以「自傳性記憶」（autobiographical memory）來指稱我們儲存個人生命經歷的記憶。它可以說是一部記錄我們人生的編年史，內容之浩瀚，不論什麼人在何時問起我們人生最早的記憶、孩提時代的住所是什麼樣子，或是我們最近讀什麼書，我們都可以從「自傳性記憶」中找到答案。然而，「自傳性記憶」的回憶和忘卻是同時運行的。這就像你讓某個成事不足、

敗事有餘的祕書幫你的人生做筆記，他把那些你寧可忘記的事一絲不苟地抄寫下來，卻總在你人生最精彩的時刻擺爛——裝出一副賣力工作的樣子，其實他手上的鋼筆連筆蓋都沒摘下來。

「自傳性記憶」有它自己一套神祕的運作規則。為什麼我們三、四歲之前的記憶幾乎一片空白？為什麼那些讓我們心痛的事，永遠是用絕不褪色的墨水記錄的？為什麼我們受過的恥辱，總讓人長年銘記在心，而且有如起訴書一樣精準不差？為什麼在暗淡昏沉的時刻、在陰霾密布的心情下，記憶總是無可避免被啟動？抑鬱與失眠，把我們的「自傳性記憶」轉化為悲傷的故事：每一段不愉快的記憶，透過一張鬱悶壓迫、糾結交錯的網絡，連結到其他不愉快的記憶。有時候，我們會冷不防地被自己的記憶嚇一跳，例如：某個氣味讓我們突然想起三十年來想都沒想過的事；七歲以後就不曾走過的某條街道，現在看來就像縮水了一般，窄小得讓人幾乎認不得；比起四十歲時，當人生來到遲暮之年，感覺那些年少時的記憶變得更清晰……這些都是很尋常的反應。或許你還想知道：為什麼你到今天仍清楚記得當年聽到英國戴安娜王妃遇難的消息時自己正身在何處？「似曾相識」（Déjà vu）究竟是怎麼回事？還有，為什麼隨著我們的年齡增長，時間彷彿也在加速流逝？

想來頗不可思議，心理學家竟然直到晚近才肯定「自傳性記憶」的存在。這其實是因為，「自傳性記憶」儲存個人經歷與事後回想起這些經歷的能力，正是我們大家掛在嘴邊的「記憶力」。畢竟，所謂個人的記憶，除了個人體驗之外，還能儲存什麼其他東西？不過，會問這個問題，其實是出於某個誤解。我們的個人記憶，其實一點都不單純。

所有心理學教科書都將記憶劃分為幾十種不同類型，有些記憶指涉記憶的儲存期間，例如「長期記憶」（long–term memory）、「短期記憶」（short–term memory），有些則與連結不同類型記憶的感官相關，例如「聽覺記憶」（auditory memory）、「視像記憶」（iconic memory），還有一些是跟儲存的資訊類型有關，例如「語意記憶」（semantic memory）、「動作記憶」（motor memory）或「視覺記憶」（visual memory）。上述這些不同類型的記憶，有各自的規律和特色；記住某個單字的方法，跟怎麼記住開車時的腳部動作是不同的，而記住畢氏定理與記住第一天上學的情形也截然不同。

由於記憶的類型是如此五花八門，這個與儲存個人經歷相關的記憶專有名詞，要一直到二十世紀八〇年代初才應運而生，也就不足為奇了。既然如此，我們又不禁想問：一直遲遲沒有動靜的「自傳性記憶」相關研究，為什麼最後仍得以開展？

「自傳性記憶」早期研究之一：聯想與回憶實驗（倫敦）

其實，這一門研究本來很可能再早一個世紀面世。世上第一個與自傳性記憶相關的實驗發生在一八七九年左右，出自英國科學家高爾頓（Francis Galton, 1822–1911）爵士之手。高爾頓對自己的聯想力一直非常好奇。一日，當他沿著倫敦帕爾瑪街（Pall Mall）散步時，一邊將注意力集中在沿途所見的事物上，一邊將它們引發的聯想記錄下來，結果令他非常驚訝：那些念頭根本有天差地別之遠，當中還有許多讓他想起一些多年不曾憶及之事。在觀察自己的意識活動時，高爾頓注意到，如何持續關注又不妨礙思緒自主，有時是一個難題。解決之道是，他會先任思緒自由奔馳片刻，靜待一些念頭自然湧現腦海中，然後猛地將注意力集中在那些念頭上，「仔細檢視追究，並精確記錄下它們的面貌」——類似警察突然出手逮人、然後搜身的手法。事後，高爾頓決定用比較有系統的方法來炮製這個實驗。

高爾頓挑了七十五個他自己覺得合適的單字，例如「馬車」、「修道院」和「下午」，逐一謄寫到幾張紙上。實驗時，他用書本壓好一張單字清單，讓自己只需傾身就能看到紙上的下一個單字。這實驗有一套固定程序：傾身向前，讀進某個單字，按下馬表，靜待腦中出現與該單字相關的各種聯想，再按下馬表。然後高爾頓記錄下那些聯想，以及生成聯想花費的時間。

「我很快就進入一種非常自動化的模式來完成整個程序。」高爾頓解釋，「將心緒放空、保持絕對平靜，同時又要專心一意，並繃緊神經、嚴陣以待，然後進入單字。」但這不表示高爾頓喜歡這個實驗，事實正好相反，這過程既煩悶又累人，他必須用盡每一分意志力才能堅持下去。高爾頓先後四次在不同環境下進行了這個單字表實驗，每次間隔約一個月左右，共產生五〇五個聯想，總費時六六〇秒，換算下來，一分鐘約五十個聯想左右。「簡直少得可憐。」高爾頓覺得這比在自然隨想狀態下產生聯想的速度慢上許多。而且這五〇五個聯想的內容有所重複，實際上的聯想數目還要更低，只有二八九個。

這結果大出高爾頓意料之外，也重挫了他的期待，因為那次在帕爾瑪街散步的初次實驗裡，他的聯想曾經那麼豐富多變。結果是，他的聯想宛如從舞台一端踏步走向另一端、然後快步跑過後台、再次登台加入同一列踏步隊伍的演員，沒完沒了走下去。這樣的循環反覆，證實了「我們的思維軌跡有多麼根深柢固」。

揭櫫「懷舊效應」的第一人

高爾頓還發現，有許多聯想跟他的少年時期有關，比例不低於三十九%，有幾個單字讓他想起小時候曾有幾天到某位化學家的實驗室玩耍的往事，而近年發生的事件勾起的聯想相較下就少得多，只有十五%。尤有甚者，實驗結果還顯示，那些「久遠的」聯想正是這種重複性的關鍵：與年少時期相關的聯想，當中有四分之一出現了四次，等於重複了三次。另外他也發現，教育與養成對成人時期相關聯想的影響頗為顯著。儘管高爾頓見多識廣、閱歷豐富，並且以探險家身份聞名，他的聯想內容仍反映了典型的英國人思維，這結果令他無比震愕。而當高爾頓檢視那份單字表，他也發現它充滿自己出生、成長的社會環境特徵。

實驗結束，高爾頓心滿意足。他已經證實那些轉瞬即逝的聯想可以被記錄下來進行統計分析，也可以拿來分門別類、標注日期。高爾頓洞悉了大腦內「朦朧而深邃」之物，箇中所見，不全然適合見光。「聯想，」他寫道，「以奇特難解的方式揭露了人類思想的基礎，更生動、真實地剖現了個人的心智活動，當中有些內容我們可能不樂意公諸於世。」此實驗讓高爾頓留下如此的整體印象：「就像不少人曾經有過的經歷：只有必須大翻修家裡的地下室時，我們才第一次意識到那些排水管、瓦斯管、下水道、暖氣管、電線等是多麼複雜的系統。我們的舒適生活，奠基於這些通常不在眼界內的設備；只要不出問題，我們從沒把它們放心上。」

這個實驗，本可以讓高爾頓當之無愧成為自傳性記憶心理學的奠定者。他是闡明「懷舊效應」（reminiscence effect）的第一人：當人步入六十歲時（高爾頓當年五十七歲），大部份的聯想會跟年少時期相關。而且，他也是史上第一人，設計一個方法來探究人類大腦裡那些之前從未有人進行過系統研究的區域。不過，他的實驗並未造成轟動、引發後續效應，因為同樣在一八七九年左右，還有一個人正忙著進行記憶相關實驗，用的也是單字表和馬表。那是個德國人，名叫艾賓豪斯（Hermann Ebbinghaus, 1850–1909）。

「自傳性記憶」早期研究之二：量化記憶實驗（柏林）

艾賓豪斯是個哲學家，曾在英國和法國擔任家庭教師，之後奉召回到柏林，在普魯士宮廷教導華德瑪王子（Prince Waldemar）。這份工作在華德瑪王子一八七九年感染白喉逝世後驟然告終，艾賓豪斯決定另謀出路，希望能在私立大學謀得哲學系教職，論文內容是他還在普魯士宮廷時便已展開的實驗。和高爾頓一樣，但與他毫無往來或關連，艾賓豪斯研究了自身的記憶活動。

艾賓豪斯設計了自己獨創的實驗素材：用兩個子音包夾一個母音，組成一套包含兩千三百個音節的資料庫，例如nol、bif、par，然後將這些音節——他稱之為「無意義音節」（nonsense syllables），雖然其中也有一些有意義的單字——抄寫到卡片上。具體的實驗過程如下：每一次在同一時間，艾賓豪斯將懷錶放到桌上，拿起整套音節卡片並抽取不定張數，將上頭的音節抄到筆記本上，接著開始用手指撥數一長條木製串珠（每十顆有一顆被塗成黑色），以每秒兩、三個音節的速度飛快讀出那些音節，直到將整組默記在心。

每一組音節的初次實驗後，他會間隔一段期間（長短從二十分鐘到六天不等，甚至有長達一個月），然後再次用同一組音節重複實驗。用「初次記憶」某組音節所需的複誦次數，扣除「重新記憶」那些音節所需的複誦次數，艾賓豪斯得到一個數值，稱之為「節省指數」（saving）。他發現，「重新記憶」比「初次記憶」所需的複誦次數來得少，而「少」多少是取決於「初次記憶」和「重新記憶」兩者間的間隔時間長短。

遺忘的速度相對來說先快後慢

透過這個方法，艾賓豪斯找到了量化記憶的間接途徑。雖然它無法直接檢測已經遺忘的內容，卻可以獲知「重新記憶」所需的重複次數。尤其值得一提的是，艾賓豪斯可以用曲線圖來說明其發現：曲線在前二十分鐘急速下滑，一個小時後趨緩，一天後變為水平線。這就是著名的「艾賓豪斯遺忘曲線」：時間間隔愈長，遺忘的程度愈少。他的另一個發現是，隨著音節數量增加，重複次數會不成比例升高。舉例來說，當音節數為七個，艾賓豪斯一次就可以記住；如果音節數有十二個，他需要重複十七次才能記住；如果音節數有十六個，則重複次數急增到三十次。這就是著名的「艾賓豪斯定律」（Ebbinghaus law）。

一八八〇年，艾賓豪斯將此實驗的研究報告，呈交柏林大學物理學家暨數學家馮．赫姆霍茲（Hermann von Helmholtz, 1821–1894），做為應聘大學教職的論文。馮．赫爾姆霍茲肯定了這份報告，並對艾賓豪斯的研究方法和統計處理表示讚賞。儘管他認為實驗結果「沒多大了不起」，但仍承認這樣的結果是始料未及的，並推薦學校聘用這個「聰明的傢伙」擔任不支薪講師。如願謀得教職後，艾賓豪斯繼續進行同樣的實驗，並補充新研究內容，實驗白老鼠則依舊是他自己。沒有其他選擇。艾賓豪斯曾寫到，實驗對象必須具備無比的專注力與耐心，才能經年累月重複背誦那些音節。這麼一件無聊至極的工作，憑良心說，不能奢望其他人有這樣的韌性。於是，艾賓豪斯本人每天早上坐在那裡，手裡撥弄著那一長串木珠，嘴裡嘟噥著那些音節。這一番苦工的結果，在一八八五年出版問世：《論記憶》（*Über das Gedächtnis*）。

數據的最初勝利

在實驗方法上，高爾頓和艾賓豪斯有許多共通之處。這兩人都研究自身的記憶，都採用系統化的方法，也都試圖得出精確的答案：量化的形式、百分比數字。而兩人最主要的相似之處是，他們都很開心自己成功開啟了記憶的實驗研究之門。高爾頓寫道，透過實驗，他已然洞穿人類隱密的思維活動、直搗晦暗不明之處；艾賓豪斯則認為自己有幸發現了某個「自然科學與實驗測量兩大槓桿」都能派上用場的地方。

不過，這兩人的研究還是有所不同。儘管他們的實驗都是研究記憶，但是**只有高爾頓的實驗與回憶相關**。

艾賓豪斯的「遺忘曲線」，不能追溯他的青春歲月，跟他的思維如何隱晦難解也毫不相干（看不出能從他的大腦地下室底下挖出什麼）。打從一開始，高爾頓在「逮捕、做筆錄」前滿心期待的聯想，就被排除在艾賓豪斯的實驗規則之外。他拿來研究自己記憶的音節，本來就被設計成不具任何意義。因為，只有在明淨、空敞的無干擾空間裡，關於記憶、重新記憶與遺忘之間的規律，才能被彰顯。最好的實驗素材本身不該觸發或釋放什麼，而應該只是一系列短促、無意義的刺激。

高爾頓的研究內容，對艾賓豪斯來說不過是一種干擾因素。而正由於艾賓豪斯對實驗條件的嚴格管控，令其研究成果多了一項高爾頓所沒有的特點。艾賓豪斯從記憶中再現的內容，能夠拿來跟原始的記憶素材比對；他可以用比率數字來闡釋自己的研究功績，諸如：初次記憶和重新記憶的間隔時間影響、音節的長度等。簡而言之，幾乎一切都能以非常精確的量化方式予以分析。高爾頓的研究方法做不到這一點。他的聯想毫無疑問勾起了之前在某個時間點進入其記憶的事物；如果他小時候沒去過那間實驗室，日後就不可能回想起曾經有過那段經歷。然而，高爾頓的聯想不能拿來做數據比較，艾賓豪斯卻可以透過其量化方法反覆比較相關數據。儘管他發明的音節欠缺意義與內容，但那些測驗與研究的精確度彌補了這一切。

高爾頓和艾賓豪斯都對彼此的研究大加推崇。如果他們在一八八五年時能夠預見到二、三十年後、一覽其時記憶研究領域的版圖，一定會為之目瞪口呆。雖然兩人在實驗的設計和方法上不盡相同，在當時其實具有同等價值，互有長短。然而，一個世代後，那種對等價值已蕩然無存。艾賓豪斯式研究方法迅速開掘出一片河床，愈來愈多支流匯聚其中，最後終於變成記憶研究的主流。

主流記憶研究模式：可驗證性

記憶實驗遵循著一種模式，而一九一三年出版的《來自實驗心理學與教育學實驗室的報告》（*Aus*

der Werkstatt der experimentellen Psychologie und Pädagogik）書中的一幀照片（圖1），堪稱該模式的經典體現。照片攝於德國的一間實驗室，地點和日期不詳。事實上，就算知道這些資訊也不會造成多大影響，因為關於記憶的實驗規則模式已經確立，因此實驗設備和流程，甚至整個實驗室在某種程度上都可以相互更替，不會影響實驗結果。艾賓豪斯當年是在家裡的桌子上進行實驗，除了一系列寫有音節的卡片、一長條珠串和一只懷錶，沒有其他器具輔助，他的後繼者則是在配備精良測試儀器的實驗室裡作業。艾賓豪斯集實驗者和實驗對象的身份於一身，圖1中的實驗者和實驗對象角色卻是切割開的：照片中的小女孩是實驗對象，另外兩位則是實驗者，正全神貫注在操作儀器，測試小女孩的記憶。

圖1. 艾賓豪斯式的記憶實驗

我們可以從照片中看出，記憶實驗已經嚴格機械化，由各式各樣

「記憶測定器」（Mnemometer）與其他「記憶儀器」將實驗素材傳送給受試者——其中之一就擺在女孩面前的桌上。小盒子裡有一個機械裝置，負責讓實驗刺激按照一定的間隔時間傳送給小女孩。在這裡，所有實驗器材構成了一個封閉的迴路，而小女孩就是其組成的一部份。實驗題目一出現，女孩左手邊鐘形玻璃罩裡的「極微時間測定器」（chronoscope）就開始運轉，當女孩一對單字作出反應，測定器就立即停下。箇中原理是，女孩前方有一片感應膜，能夠接收女孩發出聲音時的振動，然後切斷連接測定器的電路。「極微時間測定器」過去曾經是心理學研究的精確度象徵，捕捉受試者的反應時能夠精準到毫秒單位。這張照片裡的掛圖，內容為「希普」（Hipp）極微時間測定器的電路圖。

當年，艾賓豪斯在書房裡一個人咕噥唸著音節，以自己為實驗對象進行最初的記憶研究。三十年後，一切悉已改變：實驗地點、實驗者和實驗對象的切割、先進的儀器設備，以及標準化的實驗流程。即便如此，女孩參與的這場實驗依舊是不折不扣的艾賓豪斯式實驗，原因就在於實驗者要求她記憶的素材：同樣還是由兩個子音包夾一個母音，同樣不具任何意義，例如kad。

新舊記憶研究更迭

高爾頓聯想實驗的命運很快便揭曉了。他的實驗成果因為後來興起的記憶心理學而黯然失色。那是以艾賓豪斯記憶實驗為基礎衍生出來的，不只研究方法與途徑與之一致，連研究目標也是——這在邏輯上完全合理，就像所有工匠都會說的：用什麼工具大致決定了能拿來做什麼。這個新趨勢讓關於記憶的心理學發展成一門真正的科學。

今天許多關於學習與記憶、再認（recognition）與再生（reproduction）的知識，都是在上個世紀積累起來的，這一點可從當今大多數心理學教科書中得到證實。心理學家仍在用音節進行研究，不同的是，這類研究法如今只是那些形形色色、用來處理史上最龐雜資訊類型的眾多技術之一。但研究者偏好可以取得**精確**量化答案的題目，以及解釋記憶究竟如何運作的那份企圖心，從來不曾改變。量化比較「訊息輸入」和「訊息輸出」（即我們記憶、再生的記憶素材）的可能性，依舊是記憶研究不言自明的基本要求。

這個方法當道必須付出一個代價：有些難以透過實驗與測量來研究的課題，因此暫時或永遠被排除在研究進程之外，嚴重影響對自傳性記憶的研究。因為我們的人生經歷不會碰巧先寫到一本筆記本上，也沒那個閒功夫用bif或kad來記錄。正常情況下，記憶沒辦法用數字比率來表達，理由很簡單，因為等式有一半是不存在的。

一直到二十世紀七〇年代，與早期記憶研究潮流相悖的新趨勢終於出現。要交代此一轉折的背景，會讓我們離題太遠，總之，一個非常重要的因素是：當時主流記憶研究感興趣的題目，跟那些我們在日常生活中可能會遇到、與記憶運作方式相關的問題，可謂相去千百里之遠。許多學者，例如伊麗莎白．洛夫特斯（Elizabeth F. Loftus,）、奈瑟（Ulric Neisser, 1928–2012）、巴德利（Alan David Baddeley）、魯賓（David Rubin）、康威（Martin Conway），以及荷蘭的瓦格納（Willem Wagenaar, 1941–2011），都將注意力轉向奈瑟歸類為「日常記憶」（everyday memory）的研究上，亦即，記憶在自然條件下的運作方式。這個新方向的最顯著成就，就是它迅速推進了自傳性記憶的研究。

聯想實驗重出江湖

令人意外而且諷刺的是，先前高爾頓用於自傳性記憶研究的實驗方法，竟然在新的記憶研究中大有作為。舉例來說，心理學家克羅維茲（Herbert Crovitz, 1960–1994）和希夫曼（Harold Schiffman）想知道高爾頓的聯想方法有沒有任何可能適用於他們自己的研究，於是挑選了近一百名學生為研究對象，並提供這些學生二十個單字，要求他們記下每個單字喚起的最初記憶（first memory），並盡可能準確記錄事件發生的時間。

研究結果顯示，記憶發生的頻率會隨著時間而規律遞減：大部份記憶都與最近發生的事情有關，幾小時或幾天前，除此之外的記憶數量遽減。克羅維茲和希夫曼在研究報告中寫道，就實驗對象的年齡來說，其研究結果跟高爾頓的實驗結果之間，可能無法做出什麼有意義的比較，但如今回頭看，這一點後來成了該實驗最主要的意外收穫，那就是：這群二十來歲的學生，喚不起對「久遠」往事的回憶！克羅維茲和希夫曼的研究成果，於一九七四年在《心理學協會典範期刊》（*Bulletin of the Psychonomic Society*）上發表。這份期刊的關注焦點，或多或少放在量化研究和實驗心理學上。這兩位心理學家的研究成果發表，標誌著「高爾頓線索字技術」（Galton cuing technique）的崛起。如今，它已是研究自傳性記憶時經常使用的實驗方法。

另外還有個例子，是瓦格納的「日記研究」。他在三十七歲時，開始研究自己的記憶，歷時六年。每天，他會記錄下一件日常生活中的事件，內容包括發生**什麼事**、**誰**牽涉其中，以及**何時**發生的、地點在**哪裡**。瓦格納還用了一個分為五個等級的量表刻度，來記錄自己感受的強烈程度，以及該事件有多特別或令人多開心的程度。此外，他還記下事件中最重要的一個細節，用於日後檢驗自己是否真的記得該事件。

一九七九年至一九八三年間，瓦格納共寫下一六〇五則個人經歷小報告。一年後，瓦格納開始隨機挑選某個線索——何人、何地或何時——努力回憶相關的事件。如果一個線索無助於回憶，他再選取第二個線索，有必要時更選取第三個，直到能想起他記錄的事件為止。

跟前輩高爾頓、艾賓豪斯一樣，瓦格納發現這樣的實驗既無趣又累人。瓦格納每天最多只能想起五件事，這正是為何他花了整整一年時間才完成實驗的原因。瓦格納的實驗結果顯示，「事件涉及的人物」和「發生地點」這兩條線索最有用，「發生時間」則用處甚微。不論事件當天的日期具有多重大的社會意義，在記憶裡無足輕重。

瓦格納注意到，短期來說，想起開心的事比不開心的事容易，但時間一拉長，就沒有這種區別了。遺忘（以他想起一件事需要多少線索數量來定義）似乎呼應了自艾賓豪斯以來已廣為人知的規律：遺忘的速度相對來說是先快後慢的——自傳性記憶也不例外，其遺忘曲線先急速下滑，之後趨近水平線。瓦格納在研究報告中指出，他和艾賓豪斯研究的最大不同處，在於艾賓豪斯一個月後就忘了自己發明的那些無意義音節，而他卻能在很久以後回想起每一件事，雖然可能必須大費周章或仰賴當時也在場的人相助。

就這樣，自傳性記憶研究結合了最早的成果與最新的發現。它沿用十九世紀那一套方法，但以最先進的統計方法來分析結果。實驗的提問內容，早在實驗心理學崛起前便已出現，不只在記憶研究中穩占一席之地，更是研究的基礎，結果無法以數據呈現是不可避免的事。他們用這種方式研究「記憶」——涵蓋傳統、共通與全面性的意義——致力於尋找艾賓豪斯為追求準確性而被迫犧牲的東西：意義和內容。

為什麼要探究記憶之謎

自傳性記憶是我們最親密的夥伴，伴隨著我們一起成長。它在我們五歲、十五歲或六十歲等各年齡階段的表現互不相同，只是其改變方式潛移默化，我們很難察覺。自傳性記憶涉及的問題，必須放在一個時間軸上探討，就個人生命來說如此，就本書來說也是如此。從最初記憶到年邁健忘，從記憶形成到記憶磨蝕，從不成熟到不復記憶，此間種種問題是我們所有人注定要面對的，因為，我們每個人都有自己的記憶。

當一件事物如影隨形陪伴我們終生，我們不可能無動於衷。而相關問題的答案，必須透過一門無論在規模、熱中程度與範疇上都呈飛速成長的研究來探求。那就是自傳性記憶研究。

對許多心理學家來說，包括我本人在內，優先處理那些適用現行實驗工具的問題，已經成為我們的第二天性，並且據此來設計實驗，輔以調查問卷、結合心理學與神經學分析處理法的評量，以及包括正子掃描儀與其他諸多儀器在內的新近代表性技術。這些做法為我們的研究畫下界限。界外的，我們選擇置之不理，因為它跟我們的研究典型格格不入。

至少，這是我們的第一反應。

答案不只存在心理學中

本書是對上述這種反應的一種抵制。我們對於記憶的大多數體驗落在時間坐標上，無法用實驗研究來檢驗。有些現象太過短促，無法及時記錄下來，例如「似曾相識感」會突然而至，而當你意識到時，那種重溫生命某個片段的絕妙感受也已消逝。相對的，隨著年齡增長，我們會產生時間過得愈快的錯覺，其時間跨幅也是無解的問題，因為沒有實驗可以涵蓋一個人的一生。另外還有某些發生在特殊狀況下的體驗，則是不容我們進行實驗研究，例如瀕死經驗。那些人劫後餘生後表示，在生死關頭之際看到一幅幅代表過去生命經歷的影像閃現過眼前——像這樣的事如何在實驗室條件下進行檢驗？我們很顯然面臨一種兩難：不是將這類問題束之高閣，就是透過實驗以外的方法來探尋答案。

我個人的選擇是，即使在無法進行直接實驗研究的情況下，我們仍能找到一些至少得以提供部份答案的資料。有時候，答案不只存在心理學中——神經學家和精神病學家也有記憶的相關著述，其他還有作家與詩人、生物學家與生理學家、歷史學家與哲學家，都對此發表過心得。他們的研究成果，有時甚至超越了那個時代的心理學界限。尤其是艾賓豪斯之前的研究者——雖然他們對記憶的認識很懵懂，雖然他們除了個人經歷和觀察之外，別無其他資源，但他們探討了那些在現代研究計畫中不可能再看到的問題。

需要特別說明的是，讀者對本書的著眼點跟作者是對立的。就讀者來說，本書著眼於未來；對我而言，本書著眼於過去。仔細想想，我發現本書體現高爾頓的精神多於艾賓豪斯，而且說到「久遠的」聯想，往往令我遙想起自己接觸心理學的早年時光。「為什麼隨著年齡增長，時間過得愈快？」

這樣的感慨會成為懷舊效應代名詞，也出於同樣的原因：我們每個人都擁有美好的過往。

參考書目

–Benschop, R., and D. Draaisma, 'In pursuit of precision: the calibration of minds and machines in late nineteenth–century psychology', *Annals of Science* 57 (2000) 1, 1–25.

–Crovitz, H. F., and H, Schiffman, 'Frequency of episodic memories as a function of their age', *Bulletin of the Psychonomic Society* 4 (1974), 517–18.

–Ebbinghaus, H., *Über das Gedächtnis*, Leipzig, 1885.

–Galton, F., 'Psychometric experiments', *Brain* 2 (1879),149–62.

–Nooteboom, C., *Rituals*, translated by Adrienne Dixon, Baton Rouge, 1983.

–Schulze, R., *Aus der Werkstatt der experimentellen Psychologie und Pädagogik*, Leipzig, 1913.

–Traxel, W., and H. Gundlach (eds.), *Ebbinghaus–Studien* 1, Passau, 1986.

–Wagenaar, W. A., 'My memory: a study of autobiographical memory over six years', *Cognitive Psychology* 18 (1986), 225–52.

第二章　最初記憶
——劃破黑暗生命的靈光

生命是否以失憶為終結尚有待檢證，可以肯定的是，生命是始於有記憶的那一刻。大多數人的最初記憶落在兩歲到四歲之間，但發生在兩歲前或四歲後的情況也有所聞。想起這些最初的記憶，不代表失憶的終結，反而更強調失憶的存在。因為這些記憶多半是一些零星、彼此毫無關連的影像，而我們不只想不起它們之前的任何事，在它們之後也是一大段空白。

「透過探究我的童年，」俄國大作家納博科夫（Vladimir Nabokov, 1899–1977）在其著作《說吧！記憶》（*Speak, Memory*）中寫道：「我看到意識如何覺醒，吉光片羽般的碎片閃現，彼此的間隙漸漸消滅，終於形成一段段清晰的感知，難以捉摸的記憶由此生成。」

但那些碎片間的空白從何而來？三、四歲的孩子已經學過各種事物並且銘記在心，其記憶功能的運作應該相當成熟了。他們在這個年齡階段，詞彙呈爆炸式成長，對發生在自己身上的事可以說個不停，其反應也告訴我們，他們對自身的經歷有所思考，而且一些事件會對他們造成重大影響。儘管對孩子來說，「過去」一概都是「昨天」，漫長且混沌不明，但毫無疑問，他們真的**記得**發生過的事。只是這些記憶幾乎大部份在幾年間又消失得無影無蹤，只餘下一些碎片靈光，在黑暗中乍現閃爍。

童年失憶症

佛洛伊德將這種失憶稱為「嬰兒失憶症」（infantile amnesia）。在他的理論中，「嬰兒期」是指從出生到六、七歲這一段時期。「嬰兒」（infantile）本來只是個中性的專有詞彙，後來才在日常使用中衍生出其他語義。此一現象目前的標準名稱為「童年失憶症」（childhood amnesia）。佛洛伊德覺得世人對它太輕忽：「在我看來，人們對此事的反應應該更錯愕震驚才對。」畢竟，假如幼年經歷真的對個人成長至關緊要，為什麼我們後來會幾乎忘得一乾二淨？

佛洛伊德是最早明確點出這個問題的人，由此推動了心理學的發展。這方面研究最早始於一八九五年，至今依舊吸引眾多心理學家的關注。上個世紀興起的各種心理學思想和流派，都曾針對童年失憶症提出各式各樣的理論。

大多數相關研究都免不了探討了那些在黑暗中乍現的記憶碎片，而非碎片之間的空白。原因顯而易見：希望能發掘最初記憶的本質，進而揭開記憶失落之謎。對納博科夫來說，他最早的回憶與摸索穿行那片黑暗的過程，是跟時間概念的覺醒連結在一起的。它發生在一九〇三年八月的某一天，他在《說吧！記憶》一書中回憶道，那天是他母親的生日，陽光明媚，他與父母手牽著手、漫步在他們位於聖彼德堡附近一座鄉間住宅旁的小路上。

那時納博科夫剛開始學數數，開口問父母自己的年齡，以及他們倆的歲數。當他得知自己四歲，而父母也跟他一樣有年齡，為此感到「無比震撼」。「就在那個當下，我猛然意識到，這個二十七歲、穿著柔和白色與粉色服裝牽著我左手的，是我的母親；而那個三十三歲、身穿硬挺白色與金色服裝拉著我右手的，是我的父親。」父母的形象一直湮沒在他渾沌的幼兒世界裡，直到那一刻。而且在此後幾年內，「我仍然對父母的年齡很感興趣，經常確認他們的歲數，就像一個擔心新手錶不準時而不斷問人時間的神經質旅客。」

視覺記憶占壓倒性多數

一八九五年，法國心理學家維克多．亨利（Victor Henri, 1872–1940）和妻子凱薩琳，在世界五大心理學期刊上刊載了一份關於最初記憶的問卷。這是科學研究史上首次為進行比較分析而嘗試蒐集大量取樣資料。問卷填好後必須寄回萊比錫，因為維克多當時正在該地追隨德國知名心理學家威廉．馮特（Wilhelm Wundt, 1832–1920）進行研究。一年後，亨利夫婦在《心理學年報》（*L'Année Psychologique*）上發表調查結果。回收的問卷共一百二十三份，其中有七十七份來自俄羅斯（聖彼德堡大學一位哲學教授要求學生參加問卷調查），三十五份來自法國，來自英國和美國的回覆則微不足道。

回收的問卷中，有一百人聲稱能夠具體指稱某個記憶是其最初記憶，二十人聲稱其最初記憶有兩、三個，不能確定哪一個最早。亨利夫婦先製表呈現了受試者最初記憶的年齡落點。結果是，最年幼的不足一歲，從一歲半起最初記憶量快速增長，兩歲後達到高峰。大約有八○%的最初記憶發生在兩歲到四歲間，但發生在五、六歲甚至七歲時也算尋常。回傳問卷調查的人當中，大部份人的最初記憶與第二或第三個記憶之間，有一段相當長的時間間隔，有的可長達一年。到了七歲左右或更大一點時，記憶片段才開始形成連貫的故事。這些故事的時間順序和發展方向都很明確，而且通常以某個可以追溯具體時日的事件起頭，例如「當我們搬到X地時」或是「當我升上Y年級時」。

亨利夫婦還記下受試者對最初記憶的感觸。人數最多的是快樂與興奮，共有十人；其次是悲傷和痛苦，各有六人；覺得驚奇的有五人，害怕被孤伶伶丟下的也有五人；感到羞恥、後悔、好奇和憤怒的各有一、兩人。最初記憶具體事件的分類顯示，弟弟或妹妹出生給人的印象最深刻（共六例），其次是死亡（五例），再來是疾病或火災（四例）。歡欣的節慶也有（三例），而且比第一天上學的記憶（兩例）還多。

亨利夫婦注意到，最初記憶幾乎都是以視覺形式存在，而非嗅覺或聲音。受試者記得別人的長相，有時甚至記得那些人說過的每一個字，卻想不起那些人的聲音；他們記得派對上的燈光，卻想不起播放的音樂；他們記得事故後的驚慌失措，卻想不起事發當下的尖叫聲。在所有的回傳問卷中，只有一例最初記憶與聲音有關。該名受試者表示，當時她正在玩洋娃娃，突然聽說自己多了個妹妹。消息透過信件傳來，她的父親唸信給她聽，並告知她剛出生的妹妹名叫歐登絲。每當她想起這件事，這個名字的發音就會在她的記憶裡回響。

亨利夫婦的調查報告公開不久後，幾份類似的研究報告也陸續面世。美國心理學家科爾格羅夫（F. W. Colegrove）訪談了一百人，以老人占大多數，結果發現這些人的最初記憶主要屬於視覺類型。令他驚訝的是，關於嗅覺的最初記憶少得可憐，即使稍晚的記憶也是如此。伊莉莎白．帕溫（Elizabeth Bartlett Potwin）也進行了關於最初記憶的調查，對象是一百名學生，結果也是視覺記憶占壓倒性多數。她還進一步表示，幾乎在所有最初記憶裡，受調查者都是以事件執行者或經歷者的姿態出現，而非旁觀者。

保留在記憶中的，有可能微不足道

上述最初記憶研究的具體貢獻在於，調查者蒐集到大量的第一手資料，並對最初記憶予以分類。亨利夫婦並未就調查結果進行任何分析，因此我們無從得知「驚奇」之類的感覺是出現在早期或晚期的最初記憶，也不知道特定事件的最初記憶發生頻率跟事件本身發生頻率之間的關連性。亨利夫婦也沒有說明年輕被調查者的最初記憶是否有別於年長被調查者，或是其最初記憶是否出現得較早。

儘管如此，他們的報告中仍做出兩條重要評述：一是不少回覆者在回憶中看到自己：「我站在海邊，而且母親把我抱在懷裡。我看著這一幕，像個旁觀者一樣。」或是「我看見生病的自己，就像個局外人似的。」對此，亨利夫婦表示：「人們總是看到自己以孩子的形象出現。」他們總結：「某人看到某個事件，當中會有個孩子出現，這個人**明白**：那個孩子就是我。」亨利夫婦的第二個重要評注是：並非所有最初記憶都與強烈的情緒有關；很難解釋為什麼有些事件被保留在記憶中，而在同時期其實有對孩子來說更具視覺刺激性的事件，卻被他們忘得一乾二淨。

一名哲學教授參與了亨利夫婦的調查研究，在問卷上表示他的最初記憶，是自己站在一張鋪著桌巾的餐桌前，上頭擺著一碗冰塊。那個時候，大約跟他的祖母去世時間差不多。他的父母後來告訴他當時他非常傷心，但他對祖母的葬禮或父母的悲痛全都不復記憶，只記得這碗冰塊。

亨利夫婦這兩條評述引來一名來自維也納的讀者注意。

心理分析大師的最初記憶

一名二十四歲的年輕人描述他的最初記憶如下：「在避暑山莊的花園裡，男孩坐在一把小椅子上，旁邊坐著他的阿姨，正在教他認字母。男孩有點分不清字母m和n，問阿姨怎麼分別。阿姨告訴他：m比n多一劃。」這就是這個年輕人的最初回憶，發生在四歲那一年，天真無邪的一幕，毫無特別之處。但是，為什麼他會想起這麼微不足道的小事？小事卻長存記憶中，這會不會意味其中可能暗藏著什麼重要的事？上述場景的真正意義，一直到當事人明白它的象徵意義後才彰顯出來——原來，它象徵那名小男孩的「另一種好奇心。弄清楚m和n的區別後，小男孩又開始探究男孩和女孩間的差異。」然後他發現，「男孩和女孩的差異，就像m與n之間的差別——男孩比女孩多了點東西。後來，當他習得『這方面』的知識時，馬上想起這段象徵著對等好奇心的童年回憶。」

佛洛伊德如是說。

早在一八九八年三月，亦即看過亨利夫婦的調查報告後不久，佛洛伊德在一封寫給朋友威勒姆．弗里斯（Wilhelm Fliess）的信中指出：生命早年的記憶失落，跟神經官能症狀的構成有相同起因，目的是為了避免痛苦的記憶與刺激進入我們的意識。佛洛伊德在不同時間、不同場合，包括在講座、論文與著作中，都曾詳細闡述他的上述觀點，首見於一八九九年一篇題為〈屏幕記憶〉（screen memories）的文章。小男孩和阿姨的故事，出自佛洛伊德所著《日常生活的精神病理學》（*The Psychopathology of Everyday Life*）一書。

我們最初記憶的內容，實際上是事發很久以後重建的「版本」，已經經過我們的大腦大幅編輯加工過。佛洛伊德認為，它遵循著我們在記憶中看到自己（如亨利夫婦所指出）此一事實，而我們絕不可能以這種形式目睹從前發生的事，因此，此一回憶不能被視為真實事件的忠實再現。同樣令人不解的還有，我們當中許多人的最初記憶「無法證實其真實性」。這些記憶通常如此平凡無奇、微不足道，讓人納悶記憶為什麼要緊抓著不放。進一步研究後（更準確來說，是經過心理分析後）可以發現，最初記憶的作用是為了掩蓋其他記憶；最初記憶，其實是「屏幕記憶」。

佛洛伊德的「屏幕記憶」說

佛洛伊德以為，最初記憶跟夢一樣具有極顯著的視覺性特質，並透過聯想過程連結被壓抑的記憶。《日常生活的精神病理學》的複寫本中夾著一張筆記，上頭寫有這類聯想的由來。於是乎冰塊，他解釋，「其實是勃起的對比象徵，遇冷變堅硬——不像陰莖，是遇熱（興奮）而堅硬。性慾與死亡這兩種對比觀念，經常透過『死而僵硬』的概念連結在一起。亨利夫婦研究中一名參與者的最初記憶跟冰有關，就是對其祖母之死的屏幕記憶。」

亨利夫婦那名無辜的哲學教授當然沒這麼想，但佛洛伊德借這個例子闡述了自己的思想：三、四歲大的孩子是具有強烈性意識的個體，會索求、渴望並尋求滿足與快感，而當我們年紀稍長，這些衝動受到個人和社會的約束，關於那個階段的記憶因此讓人感覺痛苦而恥辱，於是我們的意識設下一道自我保護的屏障。而那些零星的記憶之所以能成功擺脫記憶失落、進入意識，得歸因於其表面上的單純特質，例如阿姨告訴小男孩 m比 n多了一畫，以及哲學教授的那碗冰塊。

值得注意的是，亨利夫婦視為特例的事，被佛洛伊德當成確鑿的實證（但這符合他處理研究證據時的一貫隨意作風）。根據亨利夫婦的調查，絕大多數人的最初記憶都是關於喚起被調查者強烈情感的事件，只有少數幾人是關於雞毛蒜皮小事。繼亨利夫婦之後，心理學家布隆斯基（Pavel Petrovich Blonsky, 1884–1941）於一九二九年、杜迪查夫婦（the Dudychas）於一九三三年、瓦德弗格（Samuel Waldfogel）於一九四八年先後展開相關調查，皆證實了亨利夫婦的觀點。

最強大的記憶因子：恐懼或驚愕

前蘇聯心理學家布隆斯基的研究，以檢證精神分析學在記憶失落上的闡釋為導向，其研究結果卻或多或少與之相悖。布隆斯基從他的學生中收集了一百九十個最初記憶，年齡介於二十到三十歲之間，同時還從一群約十二歲的孩子收集到八十三個最初記憶。調查發現，孩子的最初記憶發生時間比大學生的還早，十幾歲被調查者對三歲以前的人生全無記憶，而二十多歲被調查者對三到五歲的記憶也消失無蹤。

不過，令布隆斯基最驚訝的是，跟可怕體驗相關的最初記憶占有極高比例。用布隆斯基的話來說，最強大的記憶因子（mnemonic factor）是恐懼或驚愕。在所有被調查者的最初記憶中，幾乎有四分之三與害怕的體驗有關，包括沒人陪伴、在喧囂的市集中與母親走散、在森林裡迷路、一條大狗突然衝到面前、暴風雨來襲時一個人看家……第二強大的記憶因子是痛楚，相關最初記憶有從床上掉下來、割扁桃腺、被燒傷或咬傷。（早年記憶調查中提及的事故，有助我們為此畫一個時間軸：十九世紀時的嬰幼兒是從保母懷中掉下來，半世紀後的孩子是從鞦韆摔下來，到了現代則變成從立體攀爬鐵架摔落——這在未來或許會被視為典型的家庭事故。）

從最初記憶出發，布隆斯基讓我們看到，孩子總對那些觸發恐懼、驚愕和痛楚的事件記憶猶新，不少成年人則把對狗和暴風雪的恐懼歸咎於最初記憶，彷彿他們當時承受的那份震撼已經轉化為某種雖然沒殺傷力卻歷久不衰的焦慮。

布隆斯基認為，上述結論並不符合佛洛伊德的記憶失落概念，反而證實演化理論中所謂人類記憶有助於自我保護的說法。為了避免日後再承受痛楚、危險和可怕的經驗，我們必須記住，而不是遺忘。這些經歷不會被打入潛意識、消散在失憶的冷宮中；相反的，它們往往是人類記憶所儲存的最初影像。這些影像中，也沒有太多可以被視為具有象徵意義的東西；現在怕狗和四歲時一條大狗向你撲來的記憶之間，不需要用到精神分析也能聯想得到。許多最初記憶根本就讓人很不舒服，不可能被我們拿來當作屏幕記憶。

「創傷」的心理學化

喬治·桑（Georges Sand）曾在自傳《我的生活故事》（*Histoire de ma vie*）中談及自己最早的記憶。事情發生在一八〇六年：「當時我才兩歲，抱著我的保母不慎失手讓我摔落壁爐的邊角上。我嚇壞了，額頭也被劃破一道。這一摔大大震撼了我的神經系統，讓我感覺自己是活生生的人，而被鮮血染紅的大理石壁爐，還有保母臉上的驚恐神情，我也看得一清二楚。即使是現在，這一切仍歷歷在目。」喬治．桑的這段回憶，隸屬布隆斯基定義中最常見的一大類，亦即關於恐懼、痛楚與驚慌的回憶。這一類記憶，跟那些不痛不癢、天真無邪的回憶正好相反；而後者據佛洛伊德所言，不會落入從記憶中佚失的命運。

跟佛洛伊德「嬰兒失憶」理論大相徑庭，喬治．桑本人與布隆斯基研究中大多數被調查者的最初記憶都是關於不愉快的往事，這當中其實暗藏著某種反諷。直到十九世紀最後二十五年之前，「創傷」（trauma）一詞仍僅限於醫學專用，意指生理上的傷害（此定義至今仍被醫院的創傷科沿用）。但在日常使用上，「創傷」漸漸從一般醫學術語轉變為精神病學與心理學用語。今天，這個詞彙意指心理和精神上受到的傷害。佛洛伊德在這件事上居功厥偉，因為是他將「創傷」一語心理學化。

多虧了佛洛伊德的研究——創傷性事件的回憶有可能在自我保護的前提下被「逐出」個人意識——讓許多人後來接受了這個概念。在佛洛伊德看來，這種壓抑機制也構成嬰兒失憶症的基礎。諷刺的是，有太多最初記憶似乎都與各種意外、傷害（挫傷、燒傷和咬傷）有關，也就是對十九世紀來說具有創傷性意義的事件。這些不快的記憶非但沒被壓制，反而成了最早被研究記錄下來的自傳性記憶。

最初記憶的事實性

曾經參與布隆斯基調查的學生現在幾乎已無人健在。如果他們尚在人世，也已屆九十歲高齡了，距離他們的最初記憶更加遙遠。這些記憶不只映現其人生，也反映它們發生時的背景，例如有些調查對象幼時曾經與父母和兄弟姊妹齊聚一堂、為生平頭一次聽收音機廣播而興奮不已。布隆斯基的調查中有一類最初記憶是「父親的奇行異事」，在懷舊意義上也毫不遜色，內容五花八門：父親老愛討論無限大數字、父親和一條黑狗突然出現在眼前、父親在書桌抽屜裡收藏紅色鉛筆的怪癖、父親在安靜無聲的夜裡拉小提琴……

任何關心最初記憶新近研究的人，都會看到更多實例與不同的分類、分析，但令人印象最深刻也最重要的，是其截然不同於過去的研究方法。在記憶研究的現代文獻中，答案可被驗證與量化的問題已取代了傳統的調查問卷，結果也改以圖表、柱狀或曲線圖來表示。這些在亨利夫婦和布隆斯基的研究結果中是完全看不到的，連在二十世紀六〇年代以前也不多見。最初記憶的內容本身已完全消失，頂多偶爾看到以關鍵字呈現的精簡清單。許多研究著重在檢驗最初記憶的「可信度」（或稱「有效性」）；實驗心理學家也會用這個字眼來評斷某項試驗是否達到預設的實驗目的。

心理語言學家凱薩琳．尼爾森（Katherine Nelson）認為，早年透過問題清單與訪談而取得的研究成果仍具有正當性。諸多關於最初記憶的研究，基本上印證了同樣的年齡規律和分類。當中，心理學家亞舍（JoNell Usher）、奈瑟共同進行的研究可謂經典。

亞舍與奈瑟的研究方法完全反其道而行。首先，他們選定可以明確標示時間點、能夠驗證真確性的四大事件——包括弟弟或妹妹的出生、去醫院、某個家庭成員去世，以及搬家——然後透過問卷對這四大事件喚起的回憶進行分析。

被調查者必須一一回答問卷上的十七個問題，包括：「媽媽忙著生產那段時間，誰負責照顧你？」「是誰告訴你有弟弟或妹妹的？」「你在哪裡第一次見到小嬰兒？」「誰把媽媽從醫院接回來？」等。儘管某件事勾起的回憶比其他事情勾起的回憶時間更早（例如，弟弟或妹妹的出生和去醫院這兩件事的記憶發生得較早，而家庭成員去世和搬家的記憶發生較晚），但其大致模式結果證實跟早期研究相去無幾，即很少人想起兩歲以前發生的事，大多數人的最初記憶不會早於三歲。該記憶一旦形成，並在向親戚求證後，最初記憶似乎就這麼定了下來。然而，最初記憶有時可能莫衷一是：自己的最初記憶，在別人嘴裡成了完全不同的事件版本。

故事？抑或記憶？

就此而言，一個不爭的事實是：最初記憶有可能完全不可靠。瑞士發展心理學家皮亞傑（Jean Piaget, 1896–1980）非常幸運，其最初記憶是一個非常刺激的事件，發生在他兩歲時。「我坐在嬰兒車裡，」皮亞傑回憶道。「女僕推著車，走在巴黎香榭麗舍大道上。這時，一個男人上前企圖綁架我，但因為我被嬰兒車上的束帶緊扣著，那男人未能立即得逞，而這時女僕勇敢上前保護我。那傢伙朝她臉上亂抓。我現在還依稀記得她臉上的抓痕。然後一大群人圍過來，一個穿短大衣、拿著白色警棍的警察也朝這邊走來，那傢伙見情況不對馬上逃走。一直到現在，我都還能想起事件的整個過程，清楚記得事發地點在地鐵站附近。」

但皮亞傑快滿十五歲時，他的父母收到當年那個女僕的來信，信中說她信了基督教並加入救世軍，對過去犯下的罪行很是悔恨，坦承當時是她編造了這個綁架未遂事件，而且為了博取信任，還故意把自己的臉抓傷。她隨信退回當年皮亞傑父母為獎勵她英勇行為而致贈的手錶。很顯然的，皮亞傑小時候聽大人說過自己險遭綁架的故事，並暗中將該情節轉換成自己的記憶。用他自己的話來說，這是「記憶的記憶，卻是虛幻的。」

最初記憶往往不能與在家庭中散布的故事脫離關係。在荷蘭作家馬茲爾（Nicolaas Matsier）的自傳體小說中，敘事者堤吉特提到一件事。他無從判斷這是他的最初記憶——他本人很想當它是——抑或只是母親跟他講了八百遍的小故事而已。在這段回憶裡，堤吉特站在門口，送牛奶工剛把三罐牛奶倒進他們家的鍋裡。當他母親轉身回屋拿錢時，送牛奶工說話了：

「喂，孩子，你叫什麼名字？」

我定定看著他。

「亨德里克。」

堤吉特的母親付了錢、關上門後，驚奇地看著他說：「你說你叫亨德里克？」

但堤吉特母親的說法跟他本人的有點出入：問話的人不是送牛奶工而是雜貨店老闆，還有她不是回去拿錢，而是去看家裡還需要什麼雜貨。到後來，連敘事者自己也不確定了，自問：他母親的版本，不是發生在諾德胡夫德街上的雜貨店裡嗎？

語言技能發展與記憶

這種時間、地點和事件的混淆，在最初的記憶裡相當普遍，也存在後來的記憶當中。不過，尼爾森認為，故事和回憶之間的落差，也讓人注意到一個對形成自傳性記憶相當關鍵的因素：最初記憶出現、童年失憶症慢慢退散的時間，正好跟語言技能發展時期重疊。

兩、三歲的時候，孩子的詞彙量快速增長，開始理解並使用文法。他們學到過去式動詞是指已經發生的事，開始能夠「談論過去」，其效果無異於「重複」，因此增加記住這些事的機會——而這不只限於跟別人對話。尼爾森研究過蹣跚學步的孩子在睡前發出的咿咿呀呀自言自語，發現小孩子喜歡將經歷過的事說給自己聽。隨著語言能力的提升，以及其他概念化能力的發展，孩子日漸成熟，開始為自己的經驗分門別類，由此形成類似經驗的記憶組，而非特定事件。

因此，語言技能等發展，對自傳性記憶有另一層面的影響。許多回憶和特定事件，會融合交織成某些組合或程式。例如一個在三歲生日當天頭一次去動物園的小孩，可能會在一段時間裡清楚記得參觀動物園的情形。但如果那個孩子幾個月後又和祖父母再去動物園，之後又在學校的遠足活動中第三次參觀同一所動物園，則那個孩子就會把幾次參觀動物園的記憶融會成「一個」參觀動物園的整體印象。由此可見，這些較概念化的機制會對記憶產生消磨的影響。

在這方面，年長時的自傳性記憶也與兒時有同樣的特徵。例如，年長時回憶去法國布列塔尼度假的經過時，也會不經意地跟小海港、海灣、沿著峭壁而行等海濱之旅總體印象多多少少交織在一起。然而，記憶交融的過程也會導致相對的效應：不能歸類、非常態、出人意表的事，才能比較清楚儲存在記憶裡。此種說法的關鍵點在於，最初記憶的建立需要一個重複與常態的背景，但如同上述所言，我們要到三歲左右才發展出重複的能力。

個人感情的摻合

童年失憶症通常被歸咎於神經學上的生理因素。人類大腦——腦損傷研究證實尤其是海馬體（位於腦顳葉內的海馬狀部位）與記憶息息相關——據信在剛出生頭幾年還相當不健全，因此無法保存早年經歷的軌跡。但其實孩子在很小的時候就能記住很多東西，神經學的解釋很難說得過去。尼爾森則由此提出自己的理論：**記憶來自事實**，後來卻被吸納入較概念化的結構，結果再不能分別再現。童年失憶症並非因為大腦功能不完善或其他「硬體」出錯（二十世紀八〇年代，心理學家喜歡用「硬體」問題來解釋失憶），而是程式、「軟體」的問題。

對從前發生的事進行概念化處理，降低了記憶的準確性，最終很可能導致記憶完全喪失。前人對這個問題已有所探討，只是研究結果並非發表在心理學期刊上。一九三九年春，英國女作家吳爾芙（Virginia Woolf）開始撰寫散文體自傳《速寫過往》（*A Sketch of the Past*）。兩年後，她投河自盡，《速寫過往》於她死後出版。當年，吳爾芙的姊姊凡妮莎鼓勵她及時撰寫回憶錄，不要像可憐的小說家史雷琪夫人（Lady Strachey）那樣，風燭殘年時才著手寫自傳《漫漫人生，點滴回憶》（*Some Recollections of a Long Life*），結果只寫十來頁就撒手人寰。

吳爾芙在自傳中一開篇就描述自己的最初記憶「是黑底上的紅色與紫色印花。那是我母親的連身裙花樣，而她正坐在火車（也可能是公共汽車）車廂裡，我則坐在她的腿上，所以可以就近看到她衣服上的印花。直到今天，我仍能看到襯著黑底的紫色、紅色，以及藍色花朵，我想。那應該是銀蓮花吧，我猜。」稍後，吳爾芙提到另一個記憶（用她自己的話來說，「這似乎也是我最初的記憶」），內容是她躺在位於海邊小鎮聖艾佛斯（St. Ives）自家別墅嬰兒房裡的小床上，聽著海浪拍打沙灘的聲音。

吳爾芙寫道，這兩個記憶有點奇怪，因為它們是如此平淡無奇：「也許這就是所有童年記憶的特徵，也許這正說明了童年記憶的力量。但後來我們會往那些記憶添加許多個人情感，令童年記憶變得更複雜，也因此不如原來那麼強勁；又，即使它沒有失去原來的力量，卻也不如原來那麼孤立、完整了。」正是由於添加了個人感情等其他事物，童年的記憶不再那麼獨立，從而提高了記憶消散的機會。

有「我」才會有記憶

關於童年失憶的解釋，可以歸結為兩大類。第一類觀點認為，在生命頭幾年裡根本沒有記憶被儲存下來。這一類觀點包括兩種假設：（一）大腦在剛出生那幾年間還相當不成熟，以致不能持久保存記憶的軌跡；（二）儲存記憶需要語言幫助。

第二類觀點則認為：雖然童年的記憶被儲存起來，我們後來卻無法提取。關於記憶的不可提取性，有不同理論提供不同解釋。佛洛伊德認為幼年記憶被屏蔽了，其他人則認為這不可提取性是因為它們已經與籠統、概略的體驗混淆一氣，或因為成人對現實的感知與解讀，跟蹣跚學步的孩子落差太大，導致多年後無法連想回這些早期記憶；兒時所見的世界已完全消失，即使一個成人重返自己兒時的房間，哪怕房內一切依舊，它也不復過往了，因為兒童的視線只看得到椅腳和桌子空蕩的下方空間，截然不同於成年人的視野。

心理學對童年失憶的最新解釋，將重點放在孩子的缺乏自我意識。只要沒有「我」（I）或「自我」（self），個人體驗就無法被當作記憶儲存。心理學家馬克．浩（Mark Howe）、瑪麗．卡瑞基（Mary Courage）認為，幼兒必須先積累足夠的關於獨立自我的認識，才能發展像自傳性記憶這樣的能力。一個沒有「自我」的記憶，有如沒有主人公的自傳一樣，完全不可思議。

幼童萌生自我意識的跡象，要等他們滿一周歲後才能清楚觀察到。小嬰兒對自己在鏡子中的影像會有反應，朝它伸出手、對它微笑或咕噥自語。快滿一歲時，他們對鏡子的功能已經略有概念，會轉身找鏡子裡看到的東西。直到一歲半左右，他們才明白自己被反射在鏡子裡，也就是在那個時候，他們會驚奇地伸出小手摸摸鏡子中自己的鼻子，因為它不知何時沾上一抹口紅印。

有人曾對貝都因族（Bedouin）的幼童做過研究，他們在接受實驗前從未照過鏡子。實驗顯示，有沒有照過鏡子並未造成差異。沒照過鏡子的孩子，也是在一歲半左右或再大一點時才能指認照片中的自己。若是因弱智或自閉症等因素造成孩子發育遲緩，則自我認知萌生的時間肯定也會推遲。只有具有一歲半的心智水平（不論實際年齡多大），孩子才能理解「我」的概念。

自我意識萌生的另一個跡象，就是主詞「我」（I）和受詞「我」（me）的使用。這兩個字是小孩最早說出的人稱代名詞，再過幾個月後才會說「你」。不過，正確使用這兩個詞並非易事。正如某個地方在遠處時叫「那裡」，一旦走近時就得改稱「這裡」一樣，「我」和「你」也會隨著說話人不同而改變：一個兩歲大的孩子對人提到自己時是用「我」，但當別人對他說話時是用「你」來稱呼他。「這個世界上有許多人也稱自己是『我』」，此一事實對孩子而言非常令人困惑；正確使用這些人稱代名詞，預示他們漸漸掌握到自己和他人的不同。幾乎所有孩子在近兩歲前已經解決這個問題，並能適時區分主詞「我」、「你」和受詞「我」。

只有當「我」終於出現、將個人體驗載入記憶，自傳性記憶才得以發展。自傳性記憶一旦啟動，身兼自傳作者和傳主雙重身份的主人公，其相關資訊會被記錄下來。馬克．浩、瑪麗．卡瑞基的假說，跟尼爾森的說法有共通之處，那就是：並非記憶本身發生變化，而是處理與儲存記憶的方式發生改變。

究竟是自我認知啟動了自傳性記憶，還是自傳性記憶導致自我認知的萌生？恐怕這並非最重要的問題。這兩個過程都沒有明確開端，也不只往單一方向開展，甚至可能連其主要開展方向都無法肯定。可以肯定的是，在許多關於自傳性記憶論述中，最初記憶都跟自我認知連結在一起。對納博科夫來說，他的最初記憶是發現自己與父母的年齡不同。他表示，這份體會跟「我是我、父母是父母」的內在認知連結在一起。而對美國女作家依迪絲．華頓（Edith Wharton）而言，最初記憶是關於紐約的一個明媚冬日，而其「自我認知暨女性自我亦同時萌生」。在自傳《回眸》（*A Backward Glance*）中，她寫道：

> 這個小女孩最後成了我，但那時她還不是我或什麼人，不過是個柔弱普通的小東西。這個有著我的名字的小女孩，正在陪父親散步——這是我能夠想起的關於她的最早記憶，因此我將那一天訂為我個人身份的誕生日。
>
> 小女孩穿著她最暖和的外套，戴著漂亮的白色緞質小帽，臉上覆著一塊「輕薄精巧的雪德蘭

（Shetland）群島羊毛面紗」。散步時，女孩的父親巧遇堂弟亨利和他的兒子丹尼爾。「小男還長得胖嘟嘟、兩頰紅冬冬，轉過身（看我），眼裡帶著同樣的好奇。然後，他突然伸出胖胖的小手，撩開小女孩的面紗，並大膽地在她臉頰上印上一個吻。這是小女孩的初吻，而她發現這是非常開心的事。」

沒有比這更迷人的起點了。記憶的面紗宛如天啟一般被掀起，在親吻中蘇醒。

參考書目

–Blonsky, P., 'Das Problem der ersten Kindheitserinnerung und seine Bedeutung', *Archiv für die Gesamte Psychologie* 71 (1929), 369–90.

–Colegrove, F. W., 'Individual memories', *American Journal of Psychology* 10 (1899), 228–55.

–Dudycha, G. J., and M. M. Dudycha, 'Some factors characteristic of childhood memories', *Child Development* 4 (1933), 265–78.

–Freud, S., Screen Memories, translated by J. Strachey, Standard Edition. vol. 3, London, 1974. *The Psychopathology of Everyday Life*, translated by J. Strachey, Standard Edition, vol.6, London, 1974.

–Henri, V., and C. Henri, 'Enquête sur les premiers souvenirs de l'enfance', *L'Année Psychologique* 3 (1986), 184–198.

–Howe, M. L., and M. L. Courage, 'On resolving the enigma of infantile amnesia', *Psychological Bulletin* 113 (1993), 305–26.

–Matsier, N., *Gesloten huis*, Amsterdam, 1994.

–Nabokov, V., *Speak, Memory*, London, 1951.

–Nelson, K. (ed.), *Narratives, from the Crib*, Cambridge, Mass., 1989. 'The psychological and social origins of autobiographical

Memory', *Psychological Science* 4 (1993)1, 7–14.

–Piaget, J., *The Child's Construction of Symbols*, London, 1945.

–Potwin, E. B., 'Study of early memories', *Psychological Review* 8 (1901), 596–601.

–Sand, G., *Histoire de ma vie*, Paris, 1855.

–Usher, J. A., and U. Neisser, 'Childhood amnesia and the beginnings of memory for four early life events', *Journal of Experimental Psychology : General* 122 (1993), 155–165.

–Waldfogel, S., 'The frequency and affective character of childhood memories', *Psychological Monographs* : General and Applied 62 (1948), 1–38.

–Wharton, E., *A Backward Glance*, New York, 1933.

–Woolf., V., 'A sketch of the past', in *Moments of Being, Unpublished Autobiographical Writings*, London, 1976, 61–137.

第三章　氣味與記憶
——追憶似水年華

任何描寫嗅覺和記憶的人，似乎都得從與法國文豪普魯斯特（Marcel Proust）一起喝茶揭開序幕，而每一篇關於嗅覺的心理學論文也都會參考其名作《追憶似水年華》（*A la recherche du temps perdu*）當中的一幕。這一幕已經經過無數人之手，最多不過三行，並且刪刪改改到幾近面目全非：主人公喝著茶，將一塊小蛋糕浸到茶裡，突然，一種香氣將他帶回那一段在貢布雷（Combray）消磨的童年時光。在原作中，普魯斯特花了整整四頁來描述這一幕，以細膩、內省的筆觸描寫主人公如何費了好大一番工夫才理解自己的感覺。

在一個冰寒的冬日，主人公心情低落地回到家。母親幫他煮了熱茶，並給他一塊名為「瑪德蓮」（petite madeleine）的扇貝形小海綿蛋糕。

> 一整天的陰沉。想到明天也會一樣低氣壓，讓人實在提不起勁。我呆呆地舀起一匙剛才浸過瑪德蓮的熱茶到唇邊。溫熱且摻著蛋糕碎屑的茶水一沾染我的上顎，我不禁渾身一顫，停下動作，專心一意感受那一刻在我的體內發生的絕妙變化。一種難以言喻的快感貫穿我的感官，卻是驀然獨立、無牽

無掛，不知從何而來。

敘事者試著找出這突來的快感來自何處，卻找不到答案。他感覺到應該是跟熱茶和小蛋糕的味道有關。他又啜一口，再一口，而第三口透露的訊息比第二口還少。「該打住了。」他告訴自己。「這滋味正在失去它的魔力。」那感覺就像他體內的什麼東西被喚醒了，而他沒能把握領會。

他放下茶杯，開始回想品嘗第一口的瞬間。他努力排除一切干擾和雜念，為了避免隔壁房間聲響的干擾，還用兩手捂住耳朵，但這一切都徒然。於是他試著放鬆心情，先想想其他的事，再集中精神和注意力，然後再回想一次。這次，他深深感覺到有什麼東西「在體內開始滋生。它猶如一直深嵌在極深海底的船錨，正在脫離長久以來的蟄伏之地並試圖浮升。我還是不知道那是什麼，但能感覺它正在徐徐攀升。我可以計量它遭受的阻力，能夠聽見它回盪在長遠跨幅當中的回音。」這時他確定了，那正努力浮現的東西是一個畫面，是跟茶湯與小蛋糕的滋味連結在一起的視覺記憶。但那影像難以捉摸、不斷向他的內心深處滑落，令他不得不重複該實驗不下十次。

驀地，記憶蘇醒了。那正是那段我待在貢布雷期間、每個周日早晨都會嘗到的瑪德蓮蛋糕的滋味，因為在當天早上不到做禮拜的時間我不會出門。當我去姑媽蕾歐尼的臥室向她請安，她都會給我這種小蛋糕，而且會先放到她的茶（道地紅茶或菩提花茶）裡沾浸一下。

這種小點心之前都沒能讓我想起任何事，或許是因為這些年來，我只是在糕餅店的櫥窗內經常看到它卻沒想嘗。放在糕餅店托盤上的瑪德蓮，其形象已經與貢布雷那段歲月脫鉤，融入較晚近的日常生活中；也或許是因為那些記憶被束之高閣、拋在腦後的時間太久，以至於現在什麼也沒有留下，一切皆已散落。

就在敘事者感受到滋味的瞬間，其他記憶也同時復蘇了。他再一次「看見」姑媽家後方的那座小屋，「看見」小鎮和廣場，想起他幫大人跑腿時經過的街道，想起他常在晴朗日子裡漫步的小路。

就像日本人風雅的自娛方式——在一個瓷碗裡裝滿水，將看來毫無特色或形狀可言的紙片浸入水裡。當紙片浸濕後，它們開始在碗中伸展、彎垂，紛紛展現出顏色與特殊形狀，搖身一變為花朵、房子或人物，形態固定下來、清晰可辨——這一刻，我們的花園和斯萬家遼闊庭園裡所有的花朵、維沃納河上的睡蓮，以及村裡的人、小巧房舍、教堂、整個貢布雷與周邊地區，全在我這杯茶裡漸次具化成形，大街小巷與花園具體而微。

記憶心理學以「普魯斯特現象」（Proust phenomenon）來表示喚起早年回憶的嗅覺能力，通常只是一個飛快、幾乎瞬間即逝的過程。但在這個意義上，熱茶與瑪德蓮蛋糕那一幕絕非「普魯斯特現象」，因為敘事者花了很長的時間，才將熱茶、瑪德蓮碎屑與他想起的畫面串聯起來。在此時與下一刻之間萌生的，跟某種**感覺**有關，一種愉悅的感覺，距離記憶中的畫面仍有很遙遠的距離。

還有一個矛盾點是，照「普魯斯特現象」的定義來說，普魯斯特描述的感覺應該是以**嗅覺**和記憶之間的經典聯想傳世才對，但敘事者當時是在「嘗」而不是「嗅」茶點……關於這個錯誤，其實是可以理解的，因為談到味覺，我們只有甜、酸、苦、鹹這四種味蕾，其餘味覺都透過嗅覺加持。基本上來說，我們的味覺跟嗅覺相通。

另一方面，某些心理學家則懷疑「普魯斯特現象」是否真的存在，因為它牽涉的主體並不明確。「普魯斯特現象」主要是跟童年記憶相關？抑或是只能透過嗅覺聯想才能提取的記憶？還是那些我們顯然已經失落的記憶？這些問題在定義上的差異或許不大，卻非常關鍵。而關於嗅覺和記憶的研究成果，也隨著「普魯斯特現象」版本的不同而有說服力上的差異。

埋藏在氣味中的情感

早在普魯斯特之前，嗅覺能夠喚起童年記憶便是眾所周知的事實。艾克曼（Diane Ackerman）告訴我們，英國大作家狄更斯「表示只要一聞到用來將商標黏貼到瓶子上的漿糊氣味，一種強大到無可抵抗的力量就會召回他兒時那份痛苦。當時他的父親破產，將他遺棄在一座可怕的倉庫裡，而那裡就是瓶子的製造工廠」。諸如此類的模糊記憶，不但令人想起久遠的畫面，也同時喚回當時的情感，包括快樂或不快樂的。

為了蒐集更為可靠的資料，美國科爾蓋特大學（Colgate University）的心理學實驗室於一九三五年展開一項研究，向兩百五十四名「顯赫的男士與女士」，包括作家、科學家、律師、政府部會首長等，發送了一份問卷調查表。參與調查的人士，平均年齡五十歲出頭。該研究的調查報告由唐納·賴德博士（Donald Laird）發表在《科學月刊》（*Scientific Monthly*）上，讀起來饒富趣味，主要原因在於那些成功人士與氣味相關的記憶體驗。絕大多數被調查者宣稱是氣味帶領他們找回遙遠的青春回憶，當中有許多人與以下的華特．邦迪博士（Walter E. Bundy）經歷近似：

> 新刨木屑的氣味，總讓我想起孩提時父親工作的那個鋸木廠。光是看到鋸屑不能勾起童年往事的回憶，但只要一聞到新刨木屑的氣味，我就會想起一連串栩栩如生的過往畫面，讓我再一次回到從前。
>
> 如果我嘗試刻意去回想與那間鋸木廠相關的記憶，儘管可以把這個或那個東西、這個人或那個人放進畫面裡，但用這種方法重建的回憶缺乏生命力，而且畫面很朦朧。新刨木屑的氣味，尤其是當我沒看到它、只是聞到味道時，往事就會歷歷在目、活靈活現。

邦迪博士補充道，沒有任何事物能像氣味這樣驀地打斷他的思緒。類似這樣的經歷，似乎比比皆是。

另一位參與研究的人士在問卷上表示他小時候經常負責照顧馬匹、清掃馬廄這類的工作。「二十歲那年的某一天，我正走在一條鄉間小路上，前方約九十公尺遠的地方突然出現一輛裝滿糞肥的馬車。那味道瞬間讓我想起童年的時光，我不禁整個人呆住，待在原地一動不動。」

有些氣味和記憶之間的連結可以持續一輩子。一名七十三歲的康乃狄克州保險經紀人，宣稱氣味讓他想起四歲時發生的事，「也就是（聯邦軍隊）占領維吉尼亞州諾福克市的時候」。（這名老人在一九三五年想起他四歲時的事，於是將我們帶回了美國內戰的最後一年）

氣味也能讓人的情緒出現劇烈波動，而且往往有如天外飛來一般，神祕莫測。「有一次我搭乘火車旅行，」一名女士在問卷上寫道。「四周盡是歡聲笑語，我卻突然感到沮喪、尷尬和不開心。當我聞出某個旅客使用的香水味時，一幕生動的場景瞬間出現在我眼前：那是在一堂大型舞蹈課上，法國籍舞蹈老師正在教我舞步，而我笨手笨腳的，並為老師當時的態度而沮喪。在火車上的我，再次體驗到那份少女時期的氣餒。」另一名被調查者的經歷是這樣的：她當時正在看書，突然一股寂寞感襲來。後來她想起小時候自己曾在英國生活，當時讀的書都是在倫敦印刷的，而英國書的油墨氣味跟美國書大不相同。

氣味不只喚起事件或畫面，還有與它們相關的情緒或情感，也就是某一段青春的情感色彩。一位女士表示丁香花的氣味讓她十二歲到十八歲那一段青春蘇醒了，「尤其是那段歲月的情感氣味，力道非常猛烈」。

雖然也有些氣味與記憶間的連結是令人不舒服的，但大致上來說，氣味喚起的回憶都是快樂的，從來沒有不痛不癢的感受。這些回憶帶給人歡欣，有些被調查者甚至會刻意嘗試「留住」那個氣味。例如一名在美國內華達州某個礦山小鎮長大的律師，後來搬到潮濕多雨的城市定居。從那時起，他便「無時無刻不思念昔日的明媚陽光與和煦清新的空氣、檸檬色沙漠的獨特氣味，以及一望無垠的迷人景色、滿眼的亮麗色彩」。後來這個律師在塔霍（Tahoe）地區度過一個夏天，回家時帶了一小棵山艾樹，小心翼翼種在花盆裡。後來每當他聞到這棵植物的氣味，「沙漠景色就無比清晰地浮現眼前，心情也回到當時。只要輕輕聞它一下，就能重溫並強化那份平靜的心境。」

還有許多參與調查的人士非常在意氣味的追溯年份問題。其中一名在問卷中表示，氣味可能會與較近期的記憶相結合，但到最後仍是最早建立的連結會反覆自我印證。這位被調查者一聞到羊毛的氣味，就會想到蘭姆叔叔，後者在他很小的時候就過世了。他記得蘭姆叔叔當時剛開始行醫，穿著一件新的羊毛大衣。後來他的某個朋友也買了件類似的大衣，於是後來聞到羊毛氣味變成讓他想起那位朋友。之後，那個朋友有了「自己的」氣味：菸草味。於是後來當他再聞到羊毛氣味，又會想起蘭姆叔叔而非那位朋友。這位被調查者認為，我們經常聞到的氣味，「例如土耳其香菸味」，可能會跟太多記憶牽扯在一起，產生相互抵消的效果。他認為，最早建立的連結會在新舊連結的較量中獲勝：「我相信我的同輩或比我年長的人，特別容易透過氣味的連結來喚醒早年的回憶，因為後來的暫時性連結多到已經糾結成團，沒什麼作用了。」

除了菩提花茶與瑪德蓮碎屑混合的味道，漿糊、木屑、糞肥、香水、山艾、丁香花和羊毛等氣味，也能喚起帶有感情色彩的回憶。透過氣味喚起記憶此一過程，似乎有兩種情況。一種情況正如普魯斯特書中所描述的，需要經過兩個階段：某人不經意聞到某種氣味，通常在他還沒有反應過來之前，心境已經改變。他會先是為之錯愕，然後努力探究是什麼記憶讓自己心情丕變。唯有找到答案，他才能將該氣味與某個記憶連結起來。

另一種情況是，氣味喚起記憶的過程可謂快如雷電，以致讓人感覺氣味與該記憶間存在一種直接關連，當中沒有任何情緒轉折來串聯。在這樣的記憶中，氣味似乎凌駕其他所有感覺之上。當視覺和嗅覺都能刺激回憶生成時，例如一堆新刨的木屑或幾枝山艾，結果總是嗅覺占上風：光用眼睛看山艾是不夠的，還必須聞到它；光是看到木屑，可能也不會產生什麼特別感觸，就像普魯斯特雖然常在糕餅店看到瑪德蓮小蛋糕也沒反應一樣。長此以往，這些事物可能會與新近的記憶連結起來，最後終將與舊的連結斷絕。

氣味喚起的記憶更生動？

氣味誘發的記憶果真更久遠、更生動嗎？比起那些與所見、所聞、所感連結在一起的記憶，氣味喚起的記憶跟我們的情感更緊密相連嗎？參與賴德博士研究的人認為確是如此，但他們或許只是在呼應一個禁不起較嚴格實驗驗證的流行觀點而已，畢竟賴德博士和他的同事並未就氣味喚起之記憶的新舊，以及嗅覺之外的感官刺激喚起之記憶進行深入研究。

當代心理學家喜歡將賴德博士那些被調查者（以及將自己名字借給「普魯斯特現象」的大作家本人）的個人體驗歸類為「軼事證據」（anecdotal evidence），它們並未受到太多推崇。為了進行更可靠的研究，在實驗室裡「普魯斯特現象」進行實驗與比對會更有幫助，因為在這裡可以透過實驗方法控制變數。不少人做過這樣的嘗試，研究結果也是損譽參半。

在實驗裡，大衛．魯賓（David Rubin）和同事提供實驗對象許多種氣味或相關物品名稱，例如樟腦丸的氣味或「樟腦丸」一詞。實驗者總共使用十五個刺激物，包括咖啡、嬰兒爽身粉、薄荷、花生醬、巧克力等氣味與對應的物品名稱，讓實驗對象去聞某種氣味或看物品名稱，然後寫下因此被喚起的最早記憶。

實驗者還要求實驗對象用七個等級來評比被喚起的最早記憶有多生動或清晰，以及現在和當時他們快樂或不快樂的程度，並記錄下是否在記憶中看到自己（據佛洛伊德所言，在記憶中看見自己是早期記憶的重建特性）、該記憶是否過去曾被喚起，以及現在距離上次想起這個記憶已經過了多久時間。接下來，實驗對象必須盡可能準確地為記憶標上日期，例如「上星期」、「去年」或「十歲時」等。

上述實驗是專為測試「普魯斯特現象」而設計的，魯賓和同事期待看到氣味喚起的記憶會比其他感官或刺激因子喚起的記憶更加生動、更開心，以及最重要的一點：更久遠（實驗對象若可以在這些記憶中看到自己，將可佐證該記憶有多久遠）。但事與願違的，實驗結果顯示，氣味喚起的記憶與因其他方式而蘇醒的記憶間，唯一的不同之處只有，氣味相對之下「比較能夠」（但差距極微）喚起已經有段時間沒想起的事件，或是該實驗讓人生平頭一次想起某些氣味相關的記憶。做為支持「普魯斯特現象」的檢證實驗，此一結果可謂很不理想。

「普魯斯特現象」真的存在嗎？魯賓的實驗雖沒能提供有利證據，但也沒證實它並不存在。就其實驗條件設定來看，從一開始就不利於喚起普魯斯特式記憶。氣味和遙遠記憶之間的連結是極個人化的，於是因人而異。

對某個實驗對象來說，蘋果派的氣味會讓他想起周日的午餐會；但對他的鄰居來說，他的記憶是李子和卡士達蛋黃醬的味道。因此，同樣都是周日享用美味午餐的感覺，卻可以透過不同氣味引發出來。怪魯賓沒將這些氣味全囊括在他的實驗之列，是不合理的指責；但如果「普魯斯特效應」真的存在，魯賓的實驗失敗在它沒能帶出這種效應。換成普魯斯特本人，也會在這個實驗中表現不佳，而且跟它沒提供菩提花茶和瑪德蓮沒什麼關連，而是因為他花了太長時間才找回昔日的記憶。在他一路想到貢布雷的事之前，實驗早就結束了。

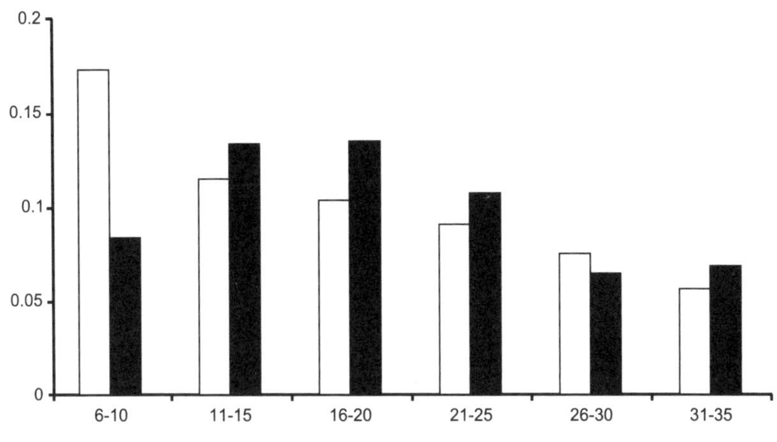

圖2. 不同年齡時期的自傳性記憶占比分配圖。白色柱表示氣味喚起的記憶，黑色柱表示物品名稱喚起的記憶。

氣味對歲月的頑抗

相對於魯賓，楚（Simon Chu）和唐斯（John Downes）兩位心理學家採用了一種更成功的實驗方法。早期使用線索字（cue word）方法進行的記憶研究已經告訴我們，六十歲左右的實驗對象會想起許多童年和青少年時代的事，份量之高可謂不成比例。如圖2所示，這種「懷舊效應」影響對十五到二十五歲之間的記憶尤為明顯。實驗中，楚和唐斯採用跟魯賓一樣的步驟：提供實驗對象包括醋、爽身粉、墨水、止咳糖漿、薰衣草等氣味或相關物品名稱。他們的實驗與魯賓的最關鍵不同之處，在於實驗對象的年齡：魯賓的實驗對象平均年齡約二十歲，而楚和唐斯的實驗對象平均年齡七十歲。實驗結果因此大相徑庭。

由物品名稱喚起的記憶，在年長實驗對象身上以「懷舊效應」的形式表現出來：十一到二十五歲間的記憶量最大。從圖2看來，這種記憶（黑色柱）分布具有明顯的起落特徵：開始時呈增長趨勢，然後達到最高峰，繼而逐漸下滑。而由各種氣味所喚起的記憶（白色柱）情況大不相同：記憶量在六到十歲階段達到最高峰，然後逐步下滑。這兩種記憶之間的轉變非常顯著。對上了年紀的人來說，在他們開始有記憶的那些年間，亦即童年失憶時期剛結束後，氣味喚起的記憶量幾乎是物品名稱喚起的記憶量的兩倍。

不過，上述研究成果有個矛盾的地方。對七十歲的古稀老人來說，他們辨別氣味的能力已大大退化，與年輕時相去甚遠。人類的嗅覺能力在二十歲後便急劇下滑，估計約每十年下降一半，感受閾（perception threshold，引起某種知覺的刺激量）也持續攀高。但楚和唐斯的研究結果卻顯示是嗅覺喚醒老人的兒時記憶！有人以為這非但不是什麼矛盾，而是答案的一部份：它很有可能是因為「舊的」連結不再受到新連結干擾，因此能夠保持原樣。由於我們能聞到的氣味愈來愈少，令這部份的記憶得以維持四十、五十或甚至六十年完整無恙。

其他實驗的結果也說明，氣味在記憶中留下的軌跡相當頑強。我們的記憶裡儲存了大量資料，增添任何新內容都會對既有儲存物產生干擾作用，但這種干擾對氣味的影響很有限。因為這樣，學會辨別一系列新氣味，對已經學會辨別的氣味幾乎沒有任何影響。一旦學會辨別某種氣味，其軌跡就會在記憶裡保留很長一段時間，甚至可能持續終生。

還有一種解釋說，這是因為我們不復接觸記憶中的某種氣味或滋味。就像我們對路上駛過的許多名車渾然不覺、只會記得偶然瞥見停在路邊的某一輛（例如有兩片式後車窗的金龜車），氣味和滋味也有可能從我們的生活中消失，有時是暫時的，有時是永遠不復返。

這種情況可能發生在常見的嬰兒食物上（例如佐香蕉泥、柳橙汁的米布丁），或是孩提時代每星期都吃、長大後卻再也沒吃過的某些菜餚上。原因有可能是你搬離老家了，或是家裡的烹調口味改變了，也可能是新式甜點幾乎在一夜之間取代了熟悉的老口味。隨著水果優格、調味卡士達醬的問世，大麥粥、白脫牛奶麥片粥、西米和木薯粉（sago and tapioca）的氣味與滋味也跟著消失了。絕對不可能再出現的，是盛著布丁的碗裡，邊緣還留著一圈番茄湯汁的殘痕（當孩子時，總是喝完湯就等不及跟著吃甜點）。日後，如果因緣際會之下，真的讓我們又嘗到或聞到相同的滋味或氣味，那些回憶絕對仍完好無缺，而我們肯定可以不費吹灰之力便回到童年時光。

嗅覺的生理剖析

我們時有所聞，神經學上的某個發現，跟許久以前在截然不同領域開展的實驗研究結果極為相似，於是一個融合兩種不同領域研究成果的假說有可能因此應運而生，因為此二者間相互印證。目前心理學界普遍接受的「普魯斯特現象」相關解釋，就屬於這種情況。要說明這一點，得先稍微解釋一下嗅覺與大腦的演化史。

從進化的角度來說，嗅覺是一種原始的感官，由神經管上的兩個名為「嗅球」的突起所啟動。嗅球被大腦較幼嫩的部位（例如新皮層）包覆，只占大腦總容量不到千分之一。從鼻粘膜到嗅球間的那條路徑非常短。鼻腔上部有兩小塊黃褐色的嗅上皮（olfactory epithelium），各約一平方公分，上頭有六百到一千萬個感覺細胞。這個數字似乎不算什麼，因為牧羊犬有二．二億個嗅覺細胞，而人類視網膜大約就有兩億個感光細胞。嗅上皮的顏色來自嗅覺細胞的纖毛，用艾克曼的話來說，「它們就這樣伸出來，在氣流中擺動，就像珊瑚礁上的海葵」。嗅上皮細胞將接收到的嗅覺信號傳輸給緊貼在後方的兩個嗅球，然後傳遞下去。傳導神經穿透顱骨內篩骨（ethmoid bone）的齒孔，將感覺訊息（sensory information）傳送到大腦中樞系統，在那裡被處理與分析。沒有其他感覺像嗅覺一樣如此接近大腦中樞。用解剖學上的術語來說，這無異於腦中那兩個小嗅球直接滑到鼻腔去面對嗅覺刺激。

嗅球的傳導途徑很短，因此很容易追蹤。它們與大腦深層區域——即大腦邊緣系統（limbic system）——有直接連結，跟其他部位（例如新皮層）的聯繫則很少。大腦邊緣系統由一些負責警戒和情感的結構所組成，也是大腦發育系統上的原始區域。另外，嗅覺和海馬體之間也有直接的聯繫。這個腦內的海馬狀突起，是非常重要的記憶儲存構造。嗅覺不是一個反應特別迅速的感官：我們先要區分氣味是好聞或難聞，然後再花一些時間辨識這是什麼氣味。但嗅覺信號從被捕捉到被儲存之間的路徑很短，而且沒有任何旁路，宛如一名要犯通過一個專用的祕密通道被帶上法庭。

擁有這個專用途徑的代價，是它喪失管道去接觸掌控語言的腦組織。一旦被「帶上法庭」，嗅覺信號就會安靜下來。嗅覺被認為是一種「沉默的感官」，很難用語言來描述，通常需要從產生該氣味的物體上尋求參考答案。我們可以用語彙輕鬆描述眼睛「看到」的柳橙：圓形、橘色、直徑七公分左右、皮上有些小坑洞，但當我們「聞到」柳橙氣味，只能用「聞起來像柳橙」來描述。一般在描述氣味時，例如甜、酸等氣味，經常借鑑對滋味的文字描述，或轉而描述我們對該氣味的反應，例如聞起來很舒服、很噁心，或是聞起來很美味、很恐怖等。

十八世紀，瑞典植物學家林奈（Carl Linnaeus, 1707–1778）對植物散發的氣味進行了分類，以好聞或不好聞為主要標準，總共分為七類，包括芬芳的、芳香的、甘香的、刺鼻或是聞起來像大蒜、難聞或聞起來像山羊、惡臭的、令人作嘔的。很多情況下，「聞起來像」（某某東西）是非常好用的輔助用語。一個值得注意的事實是，儘管盲人的嗅覺並未特別靈敏，但他們辨認氣味的能力還是比看得見的人強。這有可能是因為找出氣味來自何處對他們而言比較困難，因此轉而專注於氣味本身的特點。整體而言，由於氣味的來源有限，而且缺乏分類和概念化，導致我們用來描述氣味的詞彙簡直屈指可數——彷彿氣味在迴避語言。

先會運用嗅覺，才學會說話

正如上一章所述，自傳性記憶伴隨著語言能力的發展而逐漸形成。個人記憶的記載和保存，似乎要求具備一定的概念化能力，或許是出於語言本身所需要，也或許是出於發展語言的某種副作用所需要。從三、四歲開始，失憶症的迷霧似乎逐漸散去，但即便在那個時期出現了「最初記憶」，更清晰、依時序發展的記憶，仍要再過幾年才會出現。

楚和唐斯的柱狀圖，說明了大多數記憶相關研究的成果：自傳性記憶的真正發展要從十歲左右開始。這兩位研究者還發現，氣味喚起的記憶量高峰值，比詞彙喚起的記憶量最大值，還早出現許多年。探究其原因，有可能是因為那段時期的記憶尚未涉及語言的運用。多虧了大腦中那條嗅覺專屬路徑，嗅覺信號被直接輸向海馬體，因此它們也只能順著那條特別途徑重建。

這或許可以解釋為什麼某種氣味常讓人想起的只是一種氛圍、一種難以言表的情緒，直到後來——有時要花上許多力氣——才找出與其連結的特定記憶。這個過程與嗅覺的演化進程恰恰相符：聞到某種氣味時第一反應是警戒，當下判斷感覺舒服或抗拒，最後是有點費時的辨別與確認。從這個觀點來看，所謂「普魯斯特現象」不過是一場進化和神經學之間的共謀。

滋味和氣味的恆久性

令人信服的解釋跟某種現象之間的關係，就如同動機之於罪行一樣重要，但解釋不能跟證據混為一談。對某些心理學家來說，只有透過實驗得出具有說服力的證據，他們才能相信「普魯斯特現象」是真確存在的。這些心理學家的懷疑並非完全沒有理由的。跟其他感官相比，氣味是否真能喚起更早的記憶，只有透過全面的比較性研究才能找到答案。任何人，只要選對刺激物就能喚起童年回憶，包括透過嗅覺之外的其他感官。

在荷蘭作家馬茲爾的自傳體小說中（第二章也提過），敘事者正在看著一張照片，上頭是他不幸夭折的弟弟傑安。照片中的傑安微笑著，穿著一件用舊毛線織成的條紋套頭毛衣。堤吉特盯著傑安左肩上的鈕扣：「是在左肩上嗎？詫異地，我的手移（照片上的）那個位置，同時意識到這一雙已經四十七歲的手。沒錯，我想起來了，小時候我們會在他肩上一邊玩一邊把最後三、四個扣子穿過洞裡——那真的破爛到稱不上扣眼。」在這裡，只一個手勢、一種藏在指間的情感，就喚起敘事者忘卻已久的童年瑣事。雜貨拍賣會上一台舊式收音機散發著的神祕綠光，也可能讓你突然想起瑞士一個名叫「伯諾蒙斯特」（Beromünster）的小車站；換個場景，一個針線盒也可以讓你思緒浮動，再一次看到母親在她刻意清理過的桌上描摹《婦女周刊》裁縫版型的畫面。

物品和記憶之間的連結稍縱即逝，刺激由來則純屬偶然，其共通點是都很難透過實驗的方法引導。兩者都過於短暫、過於個人化，並且受特定年齡層族群或社群特性影響太深。講求數據的實驗結果根本不可能說明「普魯斯特現象」。

即使是對普魯斯特來說，嗅覺也不能壟斷其早年記憶。在《追憶似水年華》的後半部，主人公躲避電車時幾乎失去平衡而摔倒，讓他想起許久以前在威尼斯參觀一座教堂時看到的不對稱設計地磚。還有一個例子是當他用一張漿硬的餐巾擦嘴時，馬上想起小時候到巴爾貝克（Balbec）避暑時入住飯店提供的毛巾。儘管如此，依然是氣味帶領他溯及更久遠的記憶。這也是嗅覺總在普魯斯特的思緒中占有最獨特地位的原因。

在書中，當他想起多年以前姑媽蕾歐尼泡在茶中的瑪德蓮後不久，他自忖：「曾幾何時，遙遠的過往無一倖存，人逝物非，但依然有東西留下來，靜止的，孤立的，更脆弱，卻更有生命力，更縹渺，更堅持，更忠誠——氣味和滋味長久以來守在這裡，像靈魂一般，隨時準備予我們提示，等待與期盼著屬於它們的時刻到來，在一切灰飛煙滅時……」

參考書目

–Ackerman, D., *A Natural History of the Senses*, New York, 1990.

–Chu, S., and J. J. Downes, 'Long live Proust: the odour–cued autobiographical memory bump', *Cognition* 75 (2000), B41–B50.

–Delacour, J., 'Proust's contribution to the psychology of memory. The *réminiscences* from the standpoint of cognitive science',

Theory and Psychology 11 (2001), 255–271.

–Laird, D. A., 'What can you do with your nose?', *Scientific Monthly* 45 (1935), L26–130.

–Matsier, N., *Gesloten huis*, Amsterdam, 1994.

–Murphy, C., and W. S. Cain, 'Odor identification: the blind are Better', *Physiology and Behavior* 37 (1986), 177–180.

–Proust, M., *Du côté de chez Swann*, 1913. Quoted from Swann's Way, translated by C. K. Scott Moncrieff, London, 1922.

–Rubin, D. C., E. Groth and D. J. Goldsmith, 'Olfactory cuing of autobiographical memory', *American Journal of Psychology* 97 (1984), 493–507.

–Schab, F. R., 'Odors and the remembrance of things past', *Journal of Experimental Psychology: Learning, Memory and Cognition* 16 (1990), 648–55. 'Odor memory: taking stock', *Psychological Bulletin* 109 (1991), 242–251.

–Vroon, P., A. van Amerongen and H. de Vries, *Verborgen verleider: psychologie van de reuk, Baarn*, 1994.

第四章　刻骨銘心的記憶

——羞辱是用永不褪色的墨水書寫的

十四歲左右時，我經常代表列瓦頓（Leeuwarden）基督教中學參加校際跳棋賽。雖然棋術不是特別好，也談不上什麼專業技巧或天份，但我依舊很熱中此道。參加跳棋俱樂部的人，在第一堂課上就會被警告要小心起手圈套，我卻置若罔聞，從此落得動輒得咎。校隊中，棋藝最高的是約翰．凱佩爾，第一盤棋都由他負責，水準僅次於他的棋手下第二盤，以此類推，最差的人下最後一盤。

有一次，我們對上同小鎮的更高年級學校。該校的頭號棋手名叫哈姆．魏斯瑪，雖然只有十三歲，但已是弗里斯蘭省（Friesland）響噹噹的傳奇人物。比賽開始前，隊長將我們召集在一起，因為他想到一個戰術。「這個魏斯瑪太強了，」他說。「用我們最棒的棋手跟他對陣太可惜，因為任何人都會輸給他。讓約翰跟他們的第二棋手下會比較好。」

我們順著他的思路往下想。「但是這樣的話，那個人，嗯……」某個人開口說話了，而他不用說完，大家都明白他的意思了。五、六個人同時轉頭看向我，霎時我的臉漲得通紅，點頭示意明白，然後乖乖坐到第一棋手的位置上。

受辱經驗持久保鮮的正面意義

對於羞辱，為什麼我們就是記憶力好得這麼可怕？

問某人是否記得某個讓他覺得羞辱的時刻，你可能會聽到一個非常生動而具體的答案，彷彿他一直保留著這種事的專門紀錄。羞辱是用永不褪色的墨水書寫的，絕不會隨著時間流逝而消退。即使我們老去，它們也會如影隨形，讓事件宛如定格在我們的生活中。

德國著名心理學家威廉．馮特在八十八歲那年寫了一本自傳《經歷與所知》（*Erlebtes und Erkanntes*）。他清清楚楚記得念小學頭幾年裡被同班同學欺負的情形。然後是中學時，他記得有個老師當著全班同學的面對他大吼，說受高等教育的父母（馮特來自牧師與學者家庭）生的孩子也不是個個都能成材，還說也許郵差的工作最適合馮特。七十五年過去了，馮特仍記得這件事，清晰如昨日。

第一章裡提過，瓦格納曾對自身記憶進行長達六年的日記研究。之後，他對那些令他特別不快的事件（他本人是最主要當事人，並稱之為自己「最嚴重的罪過」）相關回憶做了個很特別的分析。所謂「特別令人不快」的事件，是指讓人面紅耳赤、覺得自我形象公然受損之類的恥辱。

在這場實驗研究中，瓦格納四年間記下一千六百零五件事，當中有十一件落入這令人難堪的類別。在一篇日記中，瓦格納寫到他曾傲慢地斥責一位將車停在他家門口的婦女，後來才知道原來她是領有特別駕照的殘障人士，前來拜訪他的鄰居。

這一類記憶經證實比其他任何類型的記憶更容易被喚起，例如與它相反的記憶，即令人特別開心的記憶（瓦格納本人是主要當事人），以及另一種特別不快的記憶（瓦格納並非事件主要當事人）。儘管一般來說，瓦格納忘記不快的事比忘記快樂的事來得快，但那些最令人不開心的記憶似乎已被精心保存了下來。

瓦格納以為，我們之所以清楚銘記這類事件，是因為我們需要前車之鑑來提升自我形象，而我們的記憶也特別擅長儲存這些最跟自我形象過不去的事，藉此確保它不會與現實偏離太遠。在這個意義上，我們「最嚴重的罪過」與蒙羞的體驗，具有一種不為人知的作用力。後者有時具有一種長年保鮮的效力，威力一如當年。有些受辱經驗，不只損害自我形象，甚至令我們的生活發生巨變，而且從此在記憶中安家落戶。但即使是那些我們在回顧人生時不覺特別刺眼的受辱記憶，也具有一些特性。

在羞辱的記憶中看到自己

當人們描述過去的受辱經歷時，其情之深切，彷彿事件是以實況狀態儲存在記憶中，一一完整重現：「那傢伙沒敲門就闖進來，一屁股坐到我的書桌邊上。我現在還能看到他，一副老神在在的樣子，開口跟我說……」這種記憶讓人想到電影剛問世的時代，沒什麼剪接技巧幫助讓電影更精彩。在這裡，時間可能為這些較不重大的記憶增添了形體與意義，將受辱體驗透過記憶這台放映機，像盧米埃兄弟製作的早期電影短片一樣播映出來。

受辱體驗獨有的特殊時間尺度，也會讓人屢試不爽再三重新經歷同樣的生理反應。我親眼看過老人家在談起七十多年前所受的侮辱時，依然激動得面紅耳赤。即使過了半個多世紀，想起以前受的屈辱，人們還會氣得渾身發抖，或忿忿捶打椅子的扶手。而當說起過去讓人非常羞愧難堪的事時，你也會窘得忍不住想再捂上眼睛，或轉開臉、迴避他人的目光。

關於受辱記憶，還有一個奇特的現象，那就是：回想那段經歷時，你可以看到自己。你會看到自己因激動而漲紅的臉，看到自己極力掩飾受傷的情感；你會看到其他人臉上的幸災樂禍，或憐憫同情的神情。這一切彷彿你不是暗自記下當時的情景，而是該場景中的表演者之一。回想當年屈辱地迎戰對方最強勁的棋手時，我仍能清楚看到自己點點頭、向第一盤棋位置走去的情景。當馮特想起那個老師輕蔑地提供他職業生涯建議時，一定也看見自己坐在課桌前的樣子。任何自覺受到侮辱的人，都會馬上以旁觀者的角色看到自己。

這或許也可以解釋為何這一類記憶總是如此栩栩如生。身為當事人，你親歷了尷尬、憤怒和混亂等情緒，原汁原味地銘記在心。但在同時，整個事件也被當成一個外部事件儲存下來，記下其他人（或至少，你自以為如此）在事發時對你的看法。所有相關細節都有個副本：在一份檔案裡，儲存的是那份屈辱感；在另一份檔案裡，則是那個最差勁棋手坐定第一盤棋前的畫面。

參考書目

–Wagenaar, W. A., 'Remembering my worst sins: how autobiographical memory serves the updating of the conceptual self', in M. A. Conway, D. C. Rubin, H. Spinnler and W. A. Wagenaar (eds.), Theoretical Perspectives on Autobiographical Memory, Dordrecht, 1992, 263–274.

–Wundt, W., Erlebtes und Erkanntes, Stuttgart, 1920.

第五章　閃光燈記憶

——那一天的那個時候，你身在何處、和誰在一起、在做什麼？

若有人隨口指定若干年前的某一天，比如說，一九九七年八月三十一日，問你那天人在哪裡、做什麼、和誰在一起、天氣如何，你非常有可能答不上來。你不太可能聽到「回想一下，那天是星期天」這類的提示，也不會覺得它幫得上什麼忙。就像大多數逝去已久的日子，那一天也早已被放逐。但是，當你知道一九九七年的這一天，是英國戴安娜王妃因車禍去世的日子，情況就完全不同了。回想聽到噩耗的那一刻，你甚至可能還記得是誰告訴你這個消息，例如家裡某個人，或是從電台、電視台聽來的，你也會記得當時身在何處、和誰在一起、在做什麼，以及聞訊時的第一反應，和周圍其他人的反應。

這種不只記得事件本身，還記得當時環境的記憶，就是所謂「閃光燈記憶」（flashbulb memory）。這個極富表現力的術語，是心理學家布朗（Roger Brown）和庫里克（James Kulik）於一九七七年提出的。他們注意到，人們在聽到震驚的消息時不僅會記住事件本身，還會記住與事件相關的環境細節。

美國總統甘迺迪的遇刺身亡，就是最典型的例子。每逢其遇刺周年紀念日，美國媒體都會刊載一些人士對驚聞噩耗那一刻的個人閃光燈記憶。這類體裁在美國媒體可謂司空見慣，還出現了以輕鬆調性來處理的方式：森林裡的動物競相告知聽到小鹿斑比的媽媽被獵人射殺時自己正身在何處。

對於甘迺迪之死，最富戲劇性的「閃光燈記憶」，非某個名叫德瑞克．華肯的寄宿學校老師莫屬了。那天放學後，他帶了一組學生去靶場練習射擊，之後他決定回學校備課，於是請當時在場的射擊教師——一名叫卡麥倫．甘迺迪的年輕同事——幫忙鎖好靶場的大門。這其實是有違校規的做法。華肯把槍枝與子彈櫃的鑰匙交給這名同事後便離開了。回到學校後，當他在桌前辦公時，一名學生猛地推開房門，大叫著：「老師！老師！甘迺迪被人打死了！」華肯又驚又恐，急忙跑往學校禮堂。全校師生都在那兒激動地討論此事。女校長神情肅穆地走到他面前，告訴他甘迺迪總統被刺殺了。華肯鬆了一口氣：「我的工作還在，真是太好了。」

腦海中的「立即列印！」指令

儘管「閃光燈記憶」這個專有名詞直到一九七七年才出現，該現象本身卻已有久遠歷史。結果一八九九年，相關學者對美國總統林肯遭暗殺一事進行了心理學史上早期自傳性記憶研究之一。結果顯示，在一七九名被調查者中，有一二七人能夠說出自己乍聞消息時人在何處、正在做什麼。由此可見，被調查者對三十三年前的刺殺案相關回憶，具有閃光燈記憶的特徵。一名七十六歲老婦回憶道，當時她正站在爐邊準備晚餐，她丈夫這時走了進來，告訴她這個消息。一名七十三歲的老人表示，「我正忙著修補籬笆，到現在都還記得當時站立的確切位置。這時W先生經過，告訴我總統遇刺了。

那是早上九點還是十點左右」。

有些人回憶這件事時就像播放電影一樣。以下就是一段這樣的回憶（略刪節）：

父親和我駕馬車去緬因州某個地方採購畢業典禮上我需要的「行頭」。當我們從一座陡峭的山坡下行進入市區時，感覺氣氛不太對勁。一路上見到的人，個個神情哀傷，還有一種可怕的暗潮洶湧感。父親拽住韁繩，停下馬車，側身問路人：「朋友！怎麼了？發生什麼事了？」「你沒聽說嗎？」那人答道。「林肯被刺殺了。」韁繩從父親手中滑落。只見他眼淚奪眶而出，呆坐著一動不動。當時我們已經離家很遠，而且有許多事待辦。最後我們在沉重的心情下勉強辦完事。

布朗和庫里克運用「閃光燈」這個比喻，並非在暗示記憶像一張照片、事後還可以研究這張照片大大小小的細節。他們的本意是：除了當時的場景之外，這種記憶往往還含括各種細節；它們原封不動，而且是偶然被「攝入」照片裡的，否則早就被遺忘了。例如你會記得那個來告訴你壞消息的人有多侷促不安，手裡扭扯著毛衣上的一根線頭。布朗和庫里克表示，這就像你大腦中某個地方有個等待「立即列印！」指令的裝置，一旦被啟動，便鉅細靡遺將整個場景捕捉下來。

就甘迺迪總統遇刺或戴妃意外身亡之類事件來說，這種閃光燈似乎照亮了全世界人的記憶。還有一些事件，只能喚起該國家人民的閃光燈記憶，例如瑞典首相帕爾梅（Olaf Palme）於一九八六年遇刺身亡、英國首相佘契爾夫人於一九九〇年辭職。其餘的就是個人的閃光燈記憶了，例如聽到親愛的人的噩耗。

其他因素的影響

在布朗和庫里克的第一次調查中，他們研究了應該能引起閃光燈記憶的十件大事，當中包括甘迺迪總統、他的弟弟羅伯．甘迺迪、黑人民權領袖馬丁．路德．金等知名人士遇刺，以及福特總統等人的暗殺未遂事件、西班牙獨裁統治者佛朗哥將軍等人的自然死亡等。

這些事件喚起的閃光燈記憶，數量並不相等。被調查者中只有半數的人對羅伯．甘迺迪之死有閃光燈記憶。這些被調查者皆為美籍人士，但其族裔背景——計四十名黑人、四十名白人——似乎也對調查的結果產生影響。

在參與調查的美國人中，黑人對黑人活動家麥爾坎．X（Malcolm X）遇刺的閃光燈記憶要比白人的多。對馬丁．路德．金遇刺一事的閃光燈記憶也是如此。閃光燈記憶數量相差最大的，是黑人民權領袖麥德加．愛佛司（Medgar Evers）遇害事件。他在一九六三年被一名白人種族主義者槍殺，但調查發現，沒有任何白人對這件事有閃光燈記憶。而對福特總統暗殺未遂事件和佛朗哥之死，白人的閃光燈記憶也比黑人的多。乍看之下，可能會對喬治．華萊士（George Wallace）暗殺未遂事件引起的閃光燈記憶調查結果感到不解。他是黑人極端右翼政客，照前述邏輯來看，黑人對該謀殺未遂事件的閃光燈記憶應該比白人多，實際情況卻恰好相反，原因可能是華萊士的主張更受到黑人抵制。

閃光燈記憶＝照片？

為什麼會有負責閃光燈記憶的機制存在？為什麼我們不是只記得事件本身，就像面對大多數所見、所聞時那樣？布朗和庫里克試圖從神經生理學的角度尋求解釋：情感突然潰堤，通知大腦必須比平時在更短時間內儲存更多細節。他們認為「現在列印！」的指令是人類演化上的殘跡，其發展先於語言或其他更抽象的溝通形式：當你突然從這一刻被丟到下一個時刻，被迫置身某個情境且必須接收它影響重大的訊息，則盡可能記住該情境相關層面資訊變得很重要，希望免於再次陷於這樣的境地。

有人對此駁斥道，當人真的身陷性命攸關的情境時，例如淪為武裝挾持的受害者，其視野似乎會變得更狹窄，導致事後雖然能想起看到劫匪緊張得喉結上下扯動，卻記不清他是否有穿外套。

遺憾的是，布朗和庫里克無法評估調查對象的閃光燈記憶是否可靠。但自從他們發表第一篇研究報告以來，閃光燈記憶的可信度就成了這類研究的熱門主旨。閃光燈記憶真的是如同照片一般逼真的版本嗎？真的是記憶成功抵制遺忘和扭曲失真的證據嗎？

心理學家奈瑟對以上兩點都予以否定。他認為，閃光燈記憶並非如「現在列印！」機制所示的那樣奠基於一種特別的資訊編碼方式，而是在於我們處理這些記憶的態度。那些令人震驚的消息和事件，讓我們有許多機會與別人一起回顧並談論它們。這種「反覆溫習」，讓我們得以將對該事件的記憶妥善儲存起來，以便日後輕易提取它們。

據奈瑟所言，閃光燈記憶不是深埋在我們腦海中的照片，而是我們時常跟自己與他人溫習的故事——講得多了，自然忘不了。奈瑟認為上述觀點還可以解釋為什麼記憶會逐漸演化出敘事的結構，包括那是在哪裡、誰告訴我們的、有誰在場，以及我們如何反應。這些都是構成精采故事的要素。

閃光燈記憶也會被遺忘

即使是對自己說的故事，也在不斷變化中。讓我們一起來看一個閃光燈記憶範例。一九八六年一月，美國「挑戰者號」太空梭升空爆炸後二十四小時內，奈瑟與同事哈許（Harsch）給一百名學生做一份問卷調查表，請他們回答「從哪裡聽到消息」、「當時身在何處」、「正在做什麼」等問題。三十二個月後，這些學生又被要求回答同一份問卷，結果與第一次大相徑庭，連對於從哪裡聽到消息、當時有誰在場等問題，答案都與第一次有很大出入。

在第一次調查中，只有九人宣稱是從電視上看到消息，但在第二次調查中這個數字增加到十九人。很顯然，「挑戰者號」失事畫面在電視上反覆播放，已經對閃光燈記憶產成干擾。第二次調查中，有四分之一的學生弄錯事件主要細節。奈瑟總結說，閃光燈記憶與其他自傳性記憶沒什麼不同，也同樣有可能被忘卻。

連接直覺的記憶

自傳性記憶研究的知名專家馬丁．康威對奈瑟的結論持不同觀點。在其《閃光燈記憶》（*Flashbulb Memories*）一書中，他概略分析了過去十至十五年間的閃光燈記憶相關研究。在他看來，奈瑟的理論無法解釋那些枝微末節為何被長期保存下來，也就是布朗、庫里克觀察到的那些偶然攝入的記憶。

毫無疑問，與個人經歷（例如女性想起月經初潮體驗）相關的閃光燈記憶，是由各種不相干卻栩栩如生的細枝末節構成的，而這些正是其他自傳性記憶所欠缺的。康威在書中表示，比起「普通的」記憶——通常由片段重建和詮釋構成——閃光燈記憶更像個連貫的整體。被喚醒的自傳性記憶，需要時間過程讓它逐漸鮮明和完整；閃光燈記憶卻如同照片一樣，任我們隨心所欲、隨時隨地提取訊息。

照這樣來看，直覺在這種地方似乎是可信的。回想驚聞戴安娜王妃香消玉殞的那一刻，我們會馬上記起當時自己身在何處，甚至可能知道自己當時是站著、坐著還是躺著的。這一切，在我們消化接收到的消息時，就被納入大腦正忙著儲存的畫面中。腦海中的照片——又或者說，電影短片——可能最終仍難逃被遺忘的命運，但肯定比其他大多數的普通記憶更經久不褪。最後請容我再問一次，記得一九九七年八月三十日或九月一日當天你在做什麼嗎？

參考書目

–Brown, R., and J. Kulik, 'Flashbulb memories', *Cognition* 5 (1977), 73–99.
–Colegrove, F. W., 'Individual memories', *American Journal of Psychology* 10 (1899), 228–55.
–Conway, M., *Flashbulb Memories*, Hillsdale, 1995.
–Neisser, U., 'Snapshots or benchmarks?', in U. Neisser (ed.), *Memory Observed: Remembering in Natural Contexts*, San Francisco, 1982, 43–8.

–Neisser, U., and U. Harsch, 'Phantom flashbulbs: false recollections of hearing the news about Challenger', in E. Winograd and U. Neisser (eds.), *Affect and Accuracy in Recall: Studies of 'Flashbulb Memories'*, Cambridge, 1992, 9–31.

第六章　記憶的方向性
——為什麼我們的記憶是前進的、而非後退的？

拋開網路、重拾紙本搜尋資料的樂趣之一，是你可能得到始料未及的收穫。當你翻閱某期刊整年份的卷期時，可以從前面的目次或後面的索引自由檢索，然後在這個老式的搜尋過程中遭遇不期然的發現，有時它甚至比你本來在搜尋的東西更有價值。不久前，為了找一篇評論，我到圖書館查閱《心理》（*Mind*）雜誌一八八七年份卷期，某篇文章的標題猛地躍入眼簾：〈為什麼我們的記憶是前進的、而非後退的？〉起初我對這個問題不以為意，稍後才幡然醒悟。本來我已經帶著影印好的評論文章離開圖書館，驀地意識到這個問題的微妙性，於是又折回頭，讀完那篇文章。

這篇文章不滿四頁，作者是法蘭西斯・布萊德雷（Francis Herbert Bradley, 1846–1924），牛津大學唯心主義哲學家。他僅用寥寥幾段話，便說明了一件事：對於簡單的問題，我們不一定總能提供簡單的答案。

先發生X才發生Y，為什麼回憶倒溯不是先Y才X？

關於記憶的方向性問題，簡單的答案是：記憶複製了事件的過程，而因為先有X，然後有Y，你希望照這樣的順序記住它們。但仔細一想，就會覺得事情沒那麼簡單，這正是我稍後折回圖書館的原因。為什麼回憶的順序，應該跟儲存事件的順序一致呢？回憶往事時，我們總是永遠從「某一頭」進入。這樣說吧，在記憶的存檔系統裡，最近發生的事件在最上面；就像你存放在檔案夾裡的銀行帳單，最新的放最上面一樣。所以，如果要翻閱紀錄，你應該會先看到Y，然後才是X。既然如此，為什麼我們的記憶是前進的、而非後退的？

好吧，記憶是前進的，這是無可爭議的事實。我回想在一九八六年的墨西哥世界盃足球賽上，馬拉度納踢進的第二顆球。當時馬拉度納在後場得球後，十秒內瘋狂突進五十多公尺，連過三名英格蘭隊後衛，然後虛晃一招騙出對方門將，立即起腳破門。我只能「向前」記住這個經典進球的過程，沒辦法讓球從球網飛回馬拉度納的腳上、馬拉度納背朝後狂跑（身子卻弓向前！）、連過向後移動的對方球員，最後回到記憶起始之處。我的記憶影片裡沒有「倒帶」功能。我可以借用這個比喻，將影片倒回這場比賽再早一點的時刻，亦即這第二顆進球前四分鐘，馬拉度納用一記「頭球」射破對方球門，也就是聞名世界的「上帝之手」。但當我重溫「上帝之手」，記憶依舊是以「播放」的形式向前進。在讀布萊德雷這篇文章之前，我從未意識到下面這個事實：記憶誠然可以帶著我們在時間之流中前後來回，但當我們回憶往事時，只能遵循事件發生時的順序。

倒轉記憶的想像實驗

我們只有透過「想像實驗」的方式，才能夠倒轉記憶，但即使這麼做，測試的也是想像力而非記憶力。想像並不難，我們都看過倒帶播出的影片，看過四濺的水花中某人揮著雙手躍出，跟著水面恢復平靜無波一片。但倒退記憶就像倒車一樣，你可以做到，卻也知道車子不是為了倒退而打造的。倒退著生活，是詩歌和小說才有的特權。

在荷蘭詩人漢婁（Jan Hanlo, 1912–1969）的詩作《我們出生了》（*We are born*）中，靈車用韁繩將馬拖回太平間，在那裡哀悼的群眾正折回大門口。幾天後，死去的人在靈堂裡醒過來。身體復元之後，他開始工作。要做的事情太多了：有橋樑要摧毀、城鎮要夷平、煤和石油要埋回地下。這些工作真刺激。食物在爐上漸冷。在生命的盡頭，學校裡的書桌等著我們：「學校讓我們忘了所有已學會的事物。」但在這首詩中，所有人物只有動作而沒有語言。只要有人開口，倒帶的想像實驗就進行不下去。

最激進的嘗試出現在英國作家馬丁．艾米斯（Martin Amis）的小說《時間箭》（*Time's Arrow*）。小說以主人公之死起頭，然後以特殊的顛倒手法敘事。儘管小說裡的對話是顛倒著說的，但人物用的詞語和句子並未顛倒，畢竟沒人能理解倒著說的語言。荷蘭作家赫瑞特．克羅爾（Gerrit Krol）在一篇有關時間的論文中表示：想要倒著陳述話語，就像將指南針的指針往反方向扳動，「只要一鬆手，它就會彈回原來的位置。同理，不論你多努力去顛倒、反轉，每個句子都承載著我們覺察不到卻無處不在的標準時間力量，每個句子都會自動往敘事的時間方向開展。」再離經叛道，也不可能完全沒有準則。

布萊德雷試圖從大腦的生物功能角度，尋求記憶為何向前開展的答案。「生命是一個衰敗和不斷修復的過程，同時也是與危險持續抗爭的過程。想要活下去，我們的思維基本上就必須往前看。」

（當時達爾文去世不過五年，人們對心智功能的詮釋也還帶有達爾文式觀點）我們的大腦在記錄個人感知與經歷時，也會同時著眼於未來；過去發生的事，只在一種情況下才對我們有意義，那就是：讓我們能為前方正等著我們的事做準備。這麼看來，記憶的焦點並非在已經發生的事上，而在於將要發生的事，這也是我們的記憶為什麼是「面向未來」的原因。這個解釋對我而言很有說服力，而且合理：我們的記憶顯然是被設計來關注未來可能的改變。記憶力是為向前展望而服務。

永遠只能往前播放的影片

讀過布萊德雷的文章，我發現自己並未真的理解他的疑問，直到我將它「轉譯」為下面這個比喻：記憶就像一部你可以往前或往後快轉、回顧時卻唯有按下「往前播放」鍵才能讓人好好看個清楚的影片。布萊德雷的文章寫於一八八七年，距離電影技術問世還有八年。文中他用了一個經典的比喻來說明這個難題：時間像一條河流，而事件就像水流載運而過的物體。只是這個比喻有時不是很好用，因為河流本身沒有方向，只有從外部某個點看去，例如河岸上，或從某個觀者的角度出發，才能說這條河往什麼方向流。我們很習慣以為時間之河就是向前流淌，朝未來所在的方向，但是當我們遭遇人生大小事時，卻感覺是事件「朝我們而來」——從未來「回溯」到我們身邊。布萊德雷在文章中總結道，關於記憶的方向性問題，其實應該這麼問：「既然是事件回溯朝我們而來，為什麼這些事件的記憶總是選擇相反的方向開展？」

如果拿「用照相機先拍攝X，接著拍攝Y，而且只能照這個順序再現整個經過」來比喻記憶，應該能夠更輕鬆、更清楚傳達布萊德雷的觀點。要是他的文章寫於十年後，也就是電影技術問世之後，布萊德雷應該就會用它來作比喻。在一八八七年，以照相來比喻，依然主宰著記憶運作相關理論。它鼓吹「記憶是儲存原汁原味、宛如複印畫面一般的工具」這樣的觀點。而且，事實上，該觀點至今仍普遍與「照片式記憶」（photographic memory）用語形影不離。在當時，神經學認為記憶是一種恆久不變的紀錄，可以隨心所欲「沖洗」成靜態的光學影像。就像在感光板上顯影一樣，圖像也在記憶裡「沖洗」與「發展」（涵蓋develop這個字的雙重意義）定格。此即為何關切記憶方向性的布萊德雷捨「照相」比喻不用的原因，因為靜止的東西是沒有方向性的。

盧米埃兄弟賦予記憶新的比喻

「活動攝影」（motion picture）誕生於一八九五年，出自法國盧米埃兄弟推出的「電影放映機」（cinématographe）。盧米埃兄弟最初在里昂經營一家感光板工廠，取得一系列以其姓氏命名的照相技術專利。十九世紀九〇年代初，各種快速投射連續單張圖像以模擬動態過程的技術相繼出現。一八九一年，愛迪生發明了「活動電影攝影機」（kinetograph，即攝影機）和「活動電影放映機」（kinetoscope，即放映機），但該放映機每次只能播放給一個人看，畫面中的人物動作也很僵硬。一八九四年，盧米埃兄弟參加了一場在巴黎舉辦的活動電影放映機展示會，決定研發效果更好的攝影和放映方法。

「活動電影」發明中最關鍵的一步，出自盧米埃兄弟設計的活動攝影機：透過一個咬合裝置牽動打孔的賽璐珞膠片，曝光時間縮減到1／25秒。同樣的裝置也用來投射影片，放映時影像在投影機燈泡前停留的時間為每一轉的三分之二，正好足夠將影像清晰投射到銀幕上。

一八九五年十二月二十八日這天，盧米埃兄弟在巴黎公開放映了他們的第一部電影。這場電影處女秀獲致極大成功。兩年內，盧米埃兄弟拍攝的短片已達堂堂三百八十五部，每一部的膠片約長十七公尺，放映時間約一分鐘（因放映速度不同，放映時間會略有差異）。他們放映的第一部短片，內容是工人離開一家位於里昂的工廠去吃午飯的場景。他們倆在世時，得以親眼目睹電影技術上百花齊放的發展。哥哥路易士、弟弟奧古斯特，先後於一九四八年和一九五四年去世。

電影放映機的誕生，也賦予視覺記憶一個新的比喻。一九〇二至〇三的學年期間，法國哲學家柏格森（Henri Bergson, 1859–1941）在法蘭西學院（Collège de France）開了一系列討論時間的課程。在課堂上，他問了一個呼應布萊德雷觀點的問題：若我們的體驗是由無數的獨立感知群組所構成，試問我們怎麼掌握這些感知的活動與變化？意思是，我們的感知是由一套「意識拍攝的現實快照」（柏格森的用語）構成的，但我們意識中的圖像卻是「活動的」——這就是令人想不透的地方。

柏格森的授課時間在盧米埃兄弟第一部電影首映八年後。與布萊德雷不同，柏格森充份運用了電影放映機此一發明，來說明靜態攝影比喻所欠缺之技術上的類比性與概念上的可能性。假設某人想要再現士兵行軍隊伍的活動，柏格森認為有效的方法就是「拍下隊伍的一系列快照，然後將這些即時圖像一幅接一幅快速投射到銀幕上」。單看每一張快照，所有士兵都是靜止不動的。士兵動不起來，是因為「將靜止和靜止並列，即使你有再多圖像，也絕不可能製造出動態。」要讓圖像動起來，必須透過相關裝置的施力：「因為電影放映機的膠片捲動了，依次帶出構成劇情的各個圖像且連續不斷，如此一來，劇情中每個演員才找回動感。」靜態圖像的快速串聯製造出動態的效果，柏格森總結道，「這就是電影放映機的發明原理，也是我們大腦認知的運作原理」。電影放映機幫助我們解決了「運動創造於靜止之中」這個看似自相矛盾的說法。

當我們看到來自柏格森時代的骨董「電影放映機」，真的很難想像，怎麼會有人從這個箱子——由木板條、玻璃、投影燈泡、鏈條、齒輪和捲盤把手構成——想到它與人類記憶有可以類比之處。聽聽技術史學家怎麼說，或許可以讓我們不那麼大驚小怪。對於在那個時代下、有史以來頭一次見識到「活動攝影模擬記憶」的人類來說，電影放映機的出現只能以震撼來形容，影響深遠。電影的魔力曾經擄獲所有觀眾的心，這一點可以從該時代的日記、信件和報紙中找到佐證，但如今這都已是前塵往事。對於在數位時代下成長的年輕世代，即使有心了解先人對攝影術或電影術的讚歎與驚奇，最後也只會發現自己絕不可能「體驗」那樣的激動心情。在盧米埃兄弟的電影首映一百年之後，那份狂熱和迷戀再不可能回來。布萊德雷對人類記憶的看法，似乎也可印證在歷史記憶上：永遠只往前看。

參考書目

–Amis, M., *Time's Arrow*, London, 1991.

–Bergson, H., *L'Evolution créatrice, Paris, 1907. Quoted from Creative Evolution*, translated by A. Mitchell, New York, 1911.

–Bradley, F. H., 'Why do we remember forwards and not backwards ?', *Mind 12 (1887), 579–82*.

–Hanlo, J., *Verzamelde gedichten*, Amsterdam, 1970.
–Krol, G., *Wat mooi is is moeilijk*, Amsterdam, 1991.

第七章　絕對記憶

——記憶超人的矛盾生命

阿根廷短篇小說家、隨筆作家暨詩人波赫士（Jorge Luis Borges, 1900–1986）筆下諸多錯綜複雜的故事中，有一篇出現名叫伊雷尼歐・弗內斯（Ireneo Funes）的人物。原文名的意思是「來自黑暗」。一八八四年的某個夜晚，故事的敘事者和他的表兄在烏拉圭遇上暴風雨。強勁的南風吹逐，天空烏雲密布。黑暗中突然出現一個男孩的身影，表兄朝男孩大聲喊道：「伊雷尼歐，幾點了？」男孩既沒看錶也沒看天色，脫口而出：「小博納多・胡安・法蘭西斯科，現在八點差四分。」這個宛如高精密計時器般的弗內斯，似乎具有某種分毫不差的時間感。

幾年後，故事中的敘事者又回到烏拉圭，聽聞弗內斯不慎從一匹野性頑強的馬上摔下來，落個終身殘廢，只能在行軍床上度過餘生。但是墜馬後，弗內斯竟從此身懷兩項令人咋舌的異稟：鉅細靡遺的觀察力，以及絕對的記憶力。他能看到、聽到並感知一切，而且永誌不忘。墜馬事故令他的記憶變成一個完美的記憶體。敘事者決定去拜訪弗內斯。當他穿過鋪著地磚的天井、走向弗內斯的房間時，聽到有人在背誦拉丁文文章。那正是殘廢的伊雷尼歐・弗內斯。

波赫士的文學想像實驗

弗內斯看不懂拉丁文，這幾段文章是他癱瘓後默記起來的，摘自古羅馬著名學者普林尼（Pliny）編著的《自然史》（*Naturalis historia*），更準確來說，是第七卷第二十四章的內容，說的是波斯帝國的居魯士（Cyrus）大帝、本都（Pontus）王國的米斯里戴特六世（Mithridates VI Eupator），以及古希臘詩人哲學家賽莫尼底斯（Simonides）等人的驚人記憶力。居魯士大帝記得軍隊中每位士兵的名字，米斯里戴特六世會說該王國境內所有語言（共二十二種），賽莫尼底斯則是記憶術的發明者。這些人的記憶力令世人讚歎不已，弗內斯則對此感到不可思議，因為那對他自己來說是再正常不過的事。

弗內斯能夠背誦描述偉人非凡記憶力的篇章，只是一種對照手法，但波赫士也同時用它來表現弗內斯超越古今、絕無僅有的超凡記憶力。這個孩子的記憶力是絕對的：「他記得一八八二年四月三十日早晨南邊天空上的烏雲是什麼形狀，並拿來與記憶中他只見過一次的某本書、封面上頭的大理石紋樣相比較。」他看到小馬身上雜亂的鬃毛，看到形態不斷變化的火焰，在漫長的守靈夜裡看著死者面容一點一滴的變化——一切的一切，他全銘刻在心。

弗內斯不只記得「森林裡每一區每一棵樹上的每一片樹葉，也記得每一次那片樹葉帶給他的感受，以及他心中的揣想」。「我，一個人的記憶，」弗內斯躺在他的行軍床上說道。「比開天闢地以來所有人類的記憶還要多。」他覺得自己在墜馬之前既瞎又聾，什麼都沒看到，也什麼都沒聽到，而癱瘓在床是他獲得絕對觀察力與記憶力所付出的小小代價。

不過，隨著敘事者與弗內斯的對話進展，我們會逐漸發現，弗內斯不只是身體殘障了，連心理上也病了。他的絕對記憶力，無疑是禍而非福。為了盡量減少外界的刺激，他長時間將自己禁錮在黑暗裡。只有當夜晚來臨的時候，才讓人幫他把床搬到窗邊。他的記憶令他沒有片刻安寧，也因此夜夜失眠：「躺在小床上，在昏暗的房間裡，（弗內斯）可以在腦海裡看到牆上每一道裂縫、四下所有房舍的每一個細節。」為了讓自己入睡，他必須想像陌生的全黑房屋，並全神貫注於那一片無差別的漆黑。這種絕對又令人難以承受的生命，於一八八九年告終。那一年，弗內斯死於肺水腫，時年不滿二十一歲。

弗內斯的故事最早發表於一九四二年的《國家雜誌》（*La Nación*）上。一九四四年，波赫士將它收錄在作品《虛構集》（*Ficciones*）中。在這篇需要花點腦力理解的作品中，伊雷尼歐．弗內斯無異於一個「能行走的想像實驗」（如果用它來形容癱瘓人士不會太奇怪的話）：**究竟，擁有絕對記憶會造成什麼結果？對一個永遠不會遺忘的人來說，「記憶」究竟代表什麼？**

貝維拉達（Bell Villada）——波赫士作品的主要英譯者——表示，弗內斯的故事實為一篇關於認知與記憶的哲學文章，只不過是以文學形式來表現而已。他說得沒錯。波赫士用弗內斯的故事，來回答下面的提問：「假設某個人什麼都能看見、什麼都忘不了，那麼他的思想、行為和體驗會是什麼樣子？」在此借用貝維拉達的巧妙比喻：波赫士透過他想像中的稜鏡，照見正常心智生活的現實。波赫士在寫這篇故事時，沒有任何絕對記憶的相關文獻可參考，而其想像實驗的結果可以用下面這個詳盡的案例研究來檢驗。

真實世界的「記憶超人」

在世界的另一頭，在另一個世紀，有人真實擁有弗內斯一樣的記憶。他的名字叫做舍雷沙夫斯基（Solomon Sherashevsky），俄羅斯裔猶太人，出生年月不詳。俄羅斯神經心理學家盧力亞（Aleksandr Lurija, 1901–1977）以他為主要對象進行了案例研究，撰寫於一九六五年夏天，英譯本於一九六八年出版，名為《記憶高手的心靈》（*The Mind of Mnemonist*）。盧力亞在二十世紀二〇年代中期結識當時將近三十歲、在一家地方性報社當記者的舍雷沙夫斯基。此後，盧力亞對擁有超凡記憶力的他定期追蹤研究了三十年以上。

舍雷沙夫斯基的真實故事，與波赫士的虛構文學作品有著異曲同工之妙，相似之處不只舍雷沙夫斯基、弗內斯都有著不知疲倦的超凡記憶力，還在於波赫士和盧力亞兩人之間的相像性（順帶一提，他們都不熟悉對方的作品）。波赫士的作品是關乎人類智性本質的文學性暨哲學性研究，予人真實可信、近乎科學實證的印象。另一方面，盧力亞的案例研究則是他稱為「浪漫科學」（romantic science）的最佳實例。所謂「浪漫科學」，為一種旨在探討經驗的主觀特性、而非歸納或抽象法則的科學研究形式。而不論波赫士的科學性小說，抑或盧力亞的文學性科學，都不約而同描繪了一個奇妙的現象：沒有任何事物可以逃脫記憶。

盧力亞的實驗，始於舍雷沙夫斯基主動造訪，要求盧力亞對自己的記憶進行測試。舍雷沙夫斯基工作的報社裡一名編輯介紹他來，因為該人注意到舍雷沙夫斯基不尋常的記憶力：即使在細節最繁瑣的簡報會議上，舍雷沙夫斯基也從來不做筆記。他本人從不覺得這有什麼了不起，甚至當他發現並非人人都能記住會議內容時還有些吃驚。當時，盧力亞不過二十歲出頭，之前在故鄉喀山（Kazan）攻讀心理學，並深受佛洛伊德的思想吸引，因為心理分析跟他接下來準備研究的一個核心主旨相關：人類行為中受情感左右的部份。

盧力亞寫過一篇關於心理分析的論文，並曾與佛洛伊德互通幾封信。後來心理分析研究在前蘇聯逐漸失勢，《真理報》（*Pravda*）攻訐心理分析的「生物學層次」與「意識形態敵對性」。盧力亞很快便根據形勢變化修正自己的研究方向，調到莫斯科大學，開始漫長且成果卓著的神經心理學研究生涯。

沒有極限的超強記憶

當舍雷沙夫斯基來到盧力亞的心理學實驗室時，看上去有些怯懦且心不在焉的樣子。盧力亞依其要求給他做了一些標準測試，讓他看一些不同長度的單字、數字和字母，然後請他複述。測試一開始尋常無奇，但很快便變成一場讓人眼花撩亂的表演：不管盧力亞給他多長的題目——包含三十個、五十個，甚至七十個單位（component）——舍雷沙夫斯基總能一字不差複述出來，連倒著複述或任意從某處開始複述也無礙。經此一役，盧力亞被難倒了，完全束手無策，連判定實驗對象的記憶力有多強這麼簡單的事都辦不到。問題不是實驗對象的記憶力極限何在，而是，它根本就**沒有極限**。

幾天後，盧力亞又對舍雷沙夫斯基進行新一輪測試，結果證實舍雷沙夫斯基的記憶力並非來自一般的記憶術。大多數人的記憶廣度（memory span，記憶廣度是指向受試者出示一次測試內容後，受試者能夠一字不差正確複述或寫下來的最長單位組合）為七個單位左右，而舍雷沙夫斯基能夠複述包含數百個字母或數字的組合。

一般人記憶有意義的單字，比記憶無意義的音節組合要容易得多，但舍雷沙夫斯基可以不費吹灰之力記起許多看起來幾乎都一樣、沒有意義的音節組合。如果在測試前或測試後記憶類似的素材，一般人的表現都會變差，舍雷沙夫斯基的記憶卻始終精確無誤。舍雷沙夫斯基似乎對記憶擁有絕對的駕馭能力，其記憶軌跡是完整、永恆的，而不是破碎、暫時的。

盧力亞反反覆覆且使用大致相同的方式對舍雷沙夫斯基進行測試。他會徐徐唸出一串單字或數字，這時舍雷沙夫斯基不是閉上眼睛，就是兩眼放空望著遠處，靜待盧力亞唸完，然後先凝神幾分鐘，再將剛才的題目依序複述出聲。

當盧力亞在黑板畫上一個包含五十個數字的表格，舍雷沙夫斯基會花兩、三分鐘用眼睛慢慢往表格各欄位掃視過去，然後迅速背出表格內容，不論是從上至下或從下至上，或是依對角線方向，舍雷沙夫斯基都能精確回憶起該表格，而且每次花費時間幾無二致，甚至幾個月或幾年後再回憶該表格，對他而言也不是什麼難事，唯一差別是他需要更多時間回想當時的實驗環境，包括實驗室的樣子、盧力亞的聲音，以及當時他自己注視黑板的樣子。

視覺化記憶法：7是留小鬍子的男人

在研究剛開始的頭幾年裡，舍雷沙夫斯基的記憶表現出一種自發性特徵：視覺化傾向。任何單字

$$N \cdot \sqrt{d^2 \times \frac{85}{vx}} \cdot \sqrt[3]{\frac{276^2 \cdot 86x}{n^2 v \cdot \pi 264}}\ n^2 b = sv\ \frac{1624}{32^2} \cdot r^2 s$$

圖3. 盧力亞出示舍雷沙夫斯基的模擬等式

都能自動喚起一幅深深烙印在他記憶裡的圖像。一九三六年，舍雷沙夫斯基曾對盧力亞這樣描述自己的記憶：「當我聽到『綠色』這個字時，眼前就會出現一個綠色的花盆；聽到『紅色』，就看見一個穿紅襯衫的男人向我走來；聽到『藍色』，則是有人從一扇窗裡揮舞著一面藍色小旗子。」

就連數字也讓舍雷沙夫斯基聯想到圖像：「數字1是一個高傲自信、體格健美的男人；2是一個高傲的女人；3是一個陰沉憂鬱的人（**我也不知道為什麼**）；6是腫了一隻腳的男人；7是一個留小鬍子的男人；8是一個矮胖的女人——贅肉一層疊一層那種。如果是87，我看到的是一個胖女人和一個捻小鬍子的男人。」

下面是摘自盧力亞報告的一段內容，從中可以看出舍雷沙夫斯基是如何將一個科學公式的一部份（此例中是一個模擬等式，見圖3）轉化為視覺圖像並儲存在記憶裡。

> 尼曼（Neiman，代表N）走出來，用手杖（代表·）戳刺一下地面，抬頭仰望一棵高聳、形狀有點像開根號符號的樹（代表√），暗自思忖：「難怪這棵樹枯了，樹根也暴露在外，畢竟它早就在這兒了，當我興建這兩幢房子時（d2，dom=house）。」他又敲了兩下手杖，開口說：「既然房子舊了，我得處理掉（×），絕對會賺到更多的錢。」他當初蓋房子時投資了八萬五千盧布（85）。然後我看到屋頂掀開了（——），一個男人在這條街再下去一點的地方彈奏無弦琴

（Thereminvox，代表 vx）。

這種畫面經常浮現舍雷沙夫斯基的腦海裡，並串聯成一個完整的故事。盧力亞在報告中表示，舍雷沙夫斯基可以在十五年後（一九四九年）不假思索準確複述上述的公式。

軌跡法：「腦海中的漫步」記憶術

認識盧力亞幾年後，舍雷沙夫斯基決定放棄記者職業、成為記憶術專家。因為如此，盧力亞得以頻繁地觀察舍雷沙夫斯基記憶的變化。漸漸的，舍雷沙夫斯基原來的自發式回憶法，被專業的「軌跡法」（the loci method，又稱「位置記憶法」）記憶術所取代。軌跡法是一種傳統記憶術，古希臘人普遍運用它來輔助記憶沒有講稿的冗長演講。演講者會在腦海中想像一幢房子或一條街道並「漫步」其中，沿途一一安放那些代表演講話題的視覺化象徵物。等到上場演講時，演講者只需再次「走上」這條路徑，依次「提取」那些話題即可。

舍雷沙夫斯基用的是經過他改造的「莫斯科版」軌跡法：他的「漫步」通常是從馬雅可夫斯基廣場的高爾基街出發，將象徵物放在門口、明亮的商店櫥窗、窗台、矮牆下、花園裡和樓梯間等地方。通常他會一直走到孩提時住過的小鎮托索克（Torshok）才停下，儘管地理位置相關性上不可能成立。

就記憶結構而言，引人注目卻又可以理解的是，舍雷沙夫斯基記憶中寥寥可數的錯誤，並非因為記憶出了差錯，而是單純因為看錯了。當他複述背過的表格時，也會犯一般人常犯的錯誤，例如將寫得很潦草的「3」看成「8」。類似的錯誤也會出現在軌跡法上：當他將某個象徵圖像放在很黑的地方，或某個不恰當的背景前（例如將雞蛋放在一面白牆前），則當他重新「走過」那段路時，就有可能忽視那個象徵物。

通感：文字有顏色、味道，甚至痛感

除了絕對記憶之外，舍雷沙夫斯基還擁有另一項非凡的能力——極致的「通感」（synaesthesia，又稱「移感」或「聯覺」），亦即他身體的各種感官是相通的，例如語言文字可以讓他感覺看到某種顏色、嘗到某種味道，甚至感到疼痛。從他很小的時候起，「一篇希伯來祈禱文讓他感覺到陣陣蒸氣或四濺的水花，從而在他的腦海裡扎根」。接受測試期間，舍雷沙夫斯基曾對盧力亞的同事維果斯基（Vygotsky）表示：「你有黃色的聲音，而且好脆弱啊。」又一次，聽過俄羅斯知名導演愛森斯坦（Sergei Eisenstein, 1898–1948）的演講後，舍雷沙夫斯基告訴盧力亞：「就像一團吐著火舌的烈焰向我迎面撲來。」

語言與文字讓舍雷沙夫斯基感覺到滋味和顏色。他無法想像像「svinya」這麼一個音律優美、文雅的詞是指一頭豬。在餐廳裡，他也會根據詞語的滋味來點菜。當冰淇淋小販以嘶啞的嗓音問他想要什麼口味時，他能「看見」她嘴裡流出一股黑色的煤渣，令他瞬間胃口全消。

乍看之下，通感的存在讓舍雷沙夫斯基的超人記憶力更令人不解了。兩種如此稀罕的異常，怎麼可能同時發生在一個人身上？是純然的巧合嗎？盧力亞認為，通感在舍雷沙夫斯基的案例裡並非第二個待解之謎，而是解答不可或缺的一環。從個人經驗中，我們都知道，記住事發時的環境有助於我們找回記憶；當我們想提醒某人某事時，我們都會運用這個技巧：「你一定記得，我們曾經在某某地方，還有誰跟誰在場……」在這種情況下，環境是啟發聯想的提示。

舍雷沙夫斯基的大腦不只將要記憶的數字組、演講話題，跟具體的視覺圖像連結起來，還將記憶素材的聲音、顏色和滋味一併鑿刻到腦海中。多虧了這種通感聯想（synaesthetic association），舍雷沙夫斯基擁有了額外的聯想素材組。他之所以能在十年、十五年後精準複述過去的測試內容，就是因為他能夠回想起當時的「味道」。在接受測試時，他會先凝神幾分鐘，召回當初測試時的感官印象。

不過，通感聯想在舍雷沙夫斯基的記憶中還有另一個功能。一般人借助圖像來回憶背過的單字時，想起來的有可能是同義詞，而非該單字。以「小船」（boat）這個字為例，我們在記憶時會將它視覺化，後來回憶該圖像、想一下：「對了，船（ship）！」這種錯誤在舍雷沙夫斯基身上不可能發生，因為對他而言，「boat」這個字喚起的不光只是個視覺圖像，還有絕不會跟「ship」混淆的特定通感聯想。「通感」對舍雷沙夫斯基而言是一個控管機制，為其絕對記憶護航。對於他非凡的記憶力，一般心理學法則可能都派不上用場，但它也沒有落得脫軌失控；這兩種異常自己形成了一個協調的結構，遵循它們自己的法則。

我「看到」，我「感覺到」

擁有近乎絕對的記憶，對生活會造成什麼影響？從對舍雷沙夫斯基的訪談和信件往來中，盧力亞得出一個結論：「視覺記憶－通感聯想」讓舍雷沙夫斯基在處理某些事情時更為遊刃有餘，例如他因此具有驚人的方向感，每條他走過的路徑都可以被「打通」，宛如他腦海裡有一張地圖，持續不斷擴充相關資料。

盧力亞在他的自傳裡回憶道，有一天他和舍雷沙夫斯基準備去拜訪生理學家沃貝利（Levon Orbeli, 1882–1958）。他問舍雷沙夫斯基是否還記得去他家的路，後者答道：「拜託，我怎麼可能忘記？喏，就是這道籬笆，它的味道很鹹，摸起來感覺很粗，還有，它的聲音也很尖銳，聽起來很刺耳……」

非凡的視覺化能力，也讓許多問題在舍雷沙夫斯基法眼之前無所遁形。有人曾經出過一道蛀書蟲的謎題要他猜。「書架上有兩本書，每一本都有四百頁。一條蛀書蟲從第一本書第一頁啃到第二本書最後一頁，請問這條蟲子一共啃過多少頁？你會毫不猶豫回答八百頁，因為第一本書有四百頁，第二本也有四百頁。但我馬上就知道正確答案！這條蟲只啃過兩本書的書脊而已。我看到的是這樣的圖像：兩本書立在書架上，第一本書放在書架左側，第二本放在第一本書旁。蟲子從左至右一路啃過來，但牠看到的只有兩本書的書脊而已。所以，這條蟲除了書脊以外什麼也沒啃到。」說不定有不少人聽了解答後還要拿兩本書實地驗證，舍雷沙夫斯基卻是什麼也沒想、直接「看到」這兩本書就破解了。

完美記憶的陷阱

不過，這種精準的圖像式思維暗藏著障礙。對於概念，舍雷沙夫斯基就束手無策了，例如「無」

（nothing）這個字，他無法想像或拿來跟任何圖像串聯，而對正常人來說，它只是我們一般邏輯思考中很單純的抽象用語而已。跟常人相比，舍雷沙夫斯基的思維如同孩子一般，永遠只能具體化和視覺化。他對比喻、象徵或詩歌也無動於衷——這一點，就一個能從文字或語言聯想具體畫面或感官經驗的人來說，聽起來可能有點奇怪。但如果我們進一步探究，其實不難解釋。要理解比喻，必須先有一個可以參照的**意義**，但舍雷沙夫斯基只能在比喻中看到圖像。詩人迪克霍諾夫（Nikolai Tikhonov, 1896–1979）的某首詩作中，描繪了一名農民正在用葡萄榨汁機造一條「酒之河」，舍雷沙夫斯基從中看到一條紅色河流在遠處流過。比喻的意義完全被這個圖像取代。

視覺性聯想甚至會妨礙舍雷沙夫斯基理解正常人的談話內容。聽別人講話時，他腦海中浮現的聲音和生動圖像會自動讓他偏離語意，滿腦子只有莫名其妙的圖像。以下節錄自他告訴盧力亞的一小段話：「拿『秤字』（weigh one's words，意為斟酌、推敲）來舉例吧，字怎麼能拿來『秤』？聽到『秤』（weigh）這個字，我就看到一個大秤，就像在我們瑞吉薩店裡看到的那個一樣，店員把麵包放在秤的一邊，另一邊放上砝碼。秤的指針先歪向一邊，然後停在中間……可是這個呢？**拿字來秤**？」

舍雷沙夫斯基的心智生活已經瀕臨病態。他的意識一定與我們有時在睡眠中體驗過的那種意識狀態很相似：一連串充滿意象的畫面飛快閃逝，就像那種剪接手法讓人眼花撩亂、畫面不斷快閃跳接的電影。對不了解舍雷沙夫斯基的人來說，就像盧力亞初遇他時一樣，肯定認為舍雷沙夫斯基是個怪人、總是指鹿為馬，腦子大概不太對勁。完美無缺的記憶其實是一種殘障。舍雷沙夫斯基和波赫士小說中的弗內斯何其相似，也令人倍感沉重，因為這名現實生活中的記憶超人和虛構人物不只能力相通，連心智上的缺陷也是共通的。

舍雷沙夫斯基經常抱怨自己記不住別人的長相，「因為它們太變化無常了。人的表情是由相遇時、當下的心情和環境所決定的。人的模樣其實不斷在變化，表情的細微差別都把我弄糊塗了，因此很難記住人的臉孔。」

弗內斯也碰到同樣的問題。每次他在鏡中看到自己的臉，都會很吃驚；我們在鏡中看到一成不變，他看到的卻是改變。「弗內斯每時每刻都感覺到肉身的悄然衰化、牙齒腐蛀，以及疲勞困倦。他看到，或者應該說他**注意到**，死亡離他愈來愈近。」

舍雷沙夫斯基和弗內斯，這兩人生命的矛盾之處在於，絕對記憶讓他們擁有永恆的記憶，卻也抹煞他們對延續性（continuity）的感知。

擁有絕對記憶，等於沒有記憶

受到極端記憶力的拖累，舍雷沙夫斯基和弗內斯都給人一種怪裡怪氣、心不在焉的印象。他們都缺乏邏輯和抽象思考的能力。「我覺得……他不擅長思考」波赫士筆下的敘事者如此評論弗內斯。「思考就是要忽略（或忘記）差異，去泛化、概念化。但在弗內斯熱鬧的腦海裡別無他物，只有一連串細節，而且是當下照單全收的細節。」弗內斯很煩躁，因為他必須用同一個名詞（「狗」），來指稱當下從他身邊走過的一條狗，以及一分鐘後在前方看到的另一條狗。同樣的，對舍雷沙夫斯基來說，生命就像一條長鏈，由各自獨立的圖像串聯而成。他無法從一組數字中看出任何邏輯順序（即使是最簡單的那種），也沒辦法把單字歸類。他無力從一張字彙清單中挑出哪些是鳥類名稱，除非事先把整張清單的字彙都背下來。跟弗內斯一樣，舍雷沙夫斯基「無法從事概念式、哲學式的思考。」

對這兩個記憶超人來說——借用蕾納特．拉赫曼（Renate Lachmann）評論波赫士的一篇文章中所言——哲學家尼采《被人性所困的人》（*Human, All Too Human*）書中的一句名言可以用在他們身上：「許多人之所以不能成為思想家，是因為他們的記憶力太好了。」

盧力亞認為自己最大的成就，是證明了他這套嚴格遵守學院標準的實驗如何在研究舍雷沙夫斯基的個性與行為上發揮作用。在這方面，盧力亞的實驗報告和波赫士的故事殊途同歸。絕對記憶的故事，不論是透過虛構的文學形式或科學實驗來呈現，結果都是一樣的。對盧力亞（神經心理學家）和波赫士（作家）來說，一個既定事實是：絕對記憶具有強大的破壞性，讓記憶的所有者變成一個有缺陷的人。

在盧力亞的筆下，舍雷沙夫斯基是個像孩子一般、相當無能的人。他在回答問題或採取動作之前，必須先遁入自己的聯想世界裡。弗內斯也有同樣的缺陷，甚至有過之而無不及。貝維拉達提到一個矛盾：弗內斯的觀察力既強大又入微，卻也因此讓他注定成為黑暗中既貧乏又單調的存在；為了避免感官印象入侵，他只能閉上雙眼，禁錮自己的心思。

事實上，這樣的生命矛盾其實有更深層的意義。當你絲毫不差記得昨天看到的樹木或人的面孔，意味今天見到的樹木和面孔都是全新的。對這兩位記憶超人來說，所有事物每時每刻都是嶄新的。簡而言之，他們就像是沒有記憶的人。

失眠：你我都要忍受絕對記憶的折磨

波赫士在一次訪談中曾無意間提到，弗內斯的故事其實是失眠症的隱喻。波赫士飽受失眠所苦。他說，當你神智清明躺在黑暗中，那種「可怕的清醒」足以吞沒你。在他一九三六年發表的詩作《失眠》（*Insomnia*）中，亦即弗內斯故事誕生的六年前，他寫到他無法克制自己不去想這個身軀、血液循環系統，以及正在一點一滴蛀蝕的牙齒；想著所有他去過的地方、他家、居住的小鎮、那些泥濘的小路……當一切都徒勞，他只能等「意識自己瓦解、入睡前的徵兆降臨」。他閉著眼，躺在床上等待，直到天空微微破曉，仍清醒著。睡眠已暫被放逐遺忘之鄉，遭剝奪此一侈福的他，被交付給自己無窮的記憶。

許多人都有過類似經驗。白天裡，在正常情況下，記憶是友善的助手，是親密的朋友，讓人充滿自信、盡最大努力幫助你。但是到了晚上，當睡眠拒絕來臨時，記憶就換上一張背叛的臉。當你像弗內斯一樣無助地躺在床上等待，它變身為一個暴君，用永無休止的抑鬱故事來折磨你。你無處可逃，只能與自己的記憶為伴，而且宛如癱瘓一般，只能死命「盯著」浮現腦海的一切事物。畫面，畫面，還是畫面，整晚不斷浮現，清晰聚焦在你的眼前，像播放電影一樣不知疲倦地放映著你寧願已經忘卻的一切。

每個失眠的人都要暫時忍受絕對記憶的折磨。在漫漫無助的黑夜裡，你變成了弗內斯，變成了舍雷沙夫斯基，變成一個記憶高手，猛然體會完美也是一種病態的痛苦。

參考書目

波赫士於一九四二年發表弗內斯的故事，並將之收錄於一九四四年出版的《虛構集》。安德魯・赫利（Andrew Hurley）翻譯的英譯本《虛構集》（*Fictions*）一九六七年於倫敦出版。

–Bell–Villada, G. H., *Borges and His Fiction: A Guide to His Mind and Art*, Chapel Hill. 1981.

–Lachmann, A., 'Gedächtnis und Weltverlust–Borges' *memorioso*–mit Anspielungen auf Lurija's *Mnemonisten*, in A. Haverkamp and R. Lachmann (eds.), *Memoria–Vergessen und Erinnern*, with the collaboration of R. Herzog, Munich, 1993, 492–519.

–Lurija, A. R., *The Mind of a Mnemonist*, New York, 1968. *The Making of Mind: A Personal Account of Soviet Psychology*, Cambridge, Mass., 1979.

–Nietzsche, F., *Human, All Too Human*, Lincoln, 1984.

第八章　學者症候群

——天才與白痴的界限

一八八七年，英國精神病學家約翰・朗頓・唐恩（John Langdon Down, 1828–1896）在倫敦醫學協會（London Medical Society）進行一系列講座，向同僚介紹了三十年來他在厄斯伍德收容所（Earlswood Asylum）擔任主治醫生期間遇到的病例與病狀。唐恩在席間提出他名之為「蒙古症」——如今稱為「唐氏症」（Down’s Syndrome）——這種異常心智狀態的報告，令此系列講座成為精神病學史上的里程碑。比較不為人所知的是，唐恩在該講座中還引介了另一個經典精神病學用語：白痴學者（idiot savant）。據唐恩表示，這些人「都只是孩子，儘管普通智能（general intelligence）低落，卻擁有某種潛力驚人的能力」。

唐恩在他的診所裡，有機會診斷這些孩子。有個智能障礙的孩子，不論文章再冗長，只要看過一遍就能一字不差背誦下來，儘管他對自己記憶的東西不真的理解。有一次，這個孩子在閱讀英國歷史學家吉朋（Edward Gibbon, 1737–1794）著作的《羅馬帝國衰亡史》（*History of the Decline and Fall of the Roman Empire*）時，不小心跳過第三頁的某一行，往下再讀幾行後才回過頭補看漏掉的那一行。當事後要求他背誦那段文字，他卻重複同樣的錯誤：跳過那一行，繼續往下背，然後回頭再背跳過的那一行，彷彿句子順序本來就是那樣的。診所裡，有另一個孩子能背誦整部《舊約聖經》中的《詩篇》，還有一個能在幾秒鐘內運算兩、三位數字的乘法。

唐恩的一些小病人對音樂有著超強的古怪記憶力，其中一人看過一場歌劇後竟能記得整場演出的所有詠歎調。另外還有個孩子不需看鐘或錶就能準確說出時間。唐恩進一步說明，這個孩子在興奮狀態下表現不佳，你得「使勁搖他，像甩老舊手錶那樣，他才會說出準確的時間」。這種精確計時的天賦和其他特殊技能不是透過遺傳得來的，因為唐恩發現這些孩子的父母都很正常，沒有特異天賦。還有一個驚人的發現是，唐恩在他漫長的職業生涯中沒有遇過一例女性「白痴學者」。

從唐恩時代至今，又有數十件「白痴學者」病例公開，大致支持唐恩的研究結果，唯一被推翻的是「白痴學者」的用語定義：「白痴學者症候群」患者並非白痴，甚至就嚴格定義來說也不是，因為他們的智商落在五〇至七〇之間；當然他們也不是真正的學者（專家），其天賦很大程度局限在重複和模仿上。如今，世人多以「（自閉）學者」（savant）來稱呼「學者症候群」患者。

唐恩的「白痴學者」分為三種類型。第一類型的人具有超強記憶力。有些人可以背下一座大城市的完整公車時刻表，有些人則對過去發生的事有著非凡記憶力，或可以背下現在和過去所有研究所工作人員的生日和住家住址。唐恩注意到這些「學者」的記憶有個特質，即對具體、簡單事物的「執著」（sticky），卻對抽象的東西束手無策。他們記住一整張時刻表，比記一份火車轉乘說明書來得容易。

第二類型的人精於計算。這些人大多精於萬年曆計算，只消片刻就能說出哪一天是星期幾。

第三類型的人富有藝術天賦。他們的「絕活」是光憑耳朵聽過樂曲就能演奏。他們不懂看樂譜，而且每個人都有絕對音感。有繪畫天賦的「學者」少見得多，但一個名叫娜迪亞的自閉症女孩，從四歲開始就會畫動物，特別擅長畫馬，捕捉動物動作的能力連在成人中也非常罕見。史蒂芬．威爾夏（Stephen Wiltshire）也是一個患自閉症的孩子，運用透視法描繪建築和街道的能力令人咋舌。

美國精神病學家崔佛特（Darold A. Treffert）和唐恩一樣，也曾擔任過一家精神病診療機構的主治醫生。據他統計，在過去一個世紀裡，大約有一百名「學者」出現在醫學和心理學文獻裡。這些「學者」的男女比例為六比一，當中許多人患有自閉症，或表現出與自閉症相關的徵狀，例如不自覺模仿他人言語、缺少社交互動、偏執於專一單調的活動，以及對環境的改變反應激烈。在已被診斷為自閉症患者的孩子中，約有一〇%的人擁有「學者」一般的能力。而且，所有「萬年曆計算學者」（calendrical savant）都是自閉症患者。

任何研究過這些「學者」病歷、了解其多樣才藝的人，幾乎都會得出下列結論：傳統上將這些「白痴學者」畫分為記憶高手、算術超人、藝術天才這三類的做法委實過於武斷。這種區分法，未來很可能會像「退化一族」（the degenerates）——十九世紀精神病學家將癲癇患者、酒精中毒者與心智不全者混為一團的統稱——一樣被嗤之以鼻。將「白痴學者」三分為記憶高手、算術超人、藝術天才，是基於他們病徵的形式與其特殊成果，而非促使他們高度發展這些技能的心理過程。

在後來的研究中可以更清楚看到，唐恩所謂「執著的記憶力」也涵蓋了「萬年曆計算學者」、鋼琴家和繪畫高手等的才藝。結果很有可能是，所有「學者」都暗藏著一種空間能力。充斥當代文獻的許多假說和理論，雖然適用它們據之發展的特定「學者」類型，卻也令其他類型的「學者」顯得更謎團重重。下面介紹幾位「學者」，將有助大家對他們天賦能力的多樣性有點了解。

算術超人：鄉下農夫巴克斯頓

十九世紀的德國的數學家卡爾．高斯（Carl Gauss），從小便展露算術天份，早他一世紀的瑞士數學家里奧恩哈德．尤拉（Leonhard Euler），以及晚他一世紀的紐西蘭數學家亞歷山大．艾肯（Alexander Aitken）亦如是。這三位數學家早熟的表現，也不負他們日後展現出的才幹。他們後來都成了百萬人中選一的數學曠世奇才，幼時預示的無量前途成真。尤拉、高斯、艾肯的才華，落在常態分布曲線的最右端。

反過來就不是這麼回事了。超凡的算術能力，並非天才的早期表徵，甚至可以說大多數時候正好相反。許多年幼即展露算術天分的人，必須被歸到常態分布曲線的最左端，亦即屬於心智不全的那一群。

巴克斯頓（Jedediah Buxton, 1702–1772），出生於英國德比郡艾姆頓鎮

MONTANA STATE UNIVERSITY
Jedediah Buxton

圖4. 十八世紀的英國「算術超人」巴克斯頓

（Elmton）的一個小村莊，父親是小學校長，祖父是教區牧師。巴克斯頓從沒讀過書，也沒學過寫字，以農作維生。據一七五四年某一期《紳士雜誌》（*Gentleman's Magazine*）上的一篇人物側寫所述，「巴克斯頓辛苦而貧窮的生活日復一日，既單調又黯淡：過一天就像經歷一輩子所有事。對巴克斯頓來說，時間改變的只有他的年齡，就連季節也沒改變他的生活，除了冬天用連枷，夏天用鐮刀」。該文作者認為這可能已經足以說明巴克斯頓的愚痴無知：「他對數字的執著，阻礙他去攝取任何一點其他知識，而他的思考能力似乎還不及同一社會階層的十歲孩童。」

巴克斯頓的算術能力確實驚人。他特別精通空間關係的運算，例如面積和體積。有些運算涉及三個八位數的乘法，而他可以應人要求倒著說出長達二十七位數的答案。一七五一年，《紳士雜誌》一名記者前來拜訪巴克斯頓，並提出一連串問題請他作答。

記者問：「從約克到倫敦的二〇四英里路程中，一輛馬車的車輪圓周為六碼，必須轉多少圈？」巴克斯頓只花十三分鐘就提供正確答案：五萬九千八百四十圈。另一個問題是：「三顆大麥粒合長為一英寸，需要多少顆大麥粒才能達到八英里長？」巴克斯頓只花十一分鐘便算出正確答案：一百五十二萬零六百四十顆。

巴克斯頓最神奇的事蹟，是計算一筆金額——多達三十九位數——的平方值。他為此花了兩個多月時間進行心算，答案刊載在一七五一年的一份報告上，那是一個多達七十八位數的數目。報告的作者補充道，任何讀者只要有大量時間和好奇心，不妨嘗試再現此一神技，但最後沒有任何同時代的人接受挑戰。後來透過電腦運算，證明巴克斯頓的答案中，除了一位數字之外，其餘全正確無誤。

正如我們所知，巴克斯頓學過與記得的東西很少，還不如一名正常的十歲孩童。不過，對那些讓他感興趣的無聊事，他的記憶力又出奇的好，例如誰請他喝了多少品脫啤酒，他都記在腦子裡。一七五三年，巴克斯頓把這個名單列了下來，上頭出現六十多人，當中不少是當地的名流顯貴，甚至包括市長和教區牧師，而且光是金斯頓公爵就款待他高達二千一百三十品脫。

除了多少品脫啤酒之外，皇室的一舉一動是少數能讓巴克斯頓暫時忘卻數字的事。一七五四年春天，巴克斯頓從村子步行一五〇英里到倫敦，希望能夠看到國王一眼，巧的是國王正好去度假了。既然他人在倫敦，英國皇家學會（Royal Society）趁機邀請他當場表演他的非凡才藝。而巴克斯頓對算術有多迷戀，或許可以從表演後發生的事上窺見一斑。表演結束後，他被帶去欣賞莎士比亞的戲劇《理查三世》。結果他顯然什麼都沒看懂，但是，他知道主角在劇中說了多少個字。

這說明了巴克斯頓對數字的不尋常記憶力。然而，數學家史蒂文．史密斯（Steven Smith）在其研究算術超人的權威性著作中指出，用記憶力超強來解釋算術超人的能力，實為本末倒置。應該說，由於數字是這些超人的興趣所在，因此他們特別擅長記憶數字。就我們目前所知的來看，算術超人當中，確實有些人的記憶能力只是一般水準，甚至也有非常糟糕的。

十九世紀法國算術超人蒙迪克斯（Henri Mondeux, 1826–1862）的老師曾於一八五三年寫道，他這個學生除了數字之外什麼也學不會：「事件、日期、地點這些東西，就像船過水無痕一樣經過他的大腦，一點都沒留下。」一八九四年，當法國心理學家比奈（Alfred Binet, 1857–1911）研究算術超人英奧迪（Giacomo Inaudi, 1867–1950）時，發現他連五個字母都沒辦法跟著複述，但只教過一次，他就可以自己正確解開算術類難題。

就算術超人而言，在腦袋裡記得龐大數目的能力，是進行大量運算下的結果，與記憶力無關。此一事實讓下列假設站不住腳：這些算術超人已經牢記乘法表，而且不是像我們大多數人那樣只記到十二或十三，而是背到一百甚至兩百。然而，記住龐大乘法表需要巨大的記憶量，對算術超人來說，進行一次乘法運算遠比永遠記住一堆數字要容易得多。

數字和記憶力之間的連結，必須從其他方面來探究。對算術超人來說，數字具有常人看不到的特徵和關連性，也可以喚起聯想、賦予它們意義。在這個意義上，數字和文字有許多共通之處。也就是說，算術超人是以一種句子結構來看待數字。

對荷蘭數學家威姆．克萊恩（Wim Klein, 1912–1986）這位在開平方根領域長期保持世界紀錄的奇才來說，429是「3×11×13」的得數，也是雅典黃金時期統治者伯里克利（Pericles）駕崩的年份（西元前）。而當數學家艾肯聽到有人提起一九六一年，大腦就會自動將該年份換算成「37×53」或「442+52」，抑或「402 +192」，完全不需要刻意運算。正是由於這樣的「聯想」，數字有了情感或美學上的意義。這也是為什麼賽姆．馬拉泰（Shyam Marathe）首次飛躍美國大峽谷時，說峽谷的跨幅之巨讓他想起九的二十次方。

數字、數目對算術超人而言，就如同單字和句子對我們一般人一樣普通。我們沒有人會把單字當作幾個獨立發音的組合，或將句子當成單字的隨機組合來記憶，箇中意義是在我們讀到或聽到的同時迅速自動連結起來的。我們看不到這過程是**如何**發生的。由於這個過程，我們可以讀，可以說，也可以聽，但我們無法探知其究竟。同樣的道理，算術超人也不清楚自己是如何得出答案的。誠然，雖然研究艾肯、喬治．畢得二世（George Bidder, Jr., 1836–1896）等天才思考方式的報告已經問世，但都不能充份解釋其方法**背後**的過程。艾肯甚至在某個場合聲稱，在他看來，運算是在他心智的更深層之處進行的，他所做的頂多就是核實一下潛意識裡得出的答案（但事實是從未有需要修正）。

萬年曆計算：「學者」戴夫

關於「白痴學者」，我們甚至連上述的研究報告都沒有。大多數的算術「學者」，都是「萬年曆計算學者」，而且幾乎毫無例外都是自閉症患者。當中能夠用言語表達的人，也無法告訴你自己是如何得出正確答案。問及其運算方法時，他們的答案很少超出「就是，一星期有七天……」這類的水準。不過，在過去幾年中，相關研究者對「萬年曆計算學者」進行了不少心理學實驗，並得到一些結論。在這些「萬年曆計算學者」當中，只有極少數人能夠記憶資料，而他們這項技能最多大約持續十年。有些人是單純對萬年曆瞭然於心，有些人是用了「錨定日」的方法，原理是，在長年的時間裡有好幾百個他們熟記日期資料的日子散布其間（通常是那些對他們個人具有特殊意義的日子），其他的日期，就透過這些日子（即「錨定日」）向前或向後推算出來。他們求得正確答案的時間，取決於該日期距離「錨定日」的遠近程度。

絕大多數「萬年曆計算學者」回答有關未來的日期時，跟他們回答過去日期時一樣快速。這表示，他們的能力不完全倚賴自身的記憶。有一種似是而非的假說表示，他們的答案是**計算**出來的。因為曆法有其規律，而且該規律性可以數學化（演算法）。這種演算法可以在曆書上找到，由此或可推論「萬年曆計算學者」看過這樣的演算法，或是他們自己推算出方法，然後加以利用。

然而，不少研究結果似乎都能駁斥上述假說。一般來說，「萬年曆計算學者」的數字運算能力都很差，連一位數的加減都算不出來，乘法或除法更是無能為力。另外，他們無法運用現行日曆來計算，因為打一開始他們就掌握不了任何規則。還有個事實也讓上述假說站不住腳，那就是：許多「萬年曆計算學者」能夠回答目前尚未有運算法來解決的問題，例如「一九六〇到一九七〇年間，哪些月份的第一天是星期天？」但是，若不是憑藉超強的記憶力，也不是靠數字運算方面的特異功能，那他們到底怎麼辦到的？英國心理學家邁克・豪（Michael Howe）和朱麗亞・史密斯（Julia Smith），根據他們對一名時年十四歲、名叫戴夫的「萬年曆計算學者」進行的案例研究提出一種假說，為此提供了初步的解釋。

戴夫是個心智殘障的孩子，智商僅五十左右。他的圖畫得不錯，但閱讀能力只相當於六、七歲的孩子。在十四次實驗調查中，他總共沒說過幾個字。這個孩子表現出典型的自閉症特徵：機械地重複別人說的話、害羞、退縮。說到自己時，他總是用「戴夫」來稱呼而不是「我」。實驗者提問時，似乎將這個孩子暫時帶離他狹隘的世界，但當他一回答完，便又立即退回自己的世界。這個寡言的孩子幾乎都能準確回答一九〇〇一直到二〇六〇年間關於星期和日期的所有問題，由此排除了使用「錨定日」的可能性。儘管問到關於未來日期的問題時，戴夫的正確答案數量明顯遞減，但真正的分水嶺是一九〇〇年，因為問起那年之前的問題時，戴夫就像在胡亂回答一般。一種可能的解釋是：一九〇〇年是閏年法則的一個例外，因為該年雖然能被四整除，但卻不是閏年（例如二〇〇〇年即是閏年）。值得注意的是，對許多一九〇〇年前的問題，即使戴夫的答案有誤，卻也只有一天的出入。

這或許表示戴夫主要是運用算術來推算，而且是向前運算，於是邁克・豪和史密斯先測試了他的計算能力。戴夫好像無法運算諸如「一九七三減一九〇八」這樣的算術題，但如果問他「我一九〇八年出生，到了一九七三年時，我多大年紀？」或是「如果我出生於一八四一年，那麼到二三〇二年時，我是多大年紀？」他可以在一、兩秒鐘內提供正確答案。這種情況也經常發生在其他「萬年曆計算學者」身上。事實證明，算術超人無法解答「赤裸裸的」運算，但對那些以符合其思維習慣的用語來表示且複雜得多的加減法，他們就能輕鬆提供正確答案。戴夫正確回答了某個問題，可以證實他並未運用一般拿來計算日期和星期的方法。這個問題是：「哪一年的十月九日是星期三？」因為解決這類問題的算術方法至今尚未被發表。

在研究過程中，邁克．豪和史密斯注意到，戴夫是以視覺和空間的形式儲存他的日曆資訊，因此能隨意從記憶中提取這些資訊。以下兩句他的自言自語，也說明了他正在提取一個視覺圖像：「對，這個是在最上面那一行……」、「星期四永遠是黑色的……」戴夫正在「看」的是小時候掛在他家廚房裡的那個日曆。儘管視覺記憶測試顯示戴夫並未具有遺覺記憶（eidetic memory）——我們常稱之為「照相式記憶」（photographic memory）——但他似乎能夠以那個陳年的廚房日曆為基準，從而構建其他年份的想像日曆並加以「判讀」。

邁克．豪和史密斯據此設計了更深入的問題，例如：「一九五七年哪一個月的第一天是星期五？」這類問題對那些得靠計算求答案的人，比起那些將相關資訊以圖像形式儲存起來的人，要困難得多。戴夫毫不猶豫說出了正確答案。邁克．豪和史密斯接著給他一份清單，上頭有七個不同月份，分別來自不同年份，然後問他哪個月不是大月（有三十一天的月份），結果他毫不猶豫回答了當中唯一不是以星期五開始的月份。

從戴夫犯的錯誤中，也可以看出其視覺的方向性。如果他答錯「一九三一年三月二十一日是星期幾」這個問題，則他回答同年同月的其他問題也會出錯。很顯然的，他腦海中那個月份的日曆圖像本來就是錯的。最後一個證據是，戴夫花了很久時間才發現「九月三十一日」這種日子根本不存在。對那些以圖像形式來記憶的人來說，三十天和三十一天的更替根本無足輕重；而對那些靠算術計算日期的人而言，這一天之差至關重要。

邁克．豪和史密斯的假說之所以吸引人，在於它結合了另外兩種假說：運算能力與記憶力。戴夫似乎是同時利用圖像與一種極簡化的資料處理方法來計算。既然每個月的第一天都只能是一星期七天中的某一天，所以日期與星期（幾）構成的配置只會有七種可能；只要知道某個月份的第一天是星期幾，就能推算這個月份的其他日子是星期幾。另外還有一個規則是，日期與星期的組合以二十八年為一個循環。任何能將此周期規則轉換為視覺圖像的人，都能在短時間內回答出某日期是星期幾的難題。計算起來可以不消片刻，而在腦海裡召喚一個畫面更只是眨眼間的工夫。套用這個假說後，戴夫的能力開始變得有點可以理解了。

透視「天才」：史蒂芬．威爾夏

史蒂芬．威爾夏（Stephen Wiltshire, 1974–）也是個自閉症患者。他幾乎不會讀不會寫，智商只相當於一個六、七歲的孩子。他讓大人侃侃而談，自己在一旁鮮少開口說話，甚至和妹妹也無話可說。除非話題在他感興趣的範圍內，否則和他談話只是白搭。他感興趣的話題是美國製汽車、地震和電影《雨人》（*Rain Man*）。他之所以對地震著迷，其實是出於對倒塌建築物的莫名執著。在他的出生地倫敦，他可以連續好幾日盯著倒塌建物一直看，彷彿被催眠了一般。他曾與一名寫過荷蘭烏特勒支（Utrecht）主教堂遊記的作者說過話，事後他能夠回想起的談話內容，只有該教堂的中殿毀於幾世紀前一場暴風雨，教堂從那之後切割成兩部份。

除了患有自閉症和心智殘障以外，史蒂芬還是個「學者」。他年紀很小就會畫城鎮和建築，運用的技法就連有天賦的藝術家也要花上數年時間才能掌握。他嫻熟的透視法技巧尤其教人咋舌。英國廣播電台（BBC）於一九八七年拍攝一部關於他的紀錄片，此後他的畫作陸續集結成冊出版。《浮城》（*Floating Cities*）一書收錄了他在威尼斯、阿姆斯特丹、列寧格勒和莫斯科作的畫。在他看來，阿姆斯特丹比威尼斯漂亮，因為「那裡有汽車」。

史蒂芬生來具有一種掌握比例的直覺，動作很快，而且精確。不到兩小時，就能畫好阿姆斯特丹西教堂（Westerkert）。他不畫結構線（完全徒手，不用尺），也不需要消失點。任何看過他作畫的人，都會忍不住拿他跟繪圖機相比。他作起畫來動作毫不遲疑，也不假思索，完全一氣呵成。他也很少從某個距離外審視畫作、檢查各部位的比例是否恰當；他的畫作，每個部位都以同樣的速度和同樣的自信完成。他作畫時發出的哼哼聲和自顧自嘀咕，讓人更強烈聯想到繪圖機：若他有時沒發出聲響，你可能會以為自己是坐在一台繪圖電腦的列表機旁。

然而，他的畫作還是反映出他的局限。他的畫少了一種詮釋，一種氣氛。有些建築是在春光明媚的早晨畫的，有些則是在秋日的午後，但他的畫並未表現出這些時間上的差別。我們看不到光線，看不到陰影，也看不到想強調的細節。我們看不出建築的哪一面向陽，也無從得知是否有陽光；畫裡沒有背景，也沒有雲朵。在史蒂芬的寫生簿裡，看不到暮色下一派陰鬱、氣氛可怕的屋舍。史蒂芬畫的，只是由線條和輪廓組成的單純空間。如果藝術才能是指對形式的詮釋能力，那麼我們不得不說，史蒂芬的畫作不能真的稱為藝術。他的建築物立面與其空間結構完全一致，是純粹形式的、具體的。

視覺記憶

具有超凡圖像式記憶力的人，通常被稱為具有「照相式記憶」。這些人就像在感光板上儲存視覺印象，然後將之吸收內化。研究記憶的心理學家認為，有兩種記憶過程具有與這種「照相式記憶」類似的特徵：遺覺記憶，以及視覺記憶。

擁有很強遺覺記憶能力的人，能夠在其「心靈之眼」前保留圖像一小段時間，最多不超過幾分鐘。該圖像與其說是被識記下來的圖像，不如說是一個殘像，一種視覺回映。遺覺記憶實驗通常採取以下方式：實驗者在畫架上放置一幅小巧的畫作，畫架背後是一片乾淨的背景，然後請實驗對象凝視那幅畫。當那幅畫被移開後，實驗對象便能將所見的圖像「投射」到背景上。他依然可以在這個外在世界裡「看到」那幅畫。等那個映像褪去，圖像也就永遠消失。一天之後，當你問實驗對象這幅畫的相關問題，他能夠想起來的，不會比那些沒有遺覺記憶的人還多。

反之，對擁有視覺記憶的人來說，他們在看過畫的數日甚至數月後，仍能相當準確地回憶起那幅畫。跟具有遺覺記憶的人不同，他們是在「腦海中」看見那幅畫。正是這種內在的差異說明了遺覺記憶和視覺記憶兩大記憶過程有所區別。

問史蒂芬是從「內在」還是從「外在」看到那些房屋、橋樑和教堂的圖像，是毫無意義的事，因為他根本聽不懂這個問題。由於心智殘障，他缺乏抽象思考能力，也無法理解隱喻。關於這部份，實驗研究也未能做出解釋。

英國心理學家尼爾．歐康納（Neil O'Connor）曾對史蒂芬進行過幾次記憶測試，就某種意義上來說，結果讓這個謎團變得更撲朔迷離，因為它顯示史蒂芬既沒有遺覺記憶，也沒有視覺記憶。舉例來說，他對史蒂芬做了一個簡單的測試，給他看一些隨意湊在一起的素描和小雕像。實驗證明，他對眼見之物的記憶力，不比同年齡層的大多數人強。

下面的例子也說明史蒂芬對視覺形式，並未具有照相式記憶。有人要求史蒂芬憑記憶寫下「阿姆斯特丹」這個單字。他開始拼寫，樣子就像個剛學會寫字的孩子一樣：寫每個字母前，他都要先在上方和下方畫一條短線，然後才在上下短線之間填上大寫字母。拼寫過程中，他伸出舌頭，動作看起來也很吃力，畫建築立面與鐘塔時那種遊刃有餘已蕩然無存。那些字母看起來也硬邦邦，參差不齊地擠在上下兩道短線之間。為什麼他能夠憑記憶精準地複製建築物的圖像，卻得如此費力才能拼寫出字母？

觀察發現，史蒂芬作畫時運用的是一種綜合的繪畫技巧，包括對圖像資訊的轉化處理、嫻熟的技巧，以及一種對樣式的特別感受力。首先，關於資訊的轉化處理，《浮城》一書的出版相關人士表示，史蒂芬對那些無法當場完成的畫，有時會在畫作底部用某種神祕的文字做些筆記，並在稍後繼續畫作時會參考那些筆記。沒有人能夠破譯他的「天書」，很有可能是他已經研究出一套自己專用的視覺形式編碼。

至於繪畫技巧，史蒂芬也有自己的手法。對繪圖員來說，當他們需要為建築物繪圖時，通常是先畫出建築物的輪廓，包括外牆、屋頂、地板等。若需要畫窗戶而且數量還不少的話，他們會借助複雜的測量和計算，將窗子放到正確的位置上。史蒂芬用的是一種截然不同的方法。他只是很簡單地從左邊畫到右邊：先畫一面牆，加上窗戶和裝飾，直到所有東西各就各位，然後開始畫另一面牆。當然，他還是得顧及各種比例問題，但不曾看過他有計算和測量的需要。

然而，他特殊才能最重要的一面，似乎是他對空間關係的感覺。史蒂芬從不曾搞錯有多少扇窗、多少裝飾或多少道門。由於他幾乎不會數數，於是這一點更讓人嘖嘖稱奇。因此，除了對圖像資訊的轉化之外，他肯定還另有門道。史蒂芬似乎具有與其他「學者」共通的天賦：對看到的東西連數都不用數，只消瞥一眼就能知道數量。

事實上，我們每個人都有這種能力，或至少，多多少少有。如果我在地上放五枚硬幣，位置擺得像骰子上的五個點，任何人都不需要數就能告訴我有五枚硬幣。如果我另外放上四枚硬幣，然後再放三枚硬幣，而且也都擺得像骰子上的點一樣，任何人也是只要看過一眼就能準確無誤將硬幣排成的圖案畫下來。沒有人會去想自己共畫了十二個點，而只是單純畫下五個點、四個點、三個點的圖案而已。也許史蒂芬的天賦就是這種圖案記憶能力的極致延伸。當然，大多數建築物的整齊結構和對稱布局，也對記憶有輔助作用。

轉化空間樣式的資訊、繪圖手法和技巧，都仍只是故事的一部份，還不能完全解答問題。例如，史蒂芬解決透視問題的能力依然是個謎。同樣的，為什麼他處理空間資訊的能力遠遠超過一般人，原因也尚未揭曉。

知名神經醫學專家奧立弗・薩克斯（Oliver Sacks），曾經陪同史蒂芬訪問莫斯科。有一次，他要求史蒂芬完成一個大型拼圖。薩克斯自己先飛快拼好一次，然後叫史蒂芬也試一下，不同的是將圖案面朝下，結果史蒂芬也以同樣速度完成拼圖。顯然，他將每一塊零片都視為各自獨立的形狀，而不是整幅圖案的一部份。每次有人要他複製某張照片或圖畫明信片上的圖像，他都能達到宛如攝影般的精確度，因為將物件從３Ｄ轉為２Ｄ的問題已經事先解決了。只是，為什麼他的空間才能僅限於橋樑、建築物和廣場？為什麼他的肖像畫就畫得那麼蹩腳？生理上的殘缺使史蒂芬不可能突破他繪畫天賦上的局限性，而他的天賦是對透視畫法近乎機械性的精準複製。史蒂芬就像某個運行繪圖軟體的人，該程式牢牢安裝在他的大腦裡，而且無法擴充或升級。

另類音樂「天才」：德芮克

音樂心理學家雷昂・米勒（Leon Miller）在他一九八九年出版的《另類音樂天才》（*Musical Savants*）一書中，提供了十三個「音樂白痴學者」案例。他首先介紹的是「瞎子湯姆」（Blind Tom），一八四九年出生於一座奴隸農場上，十歲成為巡迴鋼琴家。湯姆的辭彙量總共不到一百個，卻能記得上千首音樂會曲目。他是第一位堪稱「白痴音樂學者」的代表人物。

「白痴音樂學者」與其他領域的「學者」幾無二致。他們大多是男性，男女比例為五：一。他們毫無例外都有絕對音感的能力，音樂天賦從很小的時候、甚至一歲前就展露出來。沒有跡象顯示他們的才能來自遺傳，因為其父母的音樂素養跟一般孩童的父母差不多。這些「學者」也不是在特殊的音樂環境裡成長，但只要才能一經發掘，通常會被給予所有機會來發展。

所有「白痴音樂學者」都彈奏鋼琴。不是吉他，不是小提琴或雙簧管。只有鋼琴。他們幾乎全都有視力損傷問題，原因是多方面的。有些人全盲或只有部份視力，病因是他們的母親在懷孕期間感染德國痲疹。還有一些人是在早產後吸入過多氧氣，導致血管將血液輸送到視網膜、產生病變。

所有「白痴音樂學者」都有嚴重的語言障礙，其語言能力就算有發展，也是困難遲緩的。他們的詞彙量少得可憐，即使能夠逐字複述篇幅很長的一段文字或對話（「瞎子湯姆」可以逐字複述長達十五分鐘的一段對話），他們也完全不解其意，只會機械地重複別人的話。而他們在其他方面的能力，不是根本無法測試，就是發展不完全。抽象概念、比喻或格言，全都超出他們的能力範圍。

他們唯一沒有發育遲滯的，是對數字的記憶能力。在這方面，他們與同年齡層的正常人一樣正常發展。正是這唯一尚存的能力，使他們與其他類型「學者」略有重疊：有些「白痴音樂學者」也能進行萬年曆計算。

曾有一段相當長的時間，人們認為「白痴音樂學者」的能力只限於模仿，能夠再現他們聽過或為他們演奏過的音樂。十九世紀末，「白痴音樂學者」的記憶力被比喻為留聲機上用來刻畫聲音的蠟筒；如今，人們稱之為「錄音機式記憶」。關於這些「白痴音樂學者」的趣聞軼事——他們會一個符不差地彈奏出曾經聽過的音樂，包括當中的錯誤——也更強化這種認知。而他們聽過一段樂曲後不假思索馬上開始重複彈奏，也給人純粹模仿的感覺，儼然精神病患模仿他人言語的變相版本（音樂版）而已。

世人認為「白痴音樂學者」只是演奏單純的音樂結構，沒有詮釋，也沒有感情，有的只是規律性與節拍感。對此觀點，較近期的一些研究也扮演了推波助瀾的角色。米勒則認為，較早期文獻在企圖解釋「白痴學者」的音樂才能與其智障間的矛盾上，顯得有些捉襟見肘；它們「解決」問題的辦法，不是從超凡音樂才華的角度出發，就是從心智不全的角度來討論。米勒自己進行實驗研究，並發表了多篇關於「白痴音樂學者」德芮克的著述，指出「白痴音樂學者」的能力與真正音樂天才的能力，在許多方面是共通的，而且這些共通處比我們一般以為的還要多出許多。

德芮克・帕拉維希尼（Derek Paravicini）是個早產兒，在母親懷孕才二十五周時就出生了，體重只有一磅多一點。幫他維持生命的氧氣，對他的視網膜造成無法修復的損害。他的運動系統也出現嚴重的障礙。到了兩歲左右時，家人發現他對聲音的反應力非同一般：不論他聽到什麼聲音，包括收音機的聲音、鳥鳴聲，或玻璃與餐具叮噹作響的聲音，他都會用自己的聲音模仿出來。他還可以模仿用迷你電子風琴彈奏的曲子。一年後，父母給他買了一架鋼琴。

德芮克的導師亞當・奧克福特（Adam Ockelford），在一家協助多重障礙兒童的機構中擔任音樂老師，幫助德芮克的才能得到進一步發展。九歲時，德芮克已經開始與爵士樂隊一起舉辦音樂會。奧克福特在相關報告中表示，德芮克平日裡笨手笨腳的，但在手指接觸琴鍵的那一剎那就完全變了一個人，那雙原本連鈕釦或皮帶都扣不上的手，竟可以彈奏出最華麗的樂章。

學習樂曲需要時間，德芮克每天得花上一些時間聽好幾遍才能記住一首新曲子。不過，一旦他記住了，就永遠不會忘記，而且記一首曲子也不會影響他記另一首曲子。奧克福特在某次接受荷蘭籍記者維姆・凱澤（Wim Kayzer）採訪時，拿德芮克的記憶跟刺蝟相比：刺蝟身上的每根刺都是完全獨立的，一旦知道如何接近某一根刺，就可以牢牢抓住它、看看它到底是什麼樣子；但如果你沒盯緊目標

（那根刺），稍有閃失，就很可能永遠也抓不住它。因為如此，德芮克無法將《湛藍心情》（*Mood Indigo*）一曲跟其他任何與情緒相關的樂曲連結在一起。

德芮克的音樂才能有如刺蝟身上的刺一樣孤立。他不說話，只是發出聲音。事實上，與音樂無關的任何東西他都學不了。但他這唯一一項才能，並非只是一成不變地重複。德芮克喜歡臨場發揮。當歌手起音不準時，他會馬上順勢轉調，不論是多麼複雜的伴奏。他可以用任何音調（key）彈奏他知道的所有樂曲。正如奧克福特強調的，德芮克的才能不是基於即時的回憶，而是基於一種能夠處理音樂結構的紮實能力。

米勒在對五個「白痴音樂學者」進行實驗研究後，得到相近的結論。他在一系列的音樂測試中，將這幾個「學者」與五位成人鋼琴家，以及四個在老師眼裡具有超凡音樂才能的兒童進行比較，研究了所謂音樂才能中最分歧的幾個要素，例如節奏感、記憶旋律的能力，以及聽辨和弦音符、音程的能力。進行到測試絕對音感這一環時，這些「學者」的音樂才能發揮到極致，具有明顯的優勢。但是在其他項目的測試中，他們的表現看起來與對照組的非常相似。

正如米勒所言，「學者」對音樂的理解其實「比較接近技能性而非忠實性」，絲毫沒有「錄音機式記憶」的影子。研究結果顯示，跟其他實驗對象一樣，「學者」對音樂的內在結構（例如和聲、韻律）是很敏感的。遇到違反樂理的情況時，例如碎形音樂、隨機噪音、不規律音程或不尋常和弦等，這些「學者」的表現跟對照組並無二致；他們的聽力和記憶力，跟其他實驗對象一樣是有選擇性的。米勒總結道，「白痴音樂學者」的才能，可以視為所謂真正音樂天份的一種變形。他們在一個有限的領域裡擁有某種能力的事實，並不意味這種能力本身是有限的。

就這個重要的觀點來看，「白痴音樂學者」是獨一無二的。一般而言，「學者」的能力跟我們一般人並無重疊之處。戴夫和我們之間的差別，不是他計算日子的能力比我們強，而是我們根本就做不到。然而，除了在音樂領域裡擁有超凡能力，「白痴音樂學者」與一般人沒什麼兩樣。他們大多數是男性，表現出自閉症的行為特徵，而且語言能力低下。尤其是語言能力問題這一點，有研究認為是他們為何擁有如此超凡才能的關鍵。

殘缺的天才？

任何看過這些「白痴學者」案例報告的人都會發現，這些研究對「學者」的歸納與概論都有失偏頗。例如，到目前為止「學者」絕大多數是男性——其實也有女性存在；不少「白痴音樂學者」是盲人——其實也有人視力正常；大多數「萬年曆計算學者」是自閉症患者——其實也有例外；「學者」的本領幾乎都是先天的——事實上也有人是因為腦損傷造成的，例如腦膜炎；若心理治療師成功開發「白痴學者」的其他技能，其天分通常就會消失——有時候也不盡然；幾乎所有「學者」都有語言障礙或根本不會說話——也有個別「學者」能在非常短的時間內掌握一門外語。

沒有規則可以套用在「白痴學者」上。他們或許在正常人眼裡都具有一些刻板形象，例如盲人鋼琴家，或是有自閉症的「萬年曆計算學者」，但就連這些刻板形象之間也存在巨大差異，即使是在某個看似明顯一致的類型裡也是如此，比如「萬年曆計算學者」，他們的行為和表現就千奇百怪、各不相同。

想解開學者症候群之謎，先釐清這些「白痴學者」分別能夠做什麼，以及他們是怎麼做到的，似乎是比較合理的策略。解決第一個問題，必須調查「白痴學者」是使用什麼手法，以及這些手法是與其記憶力、計數能力相關，還是運用唾手可得的經驗法則。第二個問題，則需要找出一種理論來解釋：為什麼他們可以利用這些手法，我們大多數人卻不能。到目前為止，還沒出現一個權威理論能夠解釋繪畫天才與患自閉症的「萬年曆計算學者」之間，或是盲人音樂「學者」和能背誦冗長列車時刻表的記憶超人之間，暗藏著什麼共同點或關連。大多數假說都有其局限性，因為它們都只是針對某類型中的兩、三個「學者」提出的，一旦超出那個範圍，就少有（或沒有）任何借鑑的價值。

最古老也最浪漫的假說是：「白痴學者」是命中注定以天才之姿來到這個世界，只是在出生前或降世時出了問題。結果是災難性的：因為離奇的事故，他們所有的天份被悉數摧毀或遭到永久性傷害——但出於機緣湊巧，有一項才能倖存了。只有這一項。如果沒有那場災難，他們本來可以擁有過人的智力，成為耀眼的天才數學家、作曲家或藝術家。他們的大腦有如一座燈火通明的宮殿，房間裡的燈光因為某場災難而一間接著一間熄滅，樓群變得暗淡無光，直到一道光線從唯一僅存的一扇窗子裡照出。

原因眾說紛紜。十八世紀，人們認為如果孕婦突然受到驚嚇，可能會對腹中的孩子造成致命的影響。十九世紀，有人說女人如果在醉茫茫的狀態下懷胎，孩子將擁有令人畏懼的心智力量。現在我們知道，在懷孕期間接觸到有害物質或在生產時缺氧，都會對孩子的健康造成極大危害。但不論是什麼原因，如果某項才能從傷害中倖存無缺，就會出現典型的「白痴學者」：諸多缺陷中獨出一種驚人的天賦。

這個說法受到諸多駁斥，多到我們可以安心捨棄它。「學者」的天賦，鮮少是絕頂聰明人擁有的那種。即使卡爾・高斯的所有天份都被剝奪了，他計算萬年曆的天賦也不會倖存下來；如果發生在藝術大師畢卡索身上，他也絕不會像史蒂芬・威爾夏那樣作畫。又如果是換成「音樂之父」巴哈，他也絕不會變成另一個德芮克・帕拉維希尼。

「白痴學者」的天賦是停滯不前的，因為這些才能已經是他們的全部了。於是，這種天賦往往過早出現，通常是在兩、三歲的時候，而且早在當時便已定型。娜迪亞五歲時比畢卡索十歲時畫得還要好，但她的程度就一直停在那裡，畢卡索的天賦卻持續成長發展。史蒂芬・威爾夏也一樣。他從很小就開始作畫，卻從沒有畫出正常的兒童畫（例如直接在腦袋下面畫兩條腿，或把上肢畫得像耙子一樣）。打從一開始，他的畫就具有成人畫的作風。「白痴音樂學者」也是如此。他們的天份在很小的時候就展露出來，甚至比那些最早熟的真實音樂天才嶄露頭角的年齡還要小得多。「白痴學者」對自己唯一僅有的天賦無能為力。他們失去的，是做為凡夫俗子、而非做為真天才的機會。

第二種說法企圖在「補償作用」中尋找答案。「白痴學者」無一例外地對他們身邊發生的事毫無興趣。有時是感官障礙讓他們被周遭充斥著訊息的世界排除在外，有時是心智障礙（例如自閉症）將他們封閉在一個狹隘、幾乎從不改變的世界裡。「白痴學者」將他們單一的心思投注在發展僅有的才能上。外在世界的一切都不能讓他們分神，只一味將自己的死心眼與記憶放在日曆、地圖、時刻表、多少品脫的啤酒，以及其他任何能夠吸引其注意的東西上。剩下的，就是在這些東西上執著不休。憑著這份乍看之下與人們一般對智障的理解相衝突的專注力，這些「白痴」在自己獨特的小習慣裡變成了「學者」。他們是專注力、死心眼與無止境重複的產物。

研究過「萬年曆計算學者」戴夫的英國心理學家邁克・豪，將這種「補償作用」代入記憶的運作上。他發現，「白痴學者」在標準記憶測試中的得分，比在其他能力測試中得到的略高，但仍比正常的實驗對象要低得多。所以，那些沒完沒了的記號、序號、郵遞區號、人口統計數字，以及其他無意義資料等，到底是如何儲存在他們的記憶裡的？如果是正常人急著將某樣東西（比如一首詩）死記在心時，他會仰賴對自己記憶力的了解。他知道該用什麼方法來記：先一行一行理解內容，然後測試自己，再加上反覆背誦。

不過，邁克・豪認為，理解自己的記憶系統如何運作並加以應用（即「後設記憶」〔metamemory〕），並非死記的先決條件，最重要的因素應該是**注意力**。毫無疑問的，「白痴學者」對儲存在記憶中的素材極感興趣，給予高度且周密的關注，而且樂此不疲。因為關注，所以他們將素材準確無誤儲存起來，是很合理的結果。一般人有時也會沉迷於某些東西，例如飛機、汽車、火車等（而且許多男孩對這些東西的熱度一直都不減），也能輕鬆愉快地儲存大量再稀奇古怪不過的資料。事實上，「學者」和常人的不同之處，主要不在於**怎麼記**，而是他想要**記什麼**。

既然如此，我們又不免想問：為什麼「學者」會對那些無聊的事感興趣？說到這裡，我必須說明，一樣東西（或一件事）是否有趣，取決於是否有其他選項存在。例如當我們翻閱一本日曆時，我們很快便會分神，被其他事情吸引，例如一些日期難免讓我們想起生日、忌日或節日、假日。這些聯想都會將我們的思緒從日曆上引開。對此，邁克・豪表示，「就將注意力保持在細節上這件事來說，腦袋空空相較之下或許比較占優勢。」他將「學者」的這種狀態喻為「孤獨的禁錮」，一種即便是正常人也會強迫自己對牆上的磚頭數目產生興趣的狀態。

不過，「關注力假說」沒能揭示「學者」天份的本質。「學者」的專才暗藏著一種矛盾。一方面，那些互不相干、芝麻綠豆大的小事往往讓他們經久不忘。就這方面而言，「學者」的記憶非常有選擇性。正如英國精神病學家唐恩所言，「學者」記得的是空洞、表面的事實，而非這些事實之間的關連，或這些事實隸屬的領域。

另一方面，「學者」似乎又能掌握事實表面下的規律性，比如日期的順序、樂曲的和聲結構或透視法等。而要做到這一點，就必須具備一種在死記過程中顯然並不需要的能力：摘要化／概念化。「白痴音樂學者」怎麼能對和弦、調式的複雜樂理有感覺，卻對語言的結構無感？「萬年曆計算學者」為什麼能夠看穿日期背後隱藏的規則，卻看不透簡單的乘法規則？

大腦功能單側化

哈佛大學的兩位精神病學家蓋拉伯達（Norman Galaburda）、季斯溫（Albert Geschwind）根據一些個案研究提出了一種假說。他們認為，在胚胎發育的第十至十八周內，大腦以驚人的速度發育中。在這個階段的巔峰期，大腦的發育是爆發性的：每兩秒鐘有大約一萬個神經元出現，而這些神經元都會面臨一種「生死交關」：在嬰兒出生前的最後時刻，大量未能與其他神經元形成連結的神經元會相繼消亡。

根據對人腦和動物大腦進行的實驗，蓋拉伯達和季斯溫假設大腦左半球的發育比右半球略遲緩，因此更容易受到有害物質的影響。其中，胎兒睪丸形成期間在胎兒體內循環的睪丸酮就是可能的有害物質之一。當睪丸激素濃度升高，會抑制大腦皮層的發育，原因目前尚不清楚。大腦左、右兩個半球發育速度不同，對左半球的影響較嚴重。蓋拉伯達和季斯溫主張，這種情況一旦出現，那些自由、仍未連結的神經元可以從左半球轉移到右半球。在最極端的情況下，這有可能導致由右半球主宰大腦的情形出現。

就大腦功能區域的分布來說，我們因此希望能在「白痴學者」身上看到同樣的模式：某種主要由左腦控制的功能（例如語言的處理與產生）受損時，就會出現與空間資訊相關的補償性移轉（右腦），例如地圖記憶力或圖像記憶力。此一假說或許還可以解釋為什麼男性「學者」比女性多出許多：因為女性胎兒的睪丸酮濃度比男性胎兒要低許多。諸如閱讀障礙這種較輕微的語言缺陷，絕大多數時候發生在男性「學者」身上，這個事實進一步支持了上述假說。也許該假說最富價值的地方在於，如果神經元的轉移是一種漸進式、不完全的過程，則「學者」的多樣性現象也有一個神經學上的合理解釋了。

心理學家雷昂・米勒已經成功將許多有關「白痴音樂學者」的發現，套用到「大腦功能單側化」假說裡。有跡象顯示，他的兩名「白痴學者」大腦左半球具有神經方面的缺陷：其中一位右半身癱瘓，另一位是左腦組織萎縮。幾乎所有「白痴音樂學者」都有嚴重的語言障礙，導致心理功能──通常是我們較重要的溝通管道──衰退。但這也意味，妨礙其他功能發展的一個潛在阻礙消失了。在某些方面，語言和音樂是對立的兩種功能，而語言處於一個相對優勢的地位：當音樂作為背景音播放時，我們能夠閱讀和談話，但在別人說話的時候欣賞音樂就要困難得多。「白痴音樂學者」在語言發展的關鍵時期，發展了音樂鑑賞力。對正常孩子來說，他們會投入精力去擴充詞彙、提高對語音和聲調的敏感性，從而發現單字構造和句子結構內含的規則，並掌握閱讀、談話和寫作所需的運動系統（motor system），以及識別字母和單字。而「白痴學者」把全部精力投注到發展和提升其特殊技能上。如果（實際情況也基本如此）「白痴學者」同時存在視力缺陷，則他對音樂的敏感性可能會大幅提高，結果就是以音樂專才對價交換駕馭母語字彙、文法、完美發音的能力。

關閉一道門，開啟另一扇窗

即使受到最嚴重的損傷，人腦也有辦法恢復受損前的部份功能。沒有損傷會嚴重到讓大腦成為一個「全新的」世界。阻滯與損傷會促成一個由便道、繞道和臨時橋樑組成的網絡。某種缺陷的消極面之後，往往跟著一種補償性的積極面：缺陷之下隱藏著某種優勢。

在「學者」身上，他們特有的才能可以開啟一條新的溝通管道。儘管「算術超人」巴克斯頓的心算能力沒能做為一種社交工具發展，更遑論拿來當享用免費啤酒的最佳捷徑，但它的確達到若干效果。「學者」的才能一旦被發現和開發，就會變成一種接觸方式。當用語言經常無法溝通時，這種方式更加彌足珍貴。史蒂芬．威爾夏的畫是自閉症盔甲上的裂縫。在多重障礙兒童機構擔任音樂老師的奧克福特，有時不得不應對德芮克．帕拉維希尼之外的智障兒——他們像德芮克一樣有智障問題，卻沒有以音樂作為一種表達方式。如果某個這樣的智障兒尚存有一點理解的能力，希望與他人分享自己的情感，則他得到的往往會是失望、挫折和敵意，因為他無法與人溝通。奧克福特認為，對德芮克來說，音樂是他用來「與朋友交流」的唯一方式。「他絕不會坐下來，在一首蕭邦鋼琴曲或類似的音樂裡傾吐心聲。對他來說，音樂本身不是全部，而是獲取某樣東西的手段。」

雖然不無裨益，但狹隘的接觸也有危險。「學者」在家庭或智障機構以外的世界進行日常交流時，其才能往往無用武之地。為了幫助智障兒發展更傳統的交流方式（例如語言），在某些案例中，培養「學者」特殊才能的做法已遭廢止或不予鼓勵了。在現實中，對「學者」的治療性介入，結果因人而異。史蒂芬．威爾夏接受了職業培訓，現在的工作是在餐廳擔任副廚，其繪畫才能沒有因為接受治療而受到影響。但有畫馬天賦的娜迪亞在一所專為自閉症兒童開設的學校裡學會說話和數數，小時候的繪畫天份幾乎已完全消失，現在她只會偶爾在布滿水氣的窗玻璃上塗鴉而已。

參考書目

–Anonymous, 'The life of Jedediah Buxton', *Gentleman's Magazine* 24 (1754), 251–52.

–Geschwind, N., and A. M. Galaburda, 'Cerebral lateralization', *Archives of Neurology* 42 (1985), 428–59.

–Howe, M. J. A., *Fragments of Genius: The Strange Feats of Idiots Savants*, London, 1989.

–Howe, M. J. A., and J. Smith, 'Calendar calculating in "idiots savants", how do they do it?', *British Journal of Psychology* 79 (1988), 371–86.

–Kayzer, W., *Vertrouwd en o zo vreemd*, Amsterdam, 1995.

–Langdon Down, J., *On Some of the Mental Affections of Childhood and Youth*, London, 1887.

–Miller, L. K., *Musical Savants: Exceptional Skill in the Mentally Retarded*, Hillsdale, NJ, 1989.

–Ockelford, A., 'Derek Paravicini: a boy with extraordinary musical abilities', *Eye Contact* (1991), 8–10.

–O'Connor, N., and B. Hermelin, 'Idiot savant calendrical calculators: maths or memory?', *Pshchological Medicine* 14 (1984), 801–6. 'Visual and graphic abilities of the idiot savant artist', *Pshchological Medicine*17 (1987), 79–90.

–Sacks, O., *An Anthropologist on Mars: Seven Paradoxical Tales*, London, 1995.

–Smith, S. B., *The Great Mental Calculators*, New York, 1983.

–Treffert, D. A., *Extraordinary People*, New York, 1989.

–Wiltshire, S., *Floating Cities: Venice, Amsterdam, Leningrad–and Moscow*, London, 1991.

第九章　盲棋大師的記憶之謎

——托恩・夏布弘茲給我們的啟示

一九九九年十一月六日上午九點三十分，托恩・夏布弘茲（Ton Sijbrands）坐在荷蘭乳酪名鎮谷達（Gouda）的一家保險公司會議室裡。他面前的桌子上放著一盒Dannemann牌雪茄，旁邊有一張紙，紙上寫有二十名對手的名字。同一座建築物另一頭的一個大房間裡，那二十人正坐在各自的棋盤後。他們是荷蘭國內一流的豪達—丹姆拉斯特（Gouda Damlust）國際跳棋協會的主要成員，當中六人是一級棋士，其他十四人也很有實力。夏布弘茲剛和他們握過手，並祝他們比賽愉快。九點四十分，他透過保持連線的電話，下了第一盤棋的起手步：32—28。整整十五個小時後，也就是次日凌晨零點四十分，最後一名棋手退出比賽。這次夏布弘茲共贏了十七盤棋，平了三盤。比賽中，他的二十名對手竟沒有一人有過真正的取勝機會。

夏布弘茲，這位國際跳棋前世界冠軍，在這場比賽中的得分率為九十二・五％，刷新了他個人在同步盲棋賽中的紀錄。一九八二年在海牙，他開始了他的第一場正式同步盲棋賽，當時贏了十盤棋中的八盤，創下新的世界紀錄。自那以後，他的紀錄一直無人能破。這次在豪達的比賽更是鞏固和提高了他自己的戰績。

在豪達的整場比賽中，所有棋手總共走出一七〇八步棋，每一步都是多種選擇在精心計算下的結果。起手之後，一棵「決策樹」就建立起來。到了中盤時，決策樹的分枝會茁壯、長為一個完整的樹冠。夏布弘茲同時應對二十棵這樣的決策樹。在長達十五小時的同步比賽中，一定有好幾萬種步法出現在他的大腦裡。**他是怎麼做到的**？他具有照相式記憶嗎？他是否「看到」所有的棋形？

大賽結束後半年，我對夏布弘茲進行了一次訪談。上面的最後一個問題，是非常糟糕的一步「起手棋」。

「我就怕你問這個問題。前幾天我才對妻子說，『我敢打賭他會問我在下盲棋時到底看到了什麼』。我覺得自己真的沒辦法解釋。在思考一步棋時，我眼前到底出現了什麼呢？是一幅圖像，但不是很具體那種。比方說，我不是看到棋盤，也不是看到正在下的那個棋子，或是顏色之類的。我想我看見的，跟你平常下棋時、努力預想接下來的步法時所看到的，沒有什麼兩樣。每個懂得前瞻思考的國際跳棋手都是在下盲棋。我能說的就這些。希望你不會因此覺得我們這次對談是在浪費時間。」

於是我改變提問策略，從外圍的問題下手：「對你來說，有沒有什麼化繁為簡的特別策略？你有使用什麼特別的代碼嗎？」

運用代碼減輕記憶的壓力

「在起手階段，我確實用了你所謂的特殊代碼。八〇年代末期，我研究出一個起手棋代碼系統，每個代碼最多由三個數字組成。我從最常見的起手棋32—28編起，代碼是數字1。下盲棋時，我會用八種不同的起手棋，並把這些手法用到不同棋局上。在第一盤棋上，我出32—28；在第二盤棋上，我出33—28，以此類推。理論上，有九種起手棋，但我從來不用32—27起手——我給它編的代碼是9。我不是很喜歡這種起手棋，因為它走下去很快就會變成用31—27或是31—26起手的棋形。代碼8的起手棋35—30是相當冒險的步法，是非常危險的起手棋。我還是照用不誤，但我會想辦法讓適合的對手上第八盤棋，然後驚險過關。第九盤棋，我會從頭開始起用代碼1的起手棋，以此類推。」

這麼說，這套代碼系統讓你從起手階段就進入狀態，而且有助你回憶所有的棋形？

「正是。如果每盤都用同樣的起手棋，我會瘋掉。我盡可能讓比賽有變化，因為我喜歡挑戰各種棋局。儘管如此，我還是得小心走好每一步，因為即使用了不同的起手棋，之後棋形還是有可能走成一樣的。這次的盲棋賽中有兩盤棋，也就是第三盤、第十九盤，有十一步的走法是一樣的，當時我就叫停，因為這樣會給我的記憶造成額外的負擔。」

哪種棋是最難記的？

「下盲棋時，我最怕的就是那些毫無章法的棋。一開始大規模換子、結果只贏一子這種情況，是你不得不忍受的，但如果之後出現白棋和黑棋都在自己的地盤裡占優勢的局面，等著你的就是沒完沒了的無意義移棋，沒有任何棋形出現。那種比賽真的是災難一場。一九九三年，我參加一場盲棋賽，就遇到這樣的情況：我的一顆棋成王，對手犧牲一堆旗子吃了我的王，可比賽接下來又進行了八個小時之久。那是那場盲棋賽中耗時最長的一盤。當時我記住了整盤棋的步法，可是也花了我很大的力氣。我絕對不想像那樣下個十八盤。在上一場盲棋賽中，我先和裁判商量過，在遇到這種情況時，由他出面請求對方停手和棋——不過，我們當然不能勉強人家接受。最後，那些對手確實給予善意回應，接受這個安排。」

對一位盲棋手來說，困難和障礙似乎不只這些。每步棋都會形成一個新的空間配置，而且一切都還在發展變化中。策略必須機動調整，陷阱又會隨時突然冒出來，步法也會遇到阻礙……況且，你還得搶先對手。

「設計一套戰術需要高度集中你的心神，以及，當對手照你預想的走出一著棋，要牢牢記住這步棋讓你走到這套計畫中的什麼位置。」

當你專心思考時，你的手指頭通常會動個不停，彷彿你在空中對弈似的。你到底是在做什麼呢？

「我常常坐在那裡，用手指輕輕、有節奏地敲打桌緣。每敲一次的意思是黑棋走子，跟著是白棋。跟走法無關，純粹是比賽節奏的問題。」

如果你是按照棋形、一定的邏輯來下棋，那對手走錯棋時，對你會有不愉快的影響嗎？

「這確實需要發揮高度的專注力。最麻煩的是原本中規中矩的對手，突然下了一著蠢到極點的棋。在這種情況下，做出明快反應需要很大的勇氣。你會不停地想：『我一定是上當了，他絕對是故意的。』你會非常擔心自己走錯，猜想對手一定有什麼理由，才會走那麼一著少見的棋。於是你開始回想整局比賽，確認那究竟是不是一步臭棋。正是因為如此，我最喜歡的就是跟棋法有邏輯的頂尖高手對弈。」

與常規賽相比，你怎麼看自己在盲棋賽中的表現？

「我自己的感覺是，我在盲棋賽中的表現不比在計時同步賽中差。我認為最好是拿盲棋賽跟計時同步賽相比，而不是跟常規的同步賽。在盲棋賽中，你有更多的思考時間。在常規同步賽中，面對這些對手，我不可能取得盲棋賽中這樣的成績。跟常規賽相比，我在盲棋賽中很少輸棋。我想我這輩子就只輸過兩盤盲棋。在盲棋賽中，我享有待在座位上的優勢。這聽起來可能有些老套，但坐著確實有助集中精神。必須準確評估賽局的水準不是一件易事。跟你對決的都是好手，而這絕對只有好處，因為它會提高你遇到熟悉棋形的機會——不過，當然，他們並非最頂尖的棋手。」

這樣的盲棋賽一定是對專注力的巨大考驗。隨著比賽的進行，保持專注力是否會愈來愈困難？會愈來愈吃力嗎？

「幸好不會。一路過關斬將有助你堅持下去。中盤通常比較辛苦。到這階段，你已經下了好幾個小時，而你知道還要再繼續好幾小時，但這跟棋盤上的局面沒什麼關係，而這時我還能清楚記得這些棋局。一旦尾盤出現，就會愈來愈輕鬆。我想像得到的唯一難題，就是我有幾個王、對手也有幾個王的終盤，例如我跟對手擁有的王的數量是5比2，理論上我是很容易贏的，但那些王可以處於任何位置，很難記住。不過，這種情況在我參加的同步盲棋賽中還沒有出現。」

西洋棋棋手下盲棋的能力，似乎取決於該棋手的綜合技能。幾乎所有特級大師（grandmaster）都會下盲棋，但那些沒有達到特級大師與大師級別（master level）水準的棋手，則幾乎沒人能做到這點。因此，下盲棋不是一種獨立發展的天賦，而是特級大師才智的一部份。對你來說也是如此嗎？你接受過盲棋訓練嗎？你是如何發現自己會下盲棋的？

「在豪達盲棋賽中，有個對手是我幼時的朋友，他叫哈利．科爾克。小時候，我常和哈利待在他的房裡下棋，一下就下到深夜。他媽媽會過來催我們關燈睡覺，但我們才下到中盤，於是就在黑暗中你一言我一語地說著步法直到下完這盤棋。我從未受過下盲棋的訓練。快十六歲時，我下過一場一對十的盲棋，發現自己好像有下盲棋的能力。隨著年齡的增長，這種能力也好像沒有衰減。盲棋賽無非是時間比較長一些，但這是因為對手比較多的緣故。」

高度選擇性的記憶

任何看過夏布弘茲一對二十盲棋賽的人，一定想知道他是否具有超凡的記憶力。

「大家都會這麼想。我想，對我自己感興趣的領域，例如文學和政治，我的記憶力不錯，但我對日常事務的記性很糟糕。如果有人問我是否得帶著購物清單去買東西，我的回答是肯定的。我的記憶有高度選擇性。」

這是當然的。除此之外，夏布弘茲也是西洋棋高手，多次贏得他所屬的西洋棋俱樂部冠軍，但是下西洋棋盲棋他就力不從心了。

「我最多只能預想四步棋。超過四步，棋子就開始在我眼前飛舞，我也完全糊塗了。」

夏布弘茲咧嘴一笑。

「簡單來說，那感覺就像在跳棋賽中走錯棋的反應一樣。在西洋棋常規賽中，我也最多只能預想四、五步。」

我們都聽過西洋棋盲棋手因為比賽之耗神，導致一些賽後反應的精彩故事。曾經在一九四五年創下四十五場勝場新紀錄的阿根廷西洋棋手納道爾夫（Miguel Najdorf, 1910–1997），在賽後三

天三夜裡都睡不著覺，直到腦汁耗盡，最後才在電影院裡睡著。夏布弘茲也一樣，有些比賽過後會讓他想上好幾天。

「有一次我在腦海中預先看到自己走錯了一步棋。幾步棋後，這著臭棋的惡果真的給了對手提出和棋的機會。賽後的一整天裡，我一直在想這盤棋，深信那著錯棋讓我失掉一分，而我本來可以輕鬆拿下那盤棋的。第二天當我在看台上觀看斯巴達隊（Sparta）對戰阿賈克斯隊（Ajax）的足球賽時，又在腦海裡走了一遍那盤棋的終盤，最後得到一個結論：那盤棋終究還是要以和棋收場的。」

這麼說你可以在看足球賽的同時，在大腦裡回顧一盤盲棋的終盤囉？這個阿賈克斯隊的狂熱球迷答道：

「噢，那場球賽真的沒什麼看頭，傳球失誤太多，結果是2比1。不過，我得說，阿賈克斯隊沒有發揮出水準。」

記得多又同時記得少

幾乎沒有文獻以國際跳棋盲棋手為研究對象，關於西洋棋盲棋手的著述卻有不少。心理學對西洋棋盲棋的興趣和研究很久以前就開始了，跟心理學本身一樣久遠：早在一八九四年，法國心理學家比奈便針對多位巴黎西洋棋盲棋手的技藝進行了研究，當中一個結論也很適用於國際跳棋盲棋手：棋手的技藝並非仰賴一般所謂的「照相式記憶」：將過去的賽事過程以圖像形式忠實地儲存在記憶裡，所以他們能夠隨時隨地「參考」那些比賽。應比奈的要求，西洋棋盲棋手希頓菲爾（Stanislaus

Sittenfeld）畫了一幅草圖，說明當他思考某個特定棋形時所「看到的東西」。這幅圖相當抽象，顯示了多種可能的步法，而非靜態的圖像。

希頓菲爾的草圖很適合夏布弘茲拿來說明自己的所思所想。「我『看見』的當然不是完整、複雜的圖像，而是跟棋形相關的部份與步法的樣式。」圖像過於具體可能適得其反。夏布弘茲指出，一般坐在棋盤後面下跳棋的人必須看穿那些棋子、「看到」後來的棋形。另外，當前棋形的圖像停留過久，也不是件好事。美國的西洋棋特級大師魯

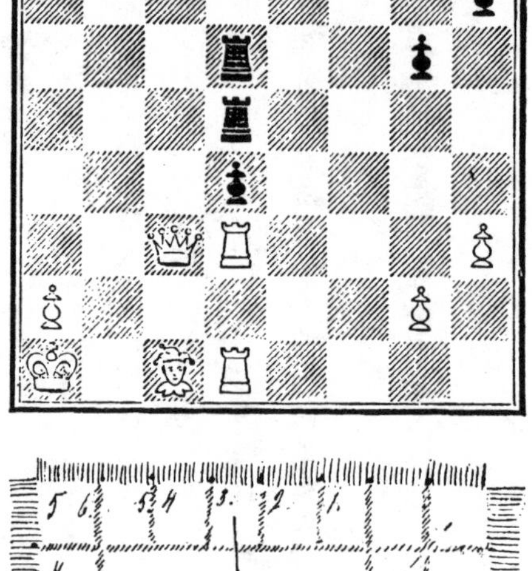

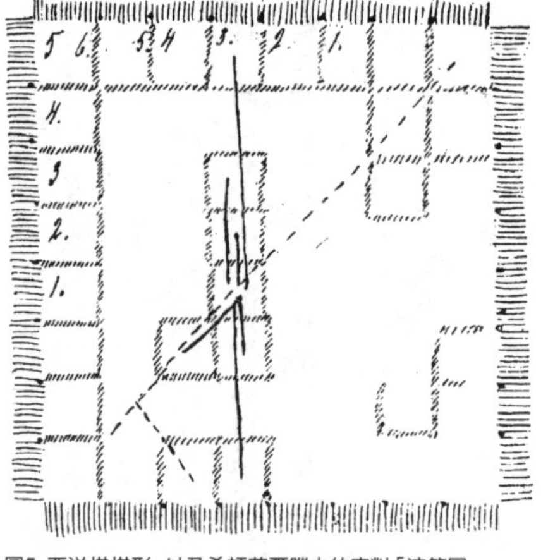

圖5. 西洋棋棋形，以及希頓菲爾腦中的應對「演算圖」。

賓・法因（Reuben Fine, 1914–1993）曾在一次盲棋賽中要求提供一個空白棋盤，讓他將腦海中「看到」的棋形投射到棋盤上。但後來他再也沒用過這個方法，因為事實證明具象的棋盤對他的思考構成障礙。

研究過盲棋棋手的法國心理學家比奈確實得到一些結論。實驗證實，棋手並沒有將棋形以照片式圖像儲存在記憶裡。荷蘭心理學家暨西洋棋大師德・葛洛特（Adriaan De Groot, 1914–2006）與瑞士認知心理學家哥貝特（Fernand Gobet）進行的實驗說明了一切。在這個實驗中，實驗者給一名西洋棋大師看兩個棋形並要求他記住，然後把棋盤收起來，再詢問大師那些棋子分別放在什麼位置。第一種情況中，實驗者要求大師回憶第二個棋形中一系列方格中的棋子位置。第二種情況是，實驗者要大師交互從兩個棋局回憶棋子的位置。儘管大師的回答都是正確的，但是第二種情況耗時較長。顯然，那兩個棋形並非像兩張照片一樣儲存在大師的大腦裡，所以從一個棋局切換到另一個需要更多時間。還有一個更簡單的論據可以駁斥盲棋棋手擁有「照相式記憶」的說法，那就是：記住任意擺放的棋子，遠比記住合乎邏輯的棋形還要困難得多。

之後的一些研究證實了下盲棋是借助於空間的而非視覺的能力。在國際跳棋和西洋棋界裡都有以下的實例出現：有些盲人棋手成功晉身大師級別，還有些特級大師後來失明，卻仍保有原來的棋術水準。荷蘭心理學家榮格曼（R. W. Jongman）在其著作《大師之眼》（*Het oog van de meester*）中表示，盲棋手看見的「圖像」不是一種殘象，而是一種再視覺化的形式。特級大師以自身的高超技藝為輔，能夠在記憶裡喚起重新構建一個棋形需要的所有聯想和代碼。下盲棋的關鍵要素是步法模式。魯賓・法因曾在一篇自我剖析的報告中描述他如何下盲棋，用了許多篇幅描寫棋子和棋形喚起的聯想。在這方面，記憶發揮了關鍵作用。

夏布弘茲也是如此。棋形啟動了過往比賽、經典起手棋、終盤分析、戰術與陷阱構成的記憶網絡。在他創辦的《國際跳棋》（*Dammen*）期刊中，夏布弘茲分析了一場盲棋賽中的許多盤棋，我們可以看到類似這樣的評論：「這個棋形曾經於一九六九年的穗克（Suiker）錦標賽上，魏斯馬（Wiersma）對夏布弘茲的對弈中出現過。」或是「艾塞爾（Ijssel）從左翼包抄占領18格，讓我們再次領略了當年庫珀曼（Koeperman）與伯格斯瑪（Pieter Bergsma）的風範。」在敘述自己與史蓋普（Schep）的比賽時，夏布弘茲甚至這樣說：「這場比賽讓人想起一九九五年夏布弘茲對沃爾伯格（H. Voorburg）的同步計時賽，而它又讓人清楚回想起一九五八年德思勞迪斯（Deslauriers）和庫珀曼在世界冠軍賽上的第十五次對壘。」這些都可以成為借鑑與參考。棋形啟動了夏布弘茲大腦裡一個精密的聯想網絡，並藉此將眼前的棋形鎖定在記憶裡。

榮格曼將下盲棋的才能稱為「附帶現象」，亦即「副產品」。它是特級大師技能的一部份，自然而然顯露，不需經過任何特別的訓練。儘管如此，除了極高超的技能之外，想下盲棋還得滿足另一個條件。想要達到夏布弘茲這樣的成就，只有像他那樣終生鑽研國際跳棋才有可能實現。而它回報夏布弘茲以超凡的技藝和養成，讓他能夠將具體的棋形與可能的變化儲存為一個個單元，避免記憶超過負荷。正是這些牢牢儲存在記憶中的知識，幫助他辨識出盲棋賽中千變萬化的棋局。

但這個結論也點出一個矛盾。夏布弘茲驚人的記憶力，有部份原因是因為他記得多，同時又記得少。說他記得少，是因為他在記某個特定棋形時，並非一一記住所有棋子的位置，而是視為一個整體圖像來記憶；說他記得多，則是因為該圖像能夠反過來啟動一個由以前參加過或研究過的賽事構成的聯想網絡。真正的謎，不是一個人竟能用盲棋同時應戰二十名高手，而是他怎麼能夠擁有如此登峰造極的棋藝。

後記：二〇〇二年十二月二十日，夏布弘茲締造了新紀錄：在一對二十二的盲棋賽上，以十九小時三十五分鐘取得八十八%的得分率，贏十七局，平了五局。

參考書目

–Binet, A., and L. Henneguy, *La psychologie des grands Calculateurs et joueurs d'échecs*, London, 1894.
–Fine, R. 'The psychology of blindfold chess. An introspective account', *Acta Psychologica 24 (1965)*, 352–70.
–Groot, A. D. de, and F. Gobet, *Perception and Memory in Chess: Studies in the Heuristics of the Professional Eye*, Assen, 1996.
–Jongman, R. W., *Het oog van de meester*, Assen, 1968.
–Sijbrands, T., 'Goudse notities', Dammen, 141 (2000), 15–26. *Wereldrecord blindsimultaan dammen*, Gouda, 2000.

第十章　腦損傷和記憶
——身心巨大創傷對大腦的影響

一九四二年八月至一九四三年八月間，德軍在波蘭的特雷布林卡（Treblinka）死亡集中營，僱用了一個名叫伊凡．格朗茲（Ivan Grozny）的烏克蘭人，此人異常殘暴，身材肥碩，大家稱呼他「恐怖伊凡」。他的工作是控制毒氣室的瓦斯開關，涉及屠殺的猶太人達八十五萬。

三十多年後，亦即一九七五年，美國俄亥俄州克里夫蘭市福特汽車廠的一名工人約翰．丹安紐克（John Demjanjuk）首度被懷疑犯有戰爭罪。丹安紐克是烏克蘭後裔，一九五二年起移居美國，以擔任機械工維生。事情是這樣的：丹安紐克的名字出現在二戰結束時蘇聯紅軍接收的德國檔案裡，而前蘇聯當局將檔案轉交幾位美國參議員。美國法律規定，對在其他國家犯下戰爭罪的人不予起訴，但如果證實某人在移民程序中說謊，則此人將被剝奪美國公民權。

一九四七年至一九五一年間，丹安紐克因為沒有國籍而被扣留在德國一個兵營中，美國移民官曾在那裡就其在戰爭期間的行為與其他事務進行盤問。丹安紐克告知，自己於一九三七年至一九四三年間一直在「波蘭境內某個叫做索比堡（Sobibor）的村莊當農場工人」。但這與後來的德國檔案記述不符，上頭宣稱一個名為伊凡．丹安紐克的烏克蘭人曾在特拉維尼基（Trawniki）訓練營受過集中營工作的訓練。在漫長的法律程序中，丹安紐克拒絕遭剝奪美國公民權的判決，但最後仍被引渡到以色列受審。

許多人應該都還記得電視上播放丹安紐克站在飛機舷梯上咆哮的樣子。從一九八七年起，在耶路撒冷進行的審判一直圍繞著約翰・丹安紐克與「恐怖伊凡」究竟是不是同一個人的問題而進行。

「恐怖伊凡」身份之謎

以色列檢察官試圖透過兩個事實來證實現在的丹安紐克就是當年的伊凡。在早期的調查過程中，有幾名特雷布林卡死亡集中營的倖存者（當時有些猶太人曾被迫在毒氣室工作，後來在一九四三年八月二日的暴動後逃出）證實，他們能夠從美國移民局一九五一年為丹安紐克拍攝的照片認出他就是伊凡。還有一張附照片的身份證說明丹安紐克曾在特拉維尼基訓練營參加集中營守衛的培訓課程。

除了證人的證詞和那張身份證之外，丹安紐克本人也向法庭提出抗駁自己曾在特雷布林卡集中營工作的不在場

圖6. 三個丹安紐克。照片a 攝於一九四二年，翻拍自被稱為「特拉維尼基證書」的身份證，當時丹安紐克二十二歲；照片b 出自一九五一年美國移民局為丹安紐克拍攝的身份證；照片c 的丹安紐克時年二十五歲，這張照片直至一九八七年才被發現，但沒有在身份指認的調查中使用，因為當時丹安紐克的其他照片已經廣為人知了。

證明，但說詞缺乏說服力而且搖擺不定。一九八八年，以色列法院判處丹安紐克死刑。當他在牢房裡等待上訴結果時，柏林牆倒塌了，前蘇聯的一些檔案也公諸於世，為原本已塵埃落定的案情帶來意外的轉機。

在耶路撒冷的法庭上，荷蘭心理學教授瓦格納以專家證人身份出庭辯護。在這之前不久，五名特雷布林卡死亡集中營的倖存者已經指認丹安紐克，其堅決且催人淚下的證詞似乎消除了世人對被告身份的疑慮。這場審判曾透過電視轉播在全球播放。瓦格納決定出庭為丹安紐克辯護，遭到許多人攻擊，主要是因為人們覺得質疑那些老人——他們不知鼓起多大勇氣才來和丹安紐克（伊凡）對質——的證詞是很惡劣的事。這些人的腦海與睡夢中，至今依然充斥著特雷布林卡那段恐怖經歷的記憶，所以任何與「證詞可信度」問題相關的指涉很難被接受。證人宣稱無法抹去對那段歷史的記憶，因為那些回憶不光是留下來了，而是蝕刻在他們的記憶裡。

一九八八年，瓦格納出版了《指認伊凡》（*Identifying Ivan*）一書。書中的結論和書出版後的事態發展讓我們明白，丹安紐克一案可以教會我們許多在腦創傷狀況下（這在死亡集中營裡非常普遍）的記憶與認知相關知識，也由此明白身份指認過程中必須採取一定的防範措施。

波蘭死亡集中營：特雷布林卡

特雷布林卡是一個死亡集中營，與另外兩個死亡集中營——貝爾澤克（Belzec），以及一二〇英里外的索比堡——均位於波蘭東部。一九四二年，希特勒下令開始執行德國解決猶太人問題的「最終方案」，命令這三個死亡集中營執行這項高度機密計畫。那些被遣送到特雷布林卡死亡集中營的人，跟被遣送到德國布亨瓦德（Buchenwald）或德紹（Dachau）等集中營的人命運不同；他們不是去作奴隸勞工，而是被毒氣毒死。

特雷布林卡位於茂密的森林區，位置隱蔽，有一條專用鐵路運輸線通往外面的世界。大批從波蘭猶太人區，以及後來從捷克、希臘和保加利亞等國驅趕出來的猶太人，被塞進擁擠不堪的卡車，運送到特雷布林卡。自從弗朗茲．斯坦格爾（Franz Stangl, 1908–1971）被任命為該集中營的最高長官後，屠殺行動的準備工作以一種詭異怪誕的舞台劇形式拉開了序幕。

在他的命令下，德國士兵搭建了一個幾可亂真的火車站，配備齊全，有一個很大的掛鐘，還掛有寫著「餐館」和「電報與電話辦事處」的招牌。月台的列車時刻表上寫著來自維也納和柏林的列車抵達、駛離的時刻。當又一批猶太人到達時（每次大約有兩、三千人），德國士兵將他們趕下列車，告知他們已抵達一個中繼集中營，得為下一步的行程做些準備，首先就是先去公共浴室沐浴，衣服也需要消毒。猶太人交出身上的貴重物品，並被告知這些東西會被妥善保管，沐浴後就原物奉還。

劊子手將男人和婦女、小孩分開，把婦女和孩子趕到一個簡陋的房子裡，命令他們脫光衣服。女人的頭髮被剪掉（集中營裡收集來的頭髮被加工成工業用毛氈，再跟其他材料一起製成德國潛水艇上船員穿的拖鞋）。那些走不了路的老弱病殘者被送到掛著紅十字旗的「軍事醫院」。在以松樹枝偽裝的帶刺鐵絲網圍牆內，這些人被勒令站在一個大坑旁，然後被槍殺。其他人則赤身裸體排成長隊，沿著一條叫做「耶穌升天街」的小路，經過寫著「前往公共浴室」字樣的路牌。等浴室的門一關，一台從繳獲的蘇聯坦克拆下來的柴油引擎就發動起來，釋放出一氧化碳毒氣。毒氣透過連接蓮蓬頭的管子注入「浴室」裡。大約半小時後，裡面的人便全被毒死。

德國士兵在門外聽著裡面的動靜。等他們喊道：「都睡著了！」浴室的門被重新打開。由於狹小的空間裡塞滿了成百上千的人，連倒下來的地方都沒有，所以門打開後，所有屍體都是直立的。從火車到站到消屍滅跡，前後不到兩個小時。

不少猶太人應該是被騙進毒氣室的。在德國紐倫堡大審判期間（1945–1946），一名逃出納粹魔爪的倖存者拉茲曼（Samuel Rajzman）作證道，有一天一輛發自維也納的火車到站，車上一名年屆八旬的老太太把一份文件交給集中營的次官庫爾特·弗蘭茨（Kurt Franz, 1914–1998），文件上稱她是大名鼎鼎的心理學家佛洛伊德的姊姊，乞求對方給她一份文書工作。弗蘭茨裝出仔細閱讀檔案的樣子，回答說一定有什麼地方搞錯了，跟她一起走到火車站的列車時刻表前，對她說大約兩小時後會用另一輛列車帶她回維也納。弗蘭茨叫她把身上的東西留下來，去浴室盥洗一下，然後他就會把她的檔案還給她，並給她一張回程車票。

烏克蘭人守衛的下場

集中營配備了二十至三十名納粹黨衛軍士兵。從貝爾澤克死亡集中營調來的次官弗蘭茨，負責每天從火車站到浴室等地方的調度。他的殘暴令人對他畏懼萬分。他四處巡視時，總是帶著一條名叫巴里的狗。那條狗也受過訓練，專門攻擊人的腹部。集中營僱用了一些烏克蘭人擔任守衛。這些人原本是戰俘，受訓成為納粹黨衛軍守衛而得以偷生。

特雷布林卡集中營裡，約有一百名這樣的烏克蘭人。納粹用「猶太囚犯特別突擊隊」的名目搪塞他們。這一票「猶太作業員」的任務是分揀衣物、幫女人剃頭，以及清空和清潔毒氣室、拔出死者嘴裡的金牙、掩埋屍體等。一開始，這些人的汰換率很高。一九六一年對納粹黨徒艾希曼（Adolf Eichmann, 1906–1962）的審判中，倖存者作證說，大多數「突擊隊員」撐不了幾天，在晨點名時要求被賜死。後來在丹安紐克一案中作證的羅森堡（Elijahu Rosenberg）也證實，在頭一天清理了一整天的死屍後，有些人在房裡用皮帶上吊自殺了（相互幫忙踢掉對方腳下的凳子）。後來斯坦格爾把工作內容進行分工，一群相對穩定的「猶太作業員」才苟活下來。

一九四三年春，德國黨衛軍暨國家祕密警察頭子希姆勒（Heinrich Himmler, 1900–1945）前往特雷布林卡集中營視察。他命令燒掉屍體，包括那些已經掩埋的屍體。挖土機挖開那些掩埋屍體的大坑，屍體被運到焚屍爐裡燒掉。到了夏天，那些死人坑基本上已經清理完畢。「猶太作業員」注意到被送進集中營裡的猶太人愈來愈少，認為集中營不久將被關閉，而自己也會被送進毒氣室，於是決定發動叛亂。

一九四三年八月二日中午，他們用盜配的鑰匙打開軍械庫，但由於納粹黨衛軍士兵已經聽到風聲，他們被迫放棄占領集中營的計畫。約有七百名囚犯試圖衝出集中營，當中大多數被哨塔上的黨衛軍士兵槍殺，但有大約二十人僥倖逃到周遭的森林裡，並在那裡藏身到二戰結束。這些人中有幾位寫過關於特雷布林卡集中營的回憶錄。一位來自波蘭首都華沙的猶太裔木匠魏爾尼克（Yankel Wiernik）的回憶錄於一九四五年問世。後來，來自捷克首都布拉格的格萊澤（Richard Glazar）也發表了那段悲慘經歷的相關回憶。丹安紐克一案中的大多數證人，都是當天成功逃出集中營的人。

在那次失敗的叛亂中，集中營裡的大多數建築（除了毒氣室，其他建築都是木製的）都付之一炬。未能逃脫的犯人被勒令拆除集中營、抹去所有大屠殺的跡證，事後全遭到滅口。然後，德國人在那裡犁了地、種起羽扇豆，興建一座農場，再將農場移交給一個烏克蘭農戶。

丹安紐克＝「恐怖伊凡」？

丹安紐克於一九二〇年出生於基輔地區的一個小村莊。第一次世界大戰後，烏克蘭被併入前蘇聯。三〇年代初期，也就是丹安紐克大約十二歲時，史達林的農業政策導致烏克蘭這個曾被譽為「歐洲之腹」的國家出現人為的饑荒，波及上百萬人。

德軍入侵前蘇聯時，時年十九歲、在一個集體農場裡駕駛拖拉機的丹安紐克，被徵召加入蘇聯紅軍。丹安紐克對蘇聯的忠誠度不是很高，但在部隊裡至少有望填飽肚子。一九四二年五月，丹安紐克在克里米亞半島被俘，之後被關進位於波蘭切爾姆（Chelm）一座滿布帶刺鐵絲網的戰俘營。這些犯人睡在自己挖掘的地洞裡，地洞一到秋天就灌滿雨水。分發給他們的食物少得可憐，他們被迫什麼都吃：草根、腐爛和死掉的生物，甚至人吃人。在戰俘營裡，丹安紐克再次遭遇三〇年代在家鄉大饑荒期間經歷過的一切。

一九四二年春，德國軍隊開始為所謂「安全部門」在各戰俘營中徵召志願者，其任務是捉拿猶太人、守衛集中營。當時不少烏克蘭人將史達林政權視為猶太布爾什維克分子的同謀，因此助長其反猶主義情緒，進而成為德國人理想的幫凶。在此背景下，一個特殊的納粹黨衛軍訓練營在波蘭特拉維

圖7. 貼有丹安紐克（左下）、費德倫科（右下）照片的相冊頁面

尼基的某個廢棄製糖廠成立了。一九四二年七月，丹安紐克志願到特拉維尼基集中營受訓。

就這一點而言，丹安紐克案的控方和辯方，對丹安紐克的戰爭行為是沒有爭議的，即使在前蘇聯發現新檔案後，各方對丹安紐克在這之前的個人歷史上，看法也一致。值得注意的是，後來的審判認為，最早的檔案說明丹安紐克曾在索比堡而非特雷布林卡死亡集中營工作。

對於發生在特雷布林卡的戰爭罪行，注意力一開始集中在另一個烏克蘭人費德倫科（Fjodor Federenko）身上。丹安紐克和費德倫科的名字，都出現在一份定居美國且懷疑犯有戰爭罪行的烏克蘭人名單上。一九七六年初，美國移民局要求以色列一個特別警察單位協助尋找曾在索比堡或特雷布林卡死亡集中營待過的證人。這個被稱為「以色列納粹罪行調查部」（簡稱INC）的前身，是專為調查納粹頭子艾希曼一案而設立的「06局」（Bureau 06）。

INC從美國移民局那裡取得十七名烏克蘭嫌疑犯的照片，調查則由當時已年屆七十歲高齡的芮迪芙克夫人（Mrs. Miriam Radiwker）主持。她在報紙上刊登了一則啟事，稱對「烏克蘭人伊凡．丹安紐克和弗傑德．費德倫科」的調查正在進行中，希望索比堡和特雷布林卡死亡集中營的倖存者能夠站出來說話。在這則啟事上，芮迪芙克夫人無意間說出嫌疑犯的名字，而此時身份指認工作尚未正式展開。INC取得的十七名嫌犯的照片是貼在紙卡冊子上的，無法分別向人們展示，而且沒有刻意安排仿似人選，或轉移注意力的人，照片上的人全部都是嫌疑犯。

由於第一批證人圖拉斯基（Turowski）、哥德法柏（Goldfarb）的指認，調查的焦點開始集中在費德倫科身上。當時沒有理由認為那些特雷布林卡的倖存者應該認識丹安紐克。圖拉斯基曾在特雷布林卡的機械廠做工。一開始他有些猶豫，但後來愈來愈肯定他認得費德倫科。丹安紐克的照片就在費德倫科照片的旁邊，圖拉斯基可以看到他，卻始終隻字未提丹安紐克。哥德法柏不認得費德倫科，但他說排在十六號的人看起來很眼熟並說出一個名字，結果既不是丹安紐克，也不是伊凡。這兩個名字之間的連結，極有可能是源自芮迪芙克夫人的無心之過。遺憾的是，她習慣事後才寫身份指認過程報告，而且總是很簡單扼要。到了耶路撒冷審判開庭時，她已高齡八十一歲，再也回憶不起當年事件的準確情況。

第二天，圖拉斯基再次接受詢問。這次他說他知道丹安紐克和伊凡這兩個名字，而且「立刻且極篤定地」指出第十六張相片中的人就是伊凡。現在，問題來了：圖拉斯基是真的認出伊凡，還是認得頭一天看過的費德倫科照片一旁的那張照片？

還有一個問題是，肯定指認和否定指認的相對重要性。特雷布林卡的一名倖存者海爾曼（Shlomo

Helman）曾經參與毒氣室的建設，一直待在集中營裡直到犯人發起暴動。他曾和伊凡一起工作過不少時日，估計伊凡當時三十歲左右。「丹安紐克」這個名字對他來說沒有任何意義，就像他對第十六張照片中的人幾乎一無所知一樣。相較之下，第十七張照片中的費德倫科看起來更面熟。證人羅森堡則看出第十六張照片和「那個在第二集中營工作、人稱『恐怖伊凡』的烏克蘭人」有驚人的相似之處：一樣的頭型、圓臉、禿頭、粗脖子、寬下巴。但羅森堡也說：「我不能百分之百指認就是他。」甚至，他在指認費德倫科時沒有任何反應，儘管丹安紐克和費德倫科的照片就並排在一起。

簡單來說，起初指認費德倫科的證詞，比指認丹安紐克的證詞更有力。這也決定了費德倫科的命運。一九七九年，費德倫科在美國的一個審判庭上承認他曾經擔任特雷布林卡死亡集中營的納粹黨衛軍守衛，後來被引渡前蘇聯並於一九八六年夏天受審，不久後被處決。

圖8. 特拉維尼基訓練營的部份人員（第二排左二為丹安紐克）

一九七九年，前蘇聯公布了新證據。他們接收的德國檔案裡有一張發給伊凡・丹安紐克的附照片身份證，亦即所謂「特拉維尼基證書」。身份證上的照片攝於一九四二年，身份證上還注明了丹安紐克的編號（身份證號）：一三九三。身份證發放日期為一九四三年三月二十七日，並注明丹安紐克的派駐地為索比堡。在此同時，前蘇聯政府還轉交美國政府一份審訊曾任特拉維尼基守衛的達尼爾琴科（Ignat Danielchenko）報告。

達尼爾琴科宣稱在特拉維尼基結識丹安紐克，兩人曾在索比堡共事，之後也曾在弗羅森堡（Flossenbürg）、雷根斯堡（Regensburg）兩個集中營一起工作過。美國調查人員（當時對丹安紐克的審訊還只是在美國進行）沒能當面審訊達尼爾琴科，不得不湊合使用他那份經過宣誓的供詞。美國調查人員將這張新增的丹安紐克「特拉維尼基證書」身份證照，連同其他七人的照片，製成「特拉維尼基八人組」檔案，提供以色列負責調查納粹罪行的部門，要求他們拿給證人指認。

照理說，如果能從這「額外」的七人中指認出丹安紐克，本來可以更有說服力，問題是，當時幾乎所有證人都非常熟悉丹安紐克那張一九五一年的身份證照片了。美國移民局自己也錯失一次讓某個證人在看到一九五一年版照片之前、透過那張特拉維尼基照片指認出丹安紐克的絕佳機會。美國移民局先向證人拉席曼（Chi Meir Rajchman）出示包含一九五一年那張在內的照片組，然後才拿出特拉維尼基訓練營人員的照片。當時這位證人認出丹安紐克那張一九五一年照，卻沒有認出「特拉維尼基八人組」中有丹安紐克。不過，一年後，在美國克里夫蘭進行的丹安紐克審判中，他還是從那組特拉維尼基照片中認出丹安紐克。

這時，美國法官發現已經有足夠證據證明丹安紐克在一九五一年向美國移民官提供假資訊。不論他是否曾在索比堡或特雷布林卡死亡集中營工作過，總之他不是農場工人，而他自己的種種辯證也找不到任何證據支持。一九八一年，丹安紐克被剝奪了美國公民權。

問題重重的指認程序

相較之下，在耶路撒冷的審判期間，丹安紐克到底被派駐到哪裡，成了一個至關重要的問題。證人的證詞和歷史文件上的內容之間存在分歧。「特拉維尼基證書」上說他被派到索比堡，特雷布林卡倖存者的證詞卻與此相左。有些人很肯定地指認了丹安紐克。一名曾在特雷布林卡工作過的德國護士也宣稱她能認出照片上的丹安紐克。相比之下，索比堡死亡集中營為數不多的幾位倖存者都沒能認出他。

審判期間，一個事實逐漸浮出水面：大約有三十名倖存者曾嘗試指認丹安紐克，但大多數人都沒有認出他。辯方當時沒能抓緊這一情況。另外，原來擔任特雷布林卡集中營次官的庫爾特・弗蘭茨（當時正在德國杜塞道夫服無期徒刑），也未能在一九七九年指認丹安紐克。關於丹安紐克工作地點的一致性問題，有人提出丹安紐克先在索比堡工作、然後被派到特雷布林卡的可能性，或甚至往返於兩地之間。這種可能性也是存在的，因為當時德國當局處理這種事時一直相當隨興。

在耶路撒冷的審判庭上，心理學家瓦格納的專家辯護詞聚焦在準備調查期間的身份指認過程上。根據他後來在《指認伊凡》一書中的解釋，正確的身份指認過程，應該滿足五十條法條和規定。他在書中寫道，指認伊凡的過程涉及當中四十二條，但調查人員未照規定執行的不少於三十七條。另外，該調查也缺乏明確的事實報告：調查過程中沒有筆錄，沒有錄音，沒有指示說明文件，沒有逐字逐句的速記資料，也沒有採取防範措施避免誤導證人，或甚至引導其注意力到特定照片上。指認相冊上的成員沒有清白無辜者，因此證人沒有機會提供「錯誤」答案。這些照片裡有各式各樣的人，但人們早就知道要找的人有圓圓的頭、粗粗的脖子，而符合條件的照片只有一張——丹安紐克的。

此外，證人的否定指認也沒有受到應有的重視。事實上，是調查官決定諸如「這張臉讓我想起……」這類回答是肯定抑或否定指認。丹安紐克的照片一次又一次被拿給證人指認，提高了證人「認出照片」的風險，而非認出指認目標。調查過程中甚至沒有採取防範措施來避免證人之間相互影響。事先相互交流過指認過程的證人沒有被要求迴避。調查人員先是對證人說他們正在找某個人，而證人指認後，隨即被告知他們的指認是否「成功」。如此一來，證人之間就可能相互接觸、傳遞消息。瓦格納對整個調查過程中使用的方法非常不屑：「我不會說調查過程是個鬧劇，可一場徹頭徹尾的鬧劇也不過比它多違反幾條規則而已。」

當時，丹安紐克的幾張照片已在各大媒體上出現過無數次，顯然這個身份指認過程已成了全球矚目的焦點。在耶路撒冷的審判期間，五名特雷布林卡的倖存者，作證他們能夠完全肯定坐在被告席上的人就是當年的「恐怖伊凡」。

一九八八年四月，法庭認為證人提供的證據確鑿，丹安紐克本人的辯解也站不住腳，足以證明「恐怖伊凡」和約翰．丹安紐克實為同一人。丹安紐克被判處死刑，和一九六二年五月三十一日被處決的納粹頭子艾希曼一樣，等著他的將是絞刑。他馬上提出上訴，而在等待上訴結果的時候，案情發生戲劇性的變化。

異常環境造成大腦損傷

知名美籍奧地利心理學家布魯諾．貝特爾海姆（Bruno Bettelheim, 1903–1990），二戰前就曾在德國布亨瓦德和德紹兩個集中營裡被囚禁了一年。他於一九三九年獲釋後移居美國，並開始撰寫有關集中營生活的回憶錄。為了讓自己與那段不堪回首的往事間保持足夠的距離，他將那些筆記擱置了三年之久。一九四三年，他出版了一本關於集中營裡普遍存在之極端條件下人類行為心理學分析的書。他在序言中寫道，對他來說，觀察自己的行為、反應，以及觀察其他犯人與看守他們的納粹黨衛軍士兵的行為，是保持自身心智平衡的一種手段，也是保護自身免於性格分裂的一種方法。

在集中營裡，你沒辦法記筆記，一切都得靠記憶。不過，貝特爾海姆注意到自己「因為極度營養不良和其他導致記憶衰退的原因而受到極大的困擾，當中最嚴重的就是『做這些有什麼用，你絕不會活著離開集中營』這種感受因為一起被關押的犯人相繼死去而不斷被強化」。他只能透過不斷重複與在工作時「複習」，來記憶發生過的一切。貝特爾海姆移居美國後，終於安心了，那些以為已經忘卻的東西大部份又重現腦海。儘管如此，集中營裡的生活無疑對他的記憶造成極大的損害：過去曾經是不加思考、自然而然的東西，現在回想起來也要費很大的力氣。

事實上，問題不只這麼簡單。在集中營惡劣的條件下，他對周圍事物的觀察已經不能稱為真正意義上的觀察了。想要活著離開集中營的首要條件，就是盡量不要引起別人的注意。任何人，不論出於什麼原因，只要讓黨衛軍士兵留意到自己，就會命懸一線。第二條禁令是：不該看的東西千萬不要看。若一名犯人在看黨衛軍虐待另外一個犯人，只要被人發現，他就會性命不保。甚至，連被動遵守

「什麼都不要看」的禁令也是不夠的。貝特爾海姆在書中寫道：主動表明自己一無所知要安全得多。他舉了個納粹黨衛軍棒毆一名犯人的例子。

但是在打人時，他（納粹黨衛軍士兵）可能會對一隊剛好路過、工作中的犯人喊一聲「幹得好！」，而那些碰巧撞見這一幕的犯人會飛快把頭轉開，拔腿就跑，裝作什麼也沒看見。事實上，這麼做已經很清楚表示他們「看到了」，但只要他們很明確表示自己「會離不該知道的事情遠一點」，就不會有事。

上述情形的邏輯頗為反常：想知道自己什麼不能看，首先你得去看；而想知道你必須假裝什麼，你必須先明白自己看到了什麼。貝特爾海姆認為，把囚犯變成聾子和瞎子，是黨衛軍摧毀犯人意志的策略之一。只知道別人允許你知道的事，是嬰兒的生存方式。自主的觀察並作出相對應的反應，是一個獨立生命的起始。對那些極重要並值得認真記錄的事視而不見，是對人性的摧殘。

這些犯人之所以盡量「不去看」，還另有原因。任何人只要看到其他犯人被毆打而義憤填膺上前阻攔的話，無異於自找死路。

大家都知道，那種義憤填膺的反應等於討死。如果看到那種場景實在無法無動於衷，就只有一個解決方法，那就是不去看，然後你就不會有反應。如此一來，你的觀察力和反應能力就會出於自我保護而自動封閉起來。但是如果一個人放棄觀察，放棄對事物有所反應，放棄採取相應的行動，那麼這個人等於放棄活出自己，而這正是納粹黨衛軍所希望的。

從其他集中營裡逃出來的人也曾提到，正常生活中諸如觀察和記憶這些理所當然的事，在集中營裡成了難題。倖存者派特森（David Patterson）在回憶錄《從光明到黑暗》（*Sun Turned to Darkness*）中寫道，記憶和其他許多事物被一併清除或摧毀了，許多曾經待過集中營裡的人都會抱怨記性差。回想在奧斯維辛（Auschwitz）集中營的日子，倖存者菲列儂（Fania Fenelon）在回憶錄中寫道，她發現給孩子講故事變得愈來愈困難，而孩子也沒發現她的記憶力在衰退。另一位奧斯維辛集中營倖存者列葉爾（Olga Lengyel）主要也是透過記憶力衰退而注意到自己與其他犯人的智力已大不如前。在集中營裡時時刻刻存在著性命攸關的危險，對無時不在的威脅本能地維持高度警戒、體力嚴重透支、精神委靡不振，以及營養和維生素B缺乏（可導致思維意識不清），這些不利的條件都會對記憶力造成損害，導致記憶力嚴重衰退。

犯人的認知能力也同樣受到損害。艾列．科恩（Elie Cohen）曾是荷蘭格羅寧根省阿德瓦德市（Aduard）的執業醫生，後來被趕到奧斯維辛集中營，負責給犯人看病。他能夠利用執權偽造一些犯人的身體狀況，延遲他們被送入毒氣室的時間。一九七一年，他出版了一本戰時回憶錄《深淵》（*De Afgrond*）。書中有一段這樣的敘述：

一個男人走進門廳，對我說：「艾列，你得救救我！他們要送我進腹瀉病房——其實就是毒氣室。你得救我。」我問他：「你到底是誰？」他回答說：「我是喬．沃爾麥，來自弗金吉斯特拉。」

事實上，他以前就住在離我家四間房子遠而已，我們非常熟悉彼此。顯然的，我已經不認得人了。我沒辦法在審判納粹黨衛軍的法庭上作證。如果有人要我「指出你認得的人」，我做不到。我認不出任何人。一切都變了，變得很糟糕。就像那些在集中營裡很快就不成人形的猶太人讓我認不得一樣，我也無法指認那些納粹黨衛軍。

烙印般深刻的記憶也會失真

一名接受過專業訓練、習慣定義明確的刺激因子與控制參照組的心理學家，對這種極端條件下的記憶、認知和辨識，知道些什麼？如果他誠實作答，答案一定是：什麼也不知道。心理學尚未就死亡集中營這種極端情況下的記憶可信度問題進行過系統性研究，但就從幾個案例中蒐集到的有限資料來看，即使是非常強烈、令人情緒激昂的記憶，也有失真的可能。瓦格納與戈羅尼維格（Jop Groeneweg）對德·萊克一案證人證詞所做的調查與整理，可以為證。

德·萊克（Marinus de Rijke）曾於一九四二到一九四三年間擔任艾力卡（Erika）監獄的典獄長。艾力卡監獄位於荷蘭上艾瑟爾省（Overijssel）的歐門鎮（Ommen），原本是關押荷蘭罪犯的監獄，但那裡的管理讓人聯想到德國集中營：享有特權的犯人有權力管理其他犯人，一些犯人經常被打得奄奄一息。德·萊克就是最狠毒的守衛之一。一九四三年，當荷蘭當局發現艾力卡監獄裡的真相後就把它關閉了。

戰爭期間，艾力卡監獄裡的犯人，生存環境極惡劣，當中有一千名犯人曾被集體轉往德國做苦力。最後活著回到艾力卡監獄的不到四百人，身體極度虛弱，再也不能做任何事，後來大多死在監獄裡。一九四三年至一九四八年間，荷蘭警方陸續收到監獄倖存者的控訴，但德．萊克當時躲過了審判。然而，到了一九八四年，當局決定還是對他提出告訴。當年，電視台轉播了審判。

在原告對德．萊克作出指控後，幾名證人上前作證，但法官最後判決對德．萊克的施虐指控無效，因為已經超出法律規定的訴訟時效期。在這次審判中，十五名曾在四〇年代作證的證人被要求重新作證，讓瓦格納、戈羅尼維格得以比較這些人四十年前和四十年後當庭作證的紀錄。結果發現，這些證人前後兩次的證詞有很大出入，不禁讓人對經歷漫長歲月之記憶的可信度產生懷疑。

犯人幾時被拘押到艾力卡監獄服刑是有案可查的。在四〇年代進行的調查中，十一名證人中只有一、兩人記得的日期與實際被關押的日期有較大出入，差了一個多月。四十年後，這個比例大幅增加，十九個證人中有十一個人記得的日期與實際日期相差甚遠。不少證人提供的具體日期和實際日期相差高達六個月以上，這表示，他們甚至記錯自己是在哪個季節入獄的。

那些曾經受過德．萊克虐待的人（在這個意義上，他們與德．萊克直接相關），似乎不比那些沒有受過虐待的人更能認出照片上的德．萊克。二十名證人宣稱德．萊克在監獄時穿著一身制服，另外二十八名證人卻說他一直穿著便裝；十一名證人宣稱德．萊克曾鞭打過犯人，另外十一名證人卻說他從未用過鞭子或其他道具虐待犯人。那些沒看過之前電視轉播德．萊克審判的前獄囚當中，只有五十八％的人能夠從一張拍攝於他主管監獄期間的照片上認出他來。這表示，回憶那些原本以為烙印在記憶裡的事也不一定準確。

正因為如此，證人V曾經看到德．萊克和另一名守衛打死一名犯人，到了一九八四年卻忘了德．

萊克和那個守衛的名字，並把受害者與另一起虐待案裡的犯人搞混了。證人M曾經受到德．萊克殘忍對待導致好幾天不能走路，到了一九八四年他所記得的卻是德．萊克偶爾揍他一頓。同一個證人M也受過德．萊克虐待，後來卻說虐待他的人叫「德．布勞恩」而非德．萊克，而且也忘了德．萊克是怎麼虐待他的了。證人S在一九四三年宣稱德．萊克和另一個守衛在一個蓄水池裡溺死一個犯人，到了一九八四年，他非但忘了溺死人這件事，還矢口否認自己作過那樣的指控。

儘管有不少回憶看起來是正確的，而且這些記憶在四十多年前和四十多年後也如出一轍，但這裡有一個很明顯的問題：根本沒有標準來判定哪些證詞必須認定為真。丹安紐克一案也存在類似的問題。

創傷性記憶有絕對可信度嗎？

證人羅森堡於一九四七年去以色列為丹安紐克一案作證的路上，在維也納發表了一份聲明。他在聲明中說伊凡已經在一九四三年那次暴動中被殺，當時幾名犯人衝進兵舍，用鐵鍬殺死熟睡中的伊凡（因為當時白天很熱，守衛都是輪流值早班）。而在一九八七年耶路撒冷的審判庭上，他解釋說維也納的採訪者誤解了他的意思：他的意思其實是別人告訴他伊凡已經死了。然而，沒多久後，羅森堡本人於一九四四年簽署的一份聲明被公諸於眾，聲明裡他再次聲稱自己親眼看到伊凡之死。我們到底該相信誰？是一九四四年的羅森堡？一九四七年的羅森堡？還是一九八七年的羅森堡？

還有其他案例，讓我們對創傷性記憶的絕對可信度產生疑問。一九七八年，法蘭克．華勒斯

（Frank Walus, 1922–1994）被控在波蘭南部城市克斯托霍瓦（Czestochowa）犯有戰爭罪行，指控他曾是納粹黨衛軍和蓋世太保。戰後他在美國安了家，並改姓華萊士（Wallace）。曾有不少於十一名的證人指認過他。

當中有一位名叫蓋鮑爾（David Gelbhauer），此人曾被迫在蓋世太保設於克斯托霍瓦的總部工作。在長達三年多的時間內，蓋鮑爾幾乎天天和華勒斯打照面。他宣稱曾經見證華勒斯拷打、虐待和殺人的惡行。還有一名證人，宣稱華勒斯曾經闖進他家並毆打他的父親，鄰居告訴他那個惡人叫做法蘭克．華勒斯。其他還有一長串證人出面，全部指證華勒斯有罪。華勒斯被剝奪了美國公民權。在他後來的上訴中，紅十字會提供的文件以無以辯駁的事實，證明案發當時他才十五歲左右，在德國巴伐利亞州的一個農場做工，並且有照片為證。華萊士後來被宣告無罪，並恢復了美國公民權。

指認程序的正義性

任何記得瓦格納表示「指認程序應該遵循多達五十條法規」的人一定會想問：這跟犯人生活在特雷布林卡死亡集中營條件下的回憶和認知有什麼關係？在那種極端環境下，難道不會發展出什麼特別的記憶法嗎？或是，一個曾經長年生活在備受死亡威脅環境下的人——而且是已經很久遠前的事了——會被這種指認小偷和強盜的指認程序難倒嗎？這些問題幾乎理所當然會出現，但是同樣可以肯定的是，這些問題都問錯了。

經過這麼多年，我們要求證人指認的嫌犯，早已非其時那個人了；他不可能從那個嫌疑犯指認隊伍中，再次以四十、五十年前那個人的樣子現身。他已經被取代了。昨日的戰犯和今天的嫌疑犯之間，隔著一個新生的夾層，主要是文件：身份證、證書、照片、登記證、簽名紀錄等。在丹安紐克這類的審判中，每樣東西在厚達數千頁的法律卷宗中都是以序號的形式出現。然而，這分隔今昔的夾層也有連結的功能。那些文件必須能搭起時間距離之橋，證明現在站在被告席上的人就是當年那個犯過戰爭罪行的人。

但同樣是這些檔案，卻也有可能蒙蔽人。證人的記憶之所以有意義（就法律上來說），只有在那些記憶能夠透過檔案與該嫌犯產生連結時。證人過去在那個惡魔手下遭受和經歷的一切，他們看到、聽到的一切，對那個惡魔的所有恐懼，最終只化簡為回答以下這些以文件為中心提出的問題：**這是他的照片嗎？那是他的筆跡嗎？他穿過這套制服嗎？**

圍繞那些資料提出的問題，以及提出問題的方式，都有其自身的邏輯。遵守那些身份指認的相關法規，儘管只是一種形式，但其用意是為了消除所有疑慮。在身份指認過程中，每一個錯誤、每一個過失，都會對控辯雙方造成傷害。就算丹安紐克是真正的「恐怖伊凡」，那些程序疏失也會使證據變得較缺乏說服力，減損其正當性。明確的身份指認標準之必要，不只是為了保護犯罪嫌疑人，也是為了賦予證據以實質內容和權威性。反過來，不正確的身份指認程序亦會羅織無辜者入罪。不過，這種情況並未於丹安紐克這個案子中發生。在丹安紐克上訴期間，最戲劇性的一幕發生了。

犯罪現場：索比堡

丹安紐克抗辯中最薄弱的一環，就是他的不在場（不在特雷布林卡死亡集中營）證明。他自己的說法反反覆覆，而不論新、舊版本都找不到確鑿的證據來支持。丹安紐克最初宣稱自己是在索比堡的一個農場做工，後來又說他一九五一年沒告訴美國移民局他參加過蘇聯紅軍、之後被德國人俘獲這一段過去。事實上，他還隱瞞了下面這件事：在二戰的最後階段，他加入烏克蘭一個軍事單位，幾個月後被徵召到弗拉索夫（Andrey Vlasov, 1901–1946）將軍領導的一個反共軍事組織。

為了不被美國驅逐、引渡到蘇聯受審，丹安紐克無所不用其極，因為他知道史達林絕不會放過曾經為外國軍隊效命的人，這正是為什麼他一開始宣稱自己是農夫的原因。但他為什麼選擇索比堡，而不是其他地方？對此，丹安紐克解釋，他在填寫移民申請表時，曾經要求某個正站在一幅波蘭地圖旁的人隨便給他一個地名，而那人給他的地名剛好就是索比堡。問題又來了：索比堡不過是兩條鐵路線的交會處，地方小得在任何地圖上都找不到。以色列法庭發現，只有到過離索比堡很近之處的人，才有可能知道它的存在。

還有一個與丹安紐克不在場證明相關的問題，出在納粹黨衛軍守衛達尼爾琴科的聲明。所有納粹黨衛軍士兵都會將自己的血型刺在左腋下，而達尼爾琴科宣稱他和丹安紐克在巴伐利亞的弗羅森堡集中營服役時，都有過那樣的刺青。事實證明，丹安紐克左腋下的確有一道疤痕。對此他解釋說，該處原本的刺青是在烏克蘭而非德國刺上去的，而他加入弗拉索夫將軍的反共軍事組織後就把刺青除掉了。在漫長的審判過程中，丹安紐克始終沒能提供法庭任何有力的不在場證明，直到後來上訴時才一切真相大白。

誰才是「恐怖伊凡」？

柏林圍牆倒塌，以及前蘇聯國內局勢的發展，使丹安紐克一案的控方與辯方得以進行一些檔案研究。在這之前，他們連手邊僅有的那份資料也是經前蘇聯國家安全委員會（KGB）過濾後才釋出的。控方發現了一份從特拉維尼基轉赴索比堡的黨衛軍守衛名單，上面有丹安紐克的名字，以及他的出生日期、出生地和編號（一三九三）。

在另一份日期為一九四三年十月一日的檔案中，載明了丹安紐克和達尼爾琴科的派駐地為弗羅森堡。在立陶宛共和國首都維紐斯（Vilnius）也發現一份寫於一九四三年一月的訴願書，要求罰處丹安紐克二十五鞭，理由是他未經批准即擅離馬伊達內克（Majdanek）集中營、去鄰鎮找洋蔥和鹽巴。此外，達尼爾琴科一九四九年簽寫的一張具結書後來也被挖出來，當中讚許丹安紐克在死亡集中營裡的工作表現極稱職，因此幾次獲派協助處理將猶太人從其居住地運送到集中營的任務。除了這些烏克蘭與立陶宛的檔案外，在德國科布倫茨（Coblenz）也發現其他檔案，上面說丹安紐克和達尼爾琴科曾於一九四四年派駐於弗羅森堡。根據一份軍械庫紀錄所示，這兩人都領過毛瑟槍和刺刀。

然而，如果丹安紐克不是特雷布林卡集中營的那個伊凡，究竟誰才是呢？

一九八八年，美國哥倫比亞廣播公司（CBS）的紀錄片小組著手調查，在特雷布林卡集中營原址附近是否仍有認識「恐怖伊凡」的人健在，最後在離集中營原址約半英里遠的一個小村裡找到高齡七十歲的瑪麗雅．杜德克（Maria Dudek）。她在戰時做過妓女，接待過一些集中營守衛。老太太對「恐怖伊凡」很熟悉，說他有整整一年時間是自己的常客。這個人曾經跟她提起他在集中營裡的工作。當被問及是否知道他的真實姓名時，她毫不猶豫答道：「伊凡．馬爾琴科（Ivan Marchenko）。」不過，瑪麗雅以自己曾經當過妓女為恥，拒絕上鏡頭作證。丹安紐克的辯護律師沙夫特爾（Yoram Shefel）取得CBS「六十分鐘」紀錄片的文字紀錄後，決定去拜訪瑪麗雅。

他給瑪麗雅看了一些人的照片，當中包括丹安紐克的照片。他問她能否從照片中認出馬爾琴科，瑪麗雅回答認不出來。沙夫特爾指著丹安紐克的照片問他是否就是伊凡．馬爾琴科，瑪麗雅的答案是否定的。讓沙夫特爾律師遺憾的是，這位知情者拒絕到耶路撒冷的法庭作證。不過，既然掌握了馬爾琴科這個名字，接下來就能據此直接搜尋相關檔案了。

事情飛快進展下去。烏克蘭國家檔案館釋出一份曾在特雷布林卡死亡集中營工作、戰後被蘇聯紅軍俘獲的集中營守衛人員懺悔錄集。在這本懺悔錄中，有二十多人提到伊凡．馬爾琴科就是那個負責毒氣室開關的人。另外還發現一張馬爾琴科的特拉維尼基身份證，一些證人認出照片中的他，估計馬爾琴科當時三十歲左右。

協助馬爾琴科操控毒氣瓦斯的助手叫做尼古拉．沙拉耶夫（Nicolai Shalayev）。一九五〇年被捕後，他曾在審判庭上表示，德國人關閉特雷布林卡死亡集中營後，他和馬爾琴科一起被調往義大利東北部的迪里雅斯特（Trieste）。一些當年的黨衛軍軍官在六〇年代的聲明也證實此一說法。一名曾在特雷布林卡做苦力的烏克蘭婦女科帕（Aleksandra Kirpa）作證說，從一九五一年到前蘇聯時代，她與馬爾琴科在集中營裡過著「夫妻一般的生活」，而他曾一五一十告訴她他在毒氣室都做些什麼。

新證明文件在各地相繼被發現，而且彼此都能相互驗證，終於扭轉了丹安紐克一案中因為證詞、聲名和身份證等資料不一致造成的混亂局面。從所有資料來看，「恐怖伊凡」確有其人（這一點從未被質疑過），但此人是伊凡．馬爾琴科，而非伊凡．丹安紐克。現在我們也知道為什麼丹安紐克拿不出一個可信的不在場證明。任何一丁點不確定——也有人以為或許他並未自願為德國人犬馬，或並未積極參與滅絕猶太種族行動——如今都塵埃落定。然而，證實丹安紐克在索比堡犯有戰爭罪行的代價非常高昂：同樣的這些證據，證明了他在特雷布林卡的罪行指控不成立。

耶路撒冷審判開庭後七年，同時也是一審宣判丹安紐克死刑後五年，以色列法官面臨一個不曾遭遇過的兩難：他們無法執行丹安紐克的死刑判決，因為就原指控的罪名而言他是無罪的——但他也不是清白的。如果一開始就指控他是在索比堡犯下同樣的罪行，則他理所當然應該受死。

在漫長的審議後，三位法官終於達成一致的判決：丹安紐克依原指控宣判無罪。他又恢復自由之身了。

所以，是那些指認丹安紐克為「恐怖伊凡」的證人說謊嗎？不是，他們只是犯了一個錯誤——或許並不是所有人，或許只有一個人。真正的錯誤在於，身份指認的程序結構太「健全」，令個人的錯誤傳播開來又彼此加乘，終於導致偽證出現。我們能提供證人的最好服務，是一套最精確、審慎、嚴謹、隱密並充份考慮其他法規的身份指認程序。不論在任何情況下，都不該讓證人參與一場鬧劇般的身份指認過程，後者的虛妄就如同特雷布林卡集中營那個「火車站」一樣。

正義得到伸張？

弗朗茲．斯坦格爾在擔任特雷布林卡死亡集中營最高長官之前，曾是索比堡死亡集中營的指揮官。他是想出搭建「火車站」、將特雷布林卡變成死亡集中營這一整套計畫的幕後首腦。斯坦格爾在戰後被捕，但一九四八年從奧地利越獄，並在梵蒂岡的協助下逃到敘利亞。後來他移居巴西，並在首都聖保羅的福斯車廠找到一份機械工的工作。在一名前蓋世太保軍官的告發下，斯坦格爾最後被引渡到西德。一九七〇年十二月二十二日，斯坦格爾因在特雷布林卡屠殺了至少四十萬名猶太人被判處無期徒刑。一九七一年春，英國記者塞倫妮（Gitta Sereny）對這個雙手沾滿猶太人鮮血的劊子手進行了系列專訪，這個殺人如麻的惡魔對記者說他仍為自己曾經是「奧地利最年輕的殺人之神」而感到驕傲，而且那些年是他一生中「最快樂的時光」。最後一次接受塞倫妮訪問的隔天，斯坦格爾心臟病發猝死。

庫爾特．弗蘭茨在戰後重拾廚師老本行，並在德國杜塞道夫定居，更名改姓。他在一九五九年被捕，從他手邊搜出一本相冊，裡面有一些在特雷布林卡拍攝的照片，照片標題是：「快樂的日子」。一九六五年，弗蘭茨以一樁「造成至少三十萬人受害的」大屠殺之同謀，以及犯下三十五件謀殺案、一起謀殺未遂案等罪名，遭判處有罪，罪刑也經過一番精心設計：

圖9. 三個嗜血劊子手（a 弗朗茲‧斯坦格爾；b 庫爾特‧弗蘭茨；c 伊凡‧馬爾琴科）

他被判處三十五個無期徒刑，外加八年有期徒刑。後來弗蘭茨因健康因素被釋放，死於一九九八年。

伊凡·馬爾琴科是真正的「恐怖伊凡」。他在毒氣室的助手尼古拉·沙拉耶夫於一九五二年被處死。沙拉耶夫曾於一九五二年聲稱，他最後一次見到馬爾琴科是在一九四五年春，當時他看見馬爾琴科從南斯拉夫阜姆（Fiume）的一家妓院走出來。當時馬爾琴科告訴沙拉耶夫他加入了南斯拉夫游擊隊，不久後就要出發。馬爾琴科還說他遇到一個女人，想跟她開始新的生活。從那之後，就沒有人知道馬爾琴科的下落。六〇年代，前蘇聯審判了一大批曾為德國納粹賣命的烏克蘭人，幾乎無一例外都被判處死刑。這些人當中沒有馬爾琴科，直到一九六二年，前蘇聯當局仍在追緝他。馬爾琴科留在前蘇聯的幾個女兒，直到九〇年代初才獲悉他們失蹤的父親在戰時的所作所為。

伊凡（約翰）·丹安紐克一九九三年九月二十二日獲釋離開以色列，搭乘以色列航空飛紐約的航班回到美國。在美國，當初引渡他的理由宣告無效，他也恢復了美國公民權。如今丹安紐克在俄亥俄州克里夫蘭過著退休生活。

譯注：二〇〇二年，美國政府又找到新證據，再次取消丹安紐克的公民權。二〇〇四年四月，美國聯邦上訴法院維持初審法院的判決，最終取消了丹安紐克的美國公民權。二〇一二年，丹安紐克逝於德國。

參考書目

–Arad, Y., *Belzec, Sobibor, Treblinka: The Operation Reinhard Death Camps*, Bloomington, 1987.

–Bettelheim, B., 'Individual and mass behavior in extreme Situations', *Journal of Abnormal and Social Psychology* 38 (1943), 417–52.

The Informed Heart, Glencoe. 1960.

–Cohen, E. A., *De afgrond: een egodocument*, Amsterdam and Brussels, 1971.

–Glazar, R., *Die Falle mit dem grünen Zaun: Überleben in Treblinka*, Frankfurt am Main, 1992.

–de Mildt, D., *In the Name of the People: Perpetrators of Genocide in the Reflection of their Post–war Prosecution in West Germany. The 'Euthanasia' and 'Aktion Reinhard' Trial Cases*, The Hague, 1996.

–Patterson, D., *Sun Turned to Darkness: Memory and Recovery in the Holocaust Memoir*, Syracuse, 1998.

–Sereny, G., *Into that Darkness: An Examination of Conscience*, London, 1974.

–Sheftel, Y., *Defending 'Ivan the Terrible': The Conspiracy to Convict John Demjanjuk*, Washington, DC, 1996.

–Steiner, J.–F., *Treblinka*, Paris, 1996.

–Wagenaar, W. A., *Identifying Ivon: A Case Study in Legal Psychology*, New York, 1988.

–Wagenaar, W. A., and J. Groeneweg, 'The memory of concentration camp survivors', *Applied Cognitive Psychology* 4 (1990), 77–87.

–Wiernik, Y., *A Year in Treblinka*, New York, 1945.

第十一章　記憶不可察的生命風景

——華格奈夫婦的家族傳記（一九〇〇～一九四二年）

我們的記憶不太擅長處理日常性事務。想回憶起那些尋常無奇的事，或是想起某個聲音以前聽起來是怎樣的、某件事以前給人什麼感覺、房間以前聞起來是什麼氣味等，都不是容易的事。又或是，所愛之人過去的模樣，父母從前的樣子，孩子小時候的長相，以及妻子、丈夫、朋友……他們一直在我們身邊，而且在我們不知不覺下一點一滴慢慢改變，導致他們過去的樣子從我們的記憶中刪除。就連你自己容貌的變化，也在躲避你：今天鏡子裡的這張臉模糊了昨天的記憶，更遑論一個月或一年前的。

如果我們的樣貌是一本書，而我們的記憶是一個藏書家，則我們的記憶會把每一個新版本放到那些受到妥善保管的舊版本旁。我們可以隨意翻看某個早期版本，拿來跟後來的版本作比較，然後判斷哪些內容已經被移除、增加、捨棄、修改或訂正。但事實上，記憶是一項為了幫助我們進化而設計的工具，因此不包括收藏舊版本的功能。畢竟，既然我們不可能再看到自己孩子十年或二十年前的樣子，那麼記得他們以前的模樣又有什麼意義？所以，就算了吧！

還有另一個原因，讓我們必須原諒自己的記憶。判斷什麼發生改變，比找出什麼維持不變要來得容易。我們周圍的人其實跟其他任何人一樣，每天都在變化，或快或慢，我們只是因為天天和他們打交道而沒注意到當中的細微變化，使他們看起來保持不變。當新版本與舊版本看起來沒什麼不同時，責備我們的記憶沒盡到保管責任是不公平的。

在我們所屬的時代，以及所在的世界裡，想記起自己過去的樣子，是透過照片而非回憶。攝影術改變了我們與我們對過去形貌的記憶之間的關係。十九世紀中葉以前，當你試圖想起某人、卻不能確定自己是真的回憶起他的臉抑或照片上的樣子，這種問題是不存在的。不確定，被照片能提供的確定性取代了：那眼神、髮型、五官……在那個特定場合，他就是這個樣子。這些年，甚至出現「攝影傳記」（photographic biography）這樣的東西，幾乎每個人，從出生到現在，或一直到死亡，都可以透過照片記錄下來，儘管這種視覺紀錄或許不會以同樣的強度記下生命的每一段歷程，但不論怎麼說，它的確可以涵蓋我們的一生，並記錄下那些緩慢到讓我們不察也無從記憶的變化。

從聖誕晚餐看人生風景滄桑變化

從一九〇〇年結婚的第一年起，安娜．華格奈（Anna Wagner）和理查．華格奈（Richard Wagner）夫婦開始在每年的平安夜為自己拍照，並將照片當成聖誕卡寄給朋友們。他們一直持續這個儀式，直到一九四二年，也就是安娜去世前三年，期間只有跳過幾年沒拍。華格奈夫婦的一個朋友一直保留著他們寄給她的所有照片。大約半個世紀後，有人在原東柏林的一個閣樓裡發現這些照片，後來被公諸於世。

乍看之下，這些照片幾乎一個樣：華格奈夫婦倆、一張擺著聖誕禮物的桌子、一棵聖誕樹，以及幾乎毫無變化的房間陳設。每張照片都攝於同一天。但由於這些背景不變，更能讓我們清楚看出照片折射出的人生季節變化。你可以看到改變如何逐漸生成，或突如其來——就像每年春天到來的那一天，或冬天降臨的那一個早晨。每按一次快門，意味著又過了整整一年。透過這種方式，華格奈夫婦讓我們清楚看到，衰老過程並非遵循年月更迭的節奏。

理查．華格奈生於一八七三年，與安娜結婚時是一個狂熱的攝影愛好者，經常買最新款的照相機，即使為此花掉一個月薪水或更多也在所不惜。他拍攝的這些平安夜照片都極富真實感。華格奈夫婦是中產階級，妻子比丈夫小一歲。理查曾在鐵路部門擔任祕書一職，後來一路晉升至督察員。夫婦倆一開始住在埃森（Essen），一九一一年搬到柏林的薩爾茨堡大街（Salzburger Strasse），租了一間兩房半的新公寓。他們的後半輩子一直生活在那裡。我們無從得知他們的政治傾向，但一直懸掛在沙發上方、早已到荷蘭多恩（Doorn）避難的德國末代皇帝威廉二世（Kaiser Wilhelm II）肖像，表明了他們的保守立場。

理查在兩次世界大戰中都沒有從軍。一九一四年，他已經四十一歲，超出從軍年齡標準許多。夫婦倆沒有生育孩子。

在一九〇〇年拍攝的第一張平安夜照片上，華格奈夫婦看起來都比實際年齡年輕，當時夫妻倆分別是二十七歲和二十六歲。照片上，安娜在跟他們的小貓米耶塔玩耍，理查則正在為聖誕樹掛一些小裝飾。這一幕給人感覺他們正在演出爸爸和媽媽的角色。這是聖誕禮物第一次出現，在之後的照片裡也都占有非常醒目的地位。安娜給丈夫的聖誕禮物是一本相冊，就放在理查面前。相冊很厚，可能放得下兩百張照片。房間裡的東西，在之後數十年間拍攝的照片上也都能看到。桌巾、牆上的半身像、地毯、椅子與小擺設——華格奈夫婦屬於那個結婚禮物會陪伴夫妻一同走過整個婚姻生活的年代。

十五年後，外在世界發生了巨大變化。照片上的一張歐洲地圖（這張地圖在一九一四年拍的照片中也有出現），清楚記錄了德軍的戰績。儘管這時不少東西都需要配給券取得，例如衣服、煤油和木炭，華格奈夫婦還有能力準備一桌聖誕晚餐，包括一個蛋糕、蘋果、香腸和飲料等。他們在一籃雞蛋和那盤香腸旁掛了一張小紙片，上頭寫著「饑荒」。這種有點無厘頭的幽默感在其他照片中也不時出現。

兩年後，亦即一九一七年，華格奈夫婦家終於也受到戰爭導致的物資匱乏波及。他們之所以在房裡還穿著厚重大衣的原因就寫在下面：燃煤緊缺。標示德軍戰果的那張地圖不見了。聖誕樹上的蠟燭一支也沒有點亮。理查穿著的那雙拖鞋來自一年前收到的聖誕禮物。他的頭上第一次出現了白髮。最顯眼的聖誕禮物是一個「乾草箱子」。用乾草來燒煮食物，可以盡可能節省燃料。

一九二七年，即兩次世界大戰間的時期，華格奈夫婦看起來過得相當不錯。這時他們倆都已年過五十，理查有了中年人的體態，嘴裡叼著雪茄，但已經需要戴眼鏡，也有灰白的頭髮。安娜坐在一張桌子後，桌上有漂亮的鞋子、葡萄酒、水果與一個雕花水晶玻璃杯。聖誕樹上，蠟燭燈泡第一次亮相。不過，最重要的一樣東西擺在正前方：一台標誌「時代進步」意義的吸塵器。這不是第一件出現在安娜家裡的電器，也不是最後一件。一年前有人送給她一個電熨斗，之後她也收到一台按摩器和一個吹風機。說明書上說，這個吹風機可以用來吹頭髮，也可以拿來暖床。

一九三五年和一九三七年的照片中，出現了更多家電產品：三五年的照片上有一個電暖爐，三七年則有一台國民收音機（Volksempfänger）。安娜似乎以更驚人的速度在衰老中。短短兩年間，她由一個神采奕奕的婦人，變成一個比實際年齡六十三歲更蒼老的人。她滿頭灰白髮，明顯比以前消瘦，面前擺著一個打開的針線盒，神情顯得有點憂心的理查正看著她。

在接下來的幾年內，桌上的東西愈來愈寒酸。一九四〇年，華格奈夫婦再次穿著厚大衣坐到聖誕樹旁。夫婦倆最後一次合影的照片攝於一九四二年，桌上放著一瓶酒，已所剩不多，食物也不多，但理查還有幾根雪茄。聖誕樹上的燈泡沒有點亮。真正的蠟燭相當短缺，女人家都把菸頭放在阿司匹靈藥瓶裡當蠟燭用。一九四五年六月二十四日，理查為妻子拍了最後一張照片，當時她已經七十一歲。戰爭剛剛結束，但那場戰爭對她來說打太久了。從她身上，可以明顯看出當時食物短缺的慘況。即使穿著厚重衣物，她也只有八十磅重（三十六公斤）；理查在此又發揮他一貫的怪異幽默感，寫下「淨重」兩個字。同年八月二十三日，安娜去世。據墓地的紀錄表示，她死於「極度衰弱」。理查則死於一九五〇年聖誕節前幾星期，享年七十七歲。

其他詮釋人生歷程的手法

每一個時代，都有其對人生歷程的詮釋。這一點，我們可以從符號、隱喻、諺語與寓言的表現窺見一斑。

在中世紀，生命常被視為一段旅程或朝聖之旅，並透過書籍告訴人們在起點和終點之間可能會遭遇什麼事。有時候，這段旅程是以圖畫的形式來表現：在畫作的一角，我們看到一個孩子，然後是稍大一點的孩子——他以生命各個階段的樣貌出現，穿行過整個畫面。除此之外，還有一種備受歡迎的表現方式，那就是「生命的階梯」：畫的左側有個爬上第一級台階的小孩，而當他從右側走下台階時已是一個耄耋老者。這些畫的台階數目會有所不同，視人生被劃分成多少階段而定：可以是七個，也有多達十個的版本。

人生階段可以和歲月的切分直接連結。文藝復興時期義大利畫家提香（Titian）於一五六〇年至一五七〇年間畫了一幅題為《謹慎的寓言》（*Allegory of Time Governed by Prudence*）的畫作上，有三張面孔，上頭有一行字：「從過去的經歷學習，今日行事更加謹慎，以免央及未來。」畫中有一個老人和一個孩子皆以側臉出現，分別望向過去與未來，而兩者之間代表中年的那個人面向正前方，直視著觀畫者。

某些教堂立面上或市政廳裡的大鐘，是透過小人偶機關來表現生命飛逝的階段：早上是孩子，晚上是老人。而一幅四分畫（quadripartite）也可能將人生與四季的變化連結起來，年輕時是春天，年老時是冬天。

平凡人生變身藝術

我們無從得知華格奈每年拍攝夫婦合照的動機為何。一九〇〇年拍攝第一張照片時，也許只是覺得這個主意不錯，於是一九〇一年也照做，然後在往後的歲月裡也持續下去。我們也不知道這對夫婦後來是怎麼看待這些照片。他們會不時把這些照片拿出來，觀察自己面容的變化、房間裡的小變動或幾乎年年換新的手套嗎？

華格奈夫婦不太可能在一九〇〇年第一次拍照時，便計畫透過這種方式來建立反映其生命歷程的「照片式記憶」。這確實是一種記憶，它讓過去所有的事物，以及那些在自己和他人身上不易覺察到的漸進式改變，得以保存並記錄下來。我們當中任何人若有幸瀏覽華格奈夫婦的全數照片，花一個小時左右感受這四十五年的滄桑變化，你會知道這一套「照片式記憶」其實是一件無心插柳、柳卻成蔭的藝術品。它揭示了前人透過人生軌跡、生命階段與時節想要表達的東西，而更令人難以忽視的是，這些照片不是關於什麼中世紀的古人，而是普通人，像我們一樣的。

參考書目

華格奈夫婦的系列照片，現在保存在柏林的夏洛登堡文化博物館（Heimatmuseum Charlottenburg）。全系列照片發表在《德國平安夜：一本家庭攝影集（1900–1945）》（*Deutsche Weihnacht: ein Familienalbum 1900–1945*）一書上。喬森斯（B. Jochens）編著，一九九六年於柏林出版。本文中所有關於華格奈夫婦生活的資料均出自此書。

第十二章　似曾相識感

——前世與今生？夢境與現實？以及其他理論

後照鏡中我們駛行四處；
在自己當中看到我們的背景，
明白它可能曾經被見過。
——阿赫特貝爾《似曾相識》（*Déjà–vu*），一九五二年

小說《塊肉餘生記》（*David Copperfield*）說的是兩段愛情故事。大衛．考伯菲幼時在坎特伯里（Canterbury）求學，有一次，他去好客的維克菲爾德先生家作客。維克菲爾德先生是一名律師，幫一名富人管理財產。大衛在維克菲爾德先生家裡見到他的女兒艾格尼絲。她和大衛年齡相仿，可愛的臉龐和穩重的儀態一下子就擄獲大衛的心。大衛靜靜地從旁觀察艾格尼絲與父親的相處之道。維克菲爾德自妻子去世後，心情鬱悶，酒也開始喝得過多。遺憾的是，艾格尼絲無法避免父親的事業開始走下坡。尤瑞．希普是維克菲爾德的職員，性情狡詐，圖謀強迫維克菲爾德升他為合夥人。當大衛到倫敦繼續學業時，經常徵詢艾格尼絲的意見。他欣賞她的智慧，兩人情誼日益加深。

在倫敦，大衛師從斯班洛先生。一場晚宴上，大衛結識斯班洛的女兒朵拉，對她一見鍾情；她偷走他的心，或許，連理智也一併帶走。朵拉在許多方面都與艾格尼絲截然不同。她天真愛玩、古靈精怪，但也反覆無常，容易發脾氣。儘管大衛的姨婆極力反對，他還是娶了朵拉。這段婚姻開始時非常美妙，但真相日益明朗：朵拉不是能夠在背後支持大衛的那個人。後來，朵拉生下一個死嬰後撒手人寰。孤獨的大衛接下來在海外流浪了三年。

一回到英國，大衛就去找艾格尼絲。他的姨婆之前告訴他艾格尼絲與一名男子訂婚了，但事實並非如此。大衛終於明白這麼多年來自己一直深愛著艾格尼絲。兩人聲淚俱下地互訴衷情，並閃電般地在十四天內完婚。

狄更斯筆下的詮釋

在小說中，作者狄更斯透過兩個場景來描寫大衛對艾格尼絲的情感，而這兩件事讓大衛體驗了大多數人一輩子也碰不上幾次的經歷。

第一次經歷發生在維克菲爾德先生的房裡，大衛與諂媚、狡詐的尤瑞．希普獨處。尤瑞．希普的話題圍繞在艾格尼絲身上，告訴大衛他已經暗戀艾格尼絲多年。這讓大衛非常沮喪。「噢，考伯菲少爺，我抱著最純潔的感情，膜拜我的艾格尼絲走過的路！」大衛極力隱藏他心裡的反感：「他彷彿在我的眼前膨脹、愈變愈大，房裡也好像迴盪著他的聲音。我突然有一種陌生的感覺（但或許大家對這種感覺都很熟悉）：這一切以前曾經發生過，在某個莫名的時候。我知道他接下來要說什麼。他要搶走屬於我的東西。」

第二次經歷是跟大衛的朋友米克伯先生有關。米克伯能言善道，先打開話匣子，全然不知情地聊起朵拉和艾格尼絲：「我親愛的考伯菲，我們跟你共度一個愉快的下午那一次，要不是你告訴我們D（朵拉）是你最喜歡的字母……我絕對會以為A（艾格尼絲）才是你的最愛。」大衛心裡想：「我們都有過一種這樣的感覺——它偶爾會突然上身——感覺我們現在說的話、做的事，以前也曾經說過、做過。在模糊又遙遠的過去，我們被同樣的面孔、同樣的東西和同樣的環境所包圍，而且非常清楚知道接下來的對話會是什麼——這感覺彷彿我們是突然想起這一切！在他說出這些話之前，這種神祕的感覺從未如此強烈攫住我。」

如果我們說大衛經歷的是「似曾相識感」（又稱「既視感」），其實犯了時空錯置（anachronism）之誤，因為狄更斯寫《塊肉餘生記》時，「déjà vu」這個用語還沒有出現。但這種經歷本身是不受時間局限的：早在十五世紀，聖奧古斯丁（Saint Augustine）在他關於錯誤記憶的著述中就已經告訴我們，畢達哥拉斯（還比聖奧古斯丁早一千年）將這種經歷視為靈魂的輪迴。然而，狄更斯認為我們所有人都有過似曾相識感，並非事實。心理學問卷調查結果顯示，有三分之一到一半的被調查者聲稱他們從未有過似曾相識感。但那些有過此種經驗的人，都知道狄更斯的描寫是正確的。

陌生的熟悉感

似曾相識感，永遠是突發的。首先，你會體驗到一種熟悉感，從這一刻持續到下一刻，沒有進展也沒有轉變。接下來，一切都讓人感覺自己彷彿曾經經歷過：周遭的事物、聲音、面孔、交談內容，甚至連你自己的思緒，都好像你過去就曾經有過。這一切宛如生活中的某個片段「復活」了，只是你不知道它第一次發生在何時。

這一切看起來再熟悉不過，讓你覺得自己很清楚接下來會發生什麼。但這種認知是被動的，它跟那種「過了很長時間再回頭重讀某本書、可以預見接下來會發生什麼情節」的感覺非常類似：只有真正讀到那一段才會完全想起來。類似情況還有，已經到嘴邊的一個字就是說不出口，等人家告訴你答案後立即明白到這個字就是你在「找」的。又或是你回到一間以前自己很熟悉的房子，告訴自己：「以前在這扇門後面有……呃，讓我看看，沒錯！就是個櫥櫃！」

知道即將發生什麼事，這種感覺會跟一種不祥感（a sinking feeling）相伴出現。它在法國與似曾相識感相關的記述中，往往被稱為「不適感」（un sentiment pénible）。這種隱約的不安，介於些許愕然到極度恐慌之間，很難說它是否為似曾相識感的一部份，抑或是由似曾相識感所引起。畢竟，似曾相識的感覺驀然把人拋出平常的聯想軌道，這種短暫的混亂確實有可能讓人感到害怕。

似曾相識感幾乎總是短暫易逝的，很快就消散。在體驗的當下，有時就像驚訝這種感覺。美國心理學家暨哲學家威廉．詹姆斯（William James）曾經這樣描述何謂「內省」：就像用飛快的動作開燈，看看黑暗是什麼樣子——這也適用於我們對似曾相識感的觀察：當你突然將注意力集中在這種奇特感受上，便足以使它戛然而止。大部份的似曾相識感都不會超過幾秒鐘，然後，那種「生命正在重演」的莫名熟悉感退去。似夢似真的迷惑感可能還會持續一會兒，但你的生活又回到正常的軌道。個人所見、所聞和所想的神祕「複本」已經消失無蹤。

記憶失常，還是精準複製？

狄更斯沒有為那種感覺命名，它現在被稱為「似曾相識感」。十九世紀下半葉，它約曾有二十個不同的名稱。在法國的文獻中，這種經驗被視為記憶失常的一種，反映在「假性記憶」（fausse mérnoire）、「記憶異常」（paramnésie）和「假性再認」（fausse reconnaissance）等稱呼上。德國的醫生和精神病學家則似乎對其複製效果更感興趣，這一點也反應在他們的「知覺反射」（empfindungspiegelung）、「雙重覺知」（doppelwahrnehmung）和「雙重概念」（doppelvorstellung）等稱呼上。哲學家暨心理學家艾賓豪斯曾試圖引入「知道曾經在那裡」（Bewusstsein des Schondagewesenseins）一詞，不過沒有成功。一八九六年後，科學界採納了法國醫生阿瑙德（F. L. Arnaud）的建議。他在巴黎心理醫學協會（Parisian Société Medico–Psychologique）的一場演講中表示，醫學術語不需要進行闡釋，以中性的字眼描述那種感覺更為可取。他建議採用「déjà vu」，後來被廣為接受，但「假性再認」一詞後來仍有人沿用了很長一段時間。

十九世紀，有一定教育程度的人會發現「似曾相識感」的探討出現在諸多不同領域：在關於記憶的書籍裡，在精神病病歷裡，在神經學期刊和醫學教科書裡，還有在詩歌和小說裡。

醫生和精神病學家對科學文獻的貢獻最大，他們對似曾相識現象的解釋都有一種臨床上的偏好，證據通常局限於他們在實習時或精神病院遇到的一些案例。

一八九八年，在法國巴黎沙佩提耶醫院（Hôpital de Salpêtrière）受訓的醫生伯納德—勒華（Eugène Bernard–Leroy）試圖系統化這項研究。他蒐集了所有能夠找到的病例，並設計了一份調查問卷，然後發放給一千人，包括他的朋友、同事與幾本專業雜誌的讀者。調查表中有一些問題是關於似曾相識感與性別、年齡或記憶力之間的關係，還有一些關於似曾相識感大概持續的時間、伴隨而來的其他感覺，以及它的預測準確度（接下來的對話或事件發展是否完全如既視感所示）。伯納德—勒華共收回六十七份問卷，其中五十份被他完整引用在論文《假性再認的幻覺》（*L'Illustion de fausse reconnaissance*）裡。

由於回覆問卷的人數不多，伯納德—勒華沒有對調查結果進行統計分析，而是整理成一份「趨勢」的調查。據調查結果顯示，似曾相識感相較之下常見於青春期。沒有證據支持前人所稱的似曾相識感與癲癇症、心力衰竭和心理壓力有關，或與性別、種族、社會地位有任何關連。這一千份問卷，並未提供什麼新的見解。至於似曾相識感的由來，連伯納德—勒華自己也覺得它至今仍是個謎。

但這不表示我們缺乏相關的解釋。事實正好相反。

曾經，這一幕也發生過？——前世與今生

一八四四年，英國醫生亞瑟．威根（Arthur Ladbroke Wigan）將似曾相識的感覺描述為「前生感」（sentiment of pre–existence），而不少詩人和作家暗示這就是似曾相識現象的真解。在寫小說《塊肉餘生記》的前幾年，狄更斯曾赴義大利旅行。他在相關記述中告訴我們，一天晚上，他讓馬匹休息一下，自己去散步，之後來到一個看起來非常熟悉的地方。「如果我不是在那裡被謀殺，在某一段前世，我不可能這麼完整地記得那個地方，也不會像那樣感覺渾身血液都凍結了。」

一八五四年，英國詩人暨畫家羅塞迪（Dante Gabriel Rossetti, 1828–1882）於其詩作《靈光》（*Sudden Light*）中描述主人公某晚站在情人身旁看著燕子飛過時，心生一種非常強烈的感覺，認為自己在前世也曾這樣站著她身旁：

妳曾經屬於我，
多久以前我並不知；
但是當燕子振翅飛向天際，
妳望過去，
面紗垂落——我一眼認出了往世。
曾經，這一幕也發生過？

時間能令他們的愛情重生，還有生命也是——這想法為羅塞迪帶來些許安慰。

「這一幕曾經發生過」的想法有好幾種版本，或許可以解釋似曾相識感。第一種情況是，它意味著今生與前世的交會。例如你在某個生平第一次造訪的城鎮裡不經心地漫步，轉過一個街角，一幢房子突然映入眼簾，而它看起來是如此熟悉，你感覺自己在過去世裡一定來過這裡。據這個說法解釋，你的記憶包含了對前世的潛在回憶。因為與當下的經歷恰巧重疊，這種對前世的潛在回憶開始發出共鳴，從而產生一種重複過去經歷的感覺。似曾相識感與這兩段生命發生關連的那一刻有密切關係。

此一假說很符合似曾相識感發作時的感受，但也有不少爭議之處，例如，要讓「舊的」記憶產生共鳴，似曾相識感必須具備一個較漸進的過程，而非突然降臨、戛然而止。此外，隨著今生和前世之間的呼應，那份熟悉感也應該跟著提高。而當你朝著那幢看似熟悉的房子走去，你也應該可以強化或延長那種似曾相識感。然而，事實卻好像不是這麼一回事。似曾相識感具有一種「全有或全無」的特性，沒有灰色地帶，而且轉瞬即逝，無法掌握。

「前生說」被否定的原因還有以下這個事實：似曾相識感不只使某個特定場景——例如那幢房子——看起來很熟悉，連你身邊的人、當下的時間、天氣，甚至你的情緒和思緒，都會帶著一種朦朧的熟悉感。

這種與一個「完美複本」面對面的感覺，被一些人視為某個更激進假說的論據。該假說認為，我們的生命會無止境的循環，而且一成不變。在平日的正常生活中，我們對這個事實絲毫不察，卻會偶爾在某個「靈光」乍現的時刻，在今生認出生命的重複樣貌。似曾相識感就是時間的裂縫，允許我們驚鴻一瞥個人生命的永劫回歸。「面紗垂落」——那一瞬間，一切豁然清明。

不過，這個「精準再現說」也讓人不禁想問一個尷尬的問題：為什麼我們不將一輩子視為擴大版的似曾相識歷程？這不等於說，似曾相識的經歷是常態，而沒被複製的日常生活是例外嗎？另一個棘手的問題是：這個似曾相識感是否也是每一世不斷重複的一部份。如果這個似曾相識經歷是一個新生事件，則今生就不能被視為前世的精準再現。而如果似曾相識感在無數前世、在相同的地方都發生過，我們還是沒有得到一個合理的解釋。這個假說讓人產生一種無限循環的幻覺，為之頭昏眼花，連解釋本身都充滿無限的神祕感。

也許我們最好還是把這套「前生感」的定論留給威根，畢竟是他挑起了這一切。威根自己覺得答案是大腦短暫的功能失常，後面會討論到他這個假說，而他沒有扯出「輪迴」或「永劫重複」這些說法。在討論似曾相識感究竟是什麼感覺的論述中，他做了一個隨意卻蓋棺論定的表述：「姿態、面部表情、動作、聲音語調，我們好像全都想起來了，而它們再一次（第二次）吸引了我們的注意——從沒有人把它想成**第三次**。」

幻影成真——夢境與現實的重疊

在蘇格蘭小說家暨詩人華特．史考特爵士（Sir Walter Scott）一八一五年出版的歷史小說《蓋伊．曼納林》（*Guy Mannering*）中，伯特倫回到先人居住了好幾世紀的地方：艾蘭格萬城堡（Ellangowan Castle）。城堡已成廢墟。伯特倫在城堡中閒蕩，注意到近期有人住過的跡象：空瓶子、啃一半的肉骨。離開時，他轉身欣賞矗立在城門兩側、刻有古老家族紋章的雄偉石砌塔樓。

儘管伯特倫根本不記得自己曾經在艾蘭格萬城堡住過（他在五歲時就被人綁走），但這個場景突然讓他覺得很熟悉。「多少次，我們曾置身從未見過的人當中，一種神祕、無以名狀的感覺攫住我們，這個場景、這些說話的人、交談的話題，不全然是第一次看到或聽到，甚至感覺自己知道還沒發生的對話內容！」他甚至想到一種可能的解釋：「這會不會是出自夢境、卻徘徊在我們記憶裡的幻影？然後，由於與它相呼應的具體事物在真實世界現身，因此而被喚醒？」

這種解釋是諸多假說之一。這些假說的共通點是，它們將似曾相識感視為一種記憶——不是來自前世，而是曾經（以任何可能的方式）存在我們大腦中的記憶。或許正如華特．史考特爵士所言，我們的大腦收錄了對夢的記憶；也許，我們大腦的某部份不對我們在日常生活中的意識開放，但當我們經歷與某個夢境類似之事時，那部份就會自動跳出來。

如果我們真的每天晚上都做夢，據英國心理學家詹姆士．蘇利（James Sully, 1842–1923）於一八八一年出版的《幻覺》（*Illusions*）一書中所言，有些夢遲早會出現在現實世界中。只要相似處夠鮮明，眼下的經歷就會啟動那些與我們夢境相關的連結，一種熟悉感便會油然而生。夢境與真實生活，相伴而行一小段時間。這想法不是很浪漫嗎——蘇利還這麼說——現實生活的片段經常突然出現在夢裡，而相對的，夢境有時也能滲透我們的現實生活並展示其奇特之美？

對蘇利而言，似曾相識感與後來佛洛伊德提出的「白日遺思」（day residue）互為陰極、陽極。一個「白日遺思」被填入夢裡，在夢中不過是一個飛逝的片段，因此，在我們記憶中儲存經年的一個夢也可以在我們日常生活中閃現，令事件帶著一種飛逝的重複感。而這個夢發生於何時，我們已不能再記起，這就解釋了為什麼似曾相識的經歷總讓人感覺曾在冥冥之中發生過。似曾相識感不是前世和今生之間的交會，而是記憶中某個模糊軌跡的短暫對應形式。

人類能夠召喚的防禦機制之一

對許多心理學家來說，包括與蘇利同時代的一些人，這個假說未免過於空泛。為什麼不說似曾相識感的萌生，是因為這件事跟過去確實發生過的某件事非常相似？似曾相識感，真的如其名所暗示的，再一次看到過去曾經看過的東西嗎？美國心理學家威廉．詹姆斯發現，那些圍繞著似曾相識感的神祕氣氛和種種猜測，都是誇大其辭，因為他本人已經多次成功在真實的記憶裡追溯發生在他身上的似曾相識感。

詹姆斯說明道：首先，我們只看到情境的相似之處，於是一種複製「先前」經歷的朦朧感受油然而生。但如果我們集中精神，也能看到前後兩者的差異在增加：最初經歷的回憶變得更豐富立體，而那種朦朧的熟悉感開始消退。許多專家接受他這種解釋。例如，如果某人頭一次去法國里昂，在欣賞騎士雕像時經歷了似曾相識感，原因很有可能是他過去確實看過一個類似的雕像，例如博物館裡的某個複製品，或藝術書籍裡的某幅插圖。即使他想不起那是什麼時候的事，但局部的相似可以造成一種重複感。這一點，就某種意義上來說，確實可說是重複。

這個假說——似曾相識感是與過往經驗有部份重疊所造成的——還有另一個心理分析學版本。一九三〇年，身兼牧師一職的瑞士精神分析學家奧斯卡．普菲斯特（Oskar Pfister, 1873–1956）詳述了一名年輕軍官在一次世界大戰期間的經歷。一顆手榴彈炸死了這名軍官在戰壕裡的所有同袍，他則被強大的氣流拋出戰壕。他覺得自己受了重傷，也命在旦夕。而他記得爆炸過後的那一剎那，他感覺自己一路往下跌了很長一段路，伴隨著一種似曾相識感：「我以前也曾經像那樣跌落過。」這名軍官告訴普菲斯特，他相信似曾相識感讓他想起過去的某一幕：九歲時，不會游泳的他跳進水裡，九死一生下好不容易自救成功。

普菲斯特的詮釋，支持佛洛伊德的說法：潛意識一定在似曾相識感的建構上有所作用。它以雷擊一般的速度（這比喻再貼切不過）在人類記憶裡搜索相似之物——過去你曾置身險境並成功絕處逢生，所以，這次也一樣會大難不死——於生死交關之下予你以慰藉。似曾相識感，是我們能夠召喚的防禦機制的一部份，它複製致命的威脅，以提醒我們第一次遇到的危險最終並未令我們喪命。

跟威廉．詹姆斯一樣，普菲斯特據此認為，似曾相識感可以追溯到確實存在記憶中的某件事。兩人觀點的差異在於，詹姆斯認為似曾相識感多多少少是偶然發生的，而普菲斯特則認為這種感覺具備**某種功能**：跟過往經歷相似，並非產生似曾相識感的原因，而是似曾相識感的活性成分。普菲斯特的解釋不需要受過什麼訓練分析（training analysis）也做得到，荷蘭喜劇演員范．庫頓（Kees van Kooten）在他的《我的法國之旅》（*Mijn Tour de France*）書中就提供了示範。

范．庫頓騎自行車遊歷法國，途中一次剎車失靈，讓他整個人飛出去：「當我還在半空中時，突然出現一種似曾相識感（我以前也碰過這種事，結果一定不會有事，否則現在我也不會有這種似曾相識感了），而當我的頭和右肩撞上滾燙的路面時，我看到一輛荷蘭飛車從我那輛還在往前衝的自行車旁呼嘯而過，然後消失在我眼前。」這個當場演起精神分析師兼病患角色的「空中飛人」最後的確安然無恙。

似曾相識感就像電影預告片？

不過，「似曾相識感是由存在我們大腦中的某件事所啟動」這個假設，還有一個更大膽的版本。荷蘭作家范．德爾．海伊頓（A. F. Th. van der Heijden）的小說《隕落的父母》（*Vallende ouders*）中，艾格伯茲和密友吉姆在死寂的夜裡闖進一家無人的旅館。一到那裡，他們同時產生一種似曾相識感，驚恐地抓住對方的肩頭：

「等一下，等一下……像這樣站在這裡，一段樓梯往下，一段樓梯往上……然後幾個男孩翻找一個碗櫃，拖出抽屜……這一切感覺好熟悉。」

「可是是什麼時候……什麼時候？」

「對，對，然後我接著說：我完全知道——我的意思是**完全**——接下來你要說什麼。」

「那你繼續說，告訴我……接下來我要說什麼？」

「『那你繼續說，告訴我……』對，就是這個，這幾個字！你一說我就想起來了。『接下來我要說什麼』——你以前什麼時候說過這個？」

甚至連吉姆突然關門、鎖門的動作，也沒能斬斷這種似曾相識感。直到他們跌跌撞撞爬上屋頂時，這個魔咒才散去。在屋頂上，這兩人清談了一段「似曾相識的感覺是否證明所有事會不斷重複出現」問題。吉姆並不這麼認為，跟著提出以下的說法：「你知道，人們常說人之將死會看到自己的人生『像放電影一樣』——這麼說也未嘗不可——從眼前閃過。對我來說，似曾相識的感覺就像預告片，就是那種電影宣傳片段。像『預先體驗』那樣。」在吉姆看來，似曾相識感應該被稱為**預視**（prévu）才對。

吉姆的解釋適用於范．德爾．海伊頓的所有作品。在其《一日一生》（*Het leven uit een dag*）書中，他讓時間加速，又在三部曲的另一作品中將時間放緩，手法是讓時間軸橫向開展，進入「寬廣的生命中」。吉姆的**預視**還代表對時間的另一種操縱，我們可稱它為為「逆序」：熟悉奠基於未來，基於對未來還會發生什麼事的認知。但是，**預視**跟「生命以同樣形式無盡循環」假說一樣，也引發同樣虛幻的問題：此刻的似曾相識感，是否包含在未來的「生命電影」裡？如果沒有包含在內，那麼這就不是一部現實主義影片（而他所謂的認知，是以什麼為基礎？）；如果包含在內，則這個似曾相識又必須再被從頭解釋一遍。吉姆的「未來記憶」有如謎一般，其**預視**觀點其實是用一個無解來換兩個無解。

「兩個大腦」理論

一八一七年，英格蘭的夏洛蒂公主在分娩過程中死去。她的意外身亡令英格蘭人深感悲痛，因為她備受人民愛戴。當時還很年輕的亞瑟．威根醫生在宮廷有點人脈，被引薦給負責葬禮事宜的宮務大臣。葬禮將在溫莎的聖喬治教堂舉行。

舉行葬禮的前一晚，威根徹夜未眠。根據他後來的記述陳述，他的思緒已經「進入一種歇斯底里的興奮狀態」。而由於悲痛、精疲力竭和飢餓（當天情況一片混亂，從清晨到次日凌晨零點準時舉行葬禮之間都沒有食物供應），讓這種狀態更雪上加霜。葬禮上，威根在棺木邊足足站了四個小時，沒有片刻休息，感覺自己隨時都會昏倒。當莫札特的《求主垂憐》（*Miserere*）奏畢，音樂停下來，整個教堂一片肅靜。棺木開始徐徐落下，速度慢到威根得透過拿棺木邊緣對照遠處一個發光物體的位置，才能覺察棺木的動作。

本來我已經陷入一種麻痺的半夢半醒狀態，但是當喪妻的丈夫看到棺木沉入黑色的墓穴時，他頓時悲痛難抑、嚎啕大哭，也讓我當場恢復意識。在那一瞬間，我體驗到的不只是一種感覺，而是**確信**我在以前的某個場合見過這整個場景，甚至還聽過喬治．內勒爵士對我說了同樣的話。

威根認為，他在夏洛蒂公主棺木旁的這段奇特經歷，完全符合他那一套大腦運作理論。它從推論到確證，歷經二十五年之久。直到一八四四年，威根時年六十歲，剛退休不久，才將自己的所有觀察與案例分析整合成一篇神經學專題論文《心智的二元性》（*The Duality of the Mind*）。他主張，我們將大腦兩等分的概念是錯誤。「腦半球」這個字眼讓人產生誤解，因為即使將左右半腦合在一起也不會成為一個球體。事實上，我們顱骨裡有兩個腦，那是兩個獨立的器官，就像我們有兩隻眼睛一樣。這兩個腦各有獨立意識，有它自己的思想、感知與情感，儘管其中之一通常居主導地位，而另一個屈居附屬。胼胝體、帶狀神經纖維在底部將兩個腦半球連結起來，但與其說這是一座橋樑，不如說是一道屏障。神經學文獻提到，許多人因為疾病或外傷導致失去某半邊的大腦，卻還是原來那個人。這證明任何其中一個腦半球都能維持我們的心智。

威根誠心感謝法國知名病理學暨解剖學家克呂偉耶（Jean Cruveilhier, 1791–1874）的貢獻。後者在一八三五年出版了《人體病理解剖學》（*Anatomie pathologique du corps humain*）一書，收錄了一些大腦的插畫，其中一幅的某邊腦半球已萎縮到正常尺寸的一半，而完整無缺的那一半經證實足以使這個大腦的主人繼續正常人的生活。

如果這兩個腦器官同時關注某一個物體，我們就會有高度集中的注意力。反過來思考，這個雙重腦結構，可以在其中一個努力工作時，讓另一個休息一下。而所謂精疲力竭的狀態，就是因為只有一個腦器官在拚命工作。威根認為，這可以解釋在聖喬治教堂裡發生在他自己身上的怪事。在似曾相識感萌生前的一剎那，只有一邊的腦半球處於工作狀態，因此當時只有相當模糊的感知圖像。但接下來，那意想不到的悲痛哭喊，「啟動」了第二個腦半球，於是同一個場景突然生成一幅更清晰的圖像，而他的意識將出現在第二個腦半球中的圖像解釋為現在，將第一個腦半球中那個幾乎一模一樣的模糊圖像解釋為不確定的過去。難怪在似曾相識感中，**一切**看起來是那麼熟悉：在現實中，兩個圖像出現的時間間隔非常短。也難怪似曾相識感總讓人覺得是**第二次**出現——因為我們只有兩個腦，而不是三個！

「雙重覺知」理論

威根之後的學者用一種稍微生動一點的形式重新組織了他的理論：兩個腦半球輪流開啟。正常情況下，左右腦半球之間的轉換嚴謹而協調，因此處理我們感知經驗時連續而完整的。但如果一個腦半球開始運轉而另一個還沒關閉，「重像」的現象就會出現，因為另一個腦半球中的「垂死」圖像仍繼續放

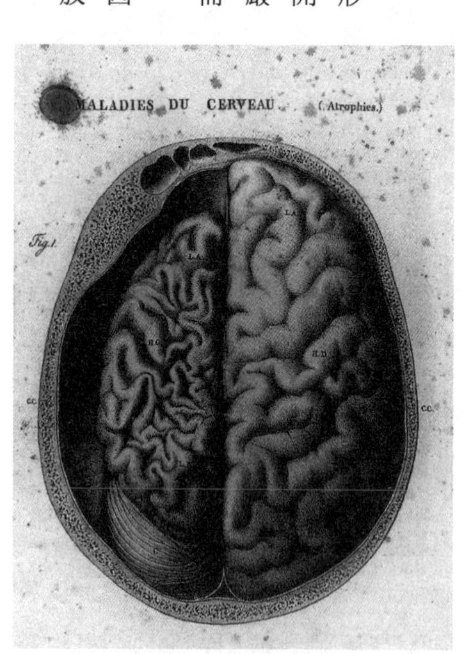

圖10. 雕版插畫：萎縮的腦半球和健全的腦半球。

閃，於是感覺彷彿我們又再次經歷某件事。此一假說與威根的假說已有很大的不同。

一八六八年，德國神經學家延森（J. Jensen）提出「複視覺」（double vision）假說。延森認為，兩個腦半球各自加工處理自己的圖像流，而我們的意識將這些圖像流天衣無縫地接合起來，令它們看起來就像一個整體。不論出於什麼原因，如果我們的意識融合這些圖像流失敗，重像就會產生，並被錯認為重複。

即使在伯納德—勒華的時代，威根和延森的理論也被認為是過時的。沒有神經學上的證據支持我們的腦半球可以被暫時「關閉」，或是大腦分別在左、右兩邊將所有事加工處理兩次。但是，即使缺乏神經解剖方面的確鑿證據，「暫時的重像」這個假說依然非常有吸引力。

一八七八年，德國精神醫師安傑爾（J. Anjel）提出一個想法：似曾相識感，會不會是因為在我們加工處理刺激因子的過程中發生極短暫的短路所致？知覺要求我們將所有感覺融入一個協調的畫面裡。正常情況下，這兩個階段——安傑爾稱為「知覺」（Perception）與「統覺」（apperception）——合作無間，以致我們從未將之視為兩個獨立的階段。但若它們之間產生時間差，我們的感覺便容易在那個它們本來應該統整為單一知覺的點上變朦朧，於是產生一種幻覺，感覺現在所見的曾經在過去以完全相同的方式出現過。

「重像」假說也有多種不同的形式。一八七五年，英國超（意識）心理學研究先驅菲德列克．邁爾斯（Frederic Myers, 1843–1901）假定，人類智識除了正常的意識自我以外，還有一個「潛意識自我」，後者對那些因太過短暫或太過微弱而無法觸發知覺、因此被意識自我忽略的刺激因子非常敏感。邁爾斯將潛意識自我比喻為一部照相機，它不僅比意識自我的敏感度還高，反應也更快。於是，某樣東西可以已經進入大腦中，我們卻要片刻後才意識到。這種情況將令我們的時間感產生錯亂：意識自我透過雙眼來觀察事物，而潛意識自我是透過「照相機」，從而使我們產生看到過去以及現在的幻覺。邁爾斯稱這種體驗為「預記憶」（promnesia = pre-memory）。

在這些假說中，似曾相識感都是來自兩個圖像間的比較。這兩個圖像，一個異常清晰，另一個朦朧得被誤以為是某個遙遠的記憶。這兩個圖像有生動的形象，還囊括當時我們每一種感官印象，包括氣味、聲音，或是冷、熱與飢餓感。如此一來，似曾相識的經歷讓人感覺有如精準重複某種體驗一事，當然是可以預期的了。當然，在現實生活中，這兩個圖像之間幾乎沒有任何時間差。這種完全的兩者一致感——你以為自己懷有「跟當時同樣」的心情、想著同樣的事、感覺也完全一樣——正反映了這微小的時間差。

不過，仍有一派對此「重像」假說持反對觀點，其立論基礎是我們每個人都很熟悉的內省經驗。在日常生活中，我們經常碰到下面這種情況：有些事第一次沒激起任何反應，第二次才傳達給我們。例如當我們正專心看書時，有人問我們某件事，我們會抬起頭來說：「你剛才說什麼？」但我們其實已經「聽到」那個問題，跟著馬上回答那個人。又或者，當我們兩眼隨意掃視擁擠的露天咖啡座，要等片刻之後才意識到剛才瞥見某個熟人。上述情況現在通常稱為「稍後恍然大悟」（double take）。這些情況反映了，某件事雖然已經造成感官印象，卻並未被我們立即吸收。但這些情況下，並未有似曾相識感萌生，沒有任何重複感，沒有任何事件跟不確定時間點的過去有所連結，也沒有知道接下來會發生什麼事的預知感。

似曾相識感vs.自我感喪失、詞語異化

不論是以文獻，或神經學、精神病學或精神分析等專業為出發點，上面提到的這些理論都有一個共通點：它們都不是立基於大量的病例分析。這些理論的倡議者，大多數都欠缺可以拿來交叉分析似曾相識感的可比較心理現象、研究對象差異性或環境差異性之相關資料。

為什麼有人會產生似曾相識感，而有人不會？有沒有什麼特別的情境，容易激發似曾相識感？例如旅行、疲勞、飲酒，或睡眠不足？關於這些問題的研究，一直到荷蘭哲學家暨心理學家赫拉德．海曼斯（Gerard Heymans, 1857–1930）先後於一九〇四年、一九〇六年進行的那兩次問卷調查才開始。他研究的是「似曾相識感」與「自我感喪失」（depersonalization）——另一種同樣短暫的心理現象——之間的可能連結。

海曼斯認為，「自我感喪失」是一種「突發、飛速的體驗，其間我們對自己感知的一切都有一種陌生、新鮮和不真實感；這時候，跟我們交談的人，給我們一種有如機器的感覺；這時候，感覺連自己的聲音聽起來都很陌生，彷彿是別人的；這時候，我們覺得自己沒有在說話或做什麼動作，而是像個被動的旁觀者一般，看著自己說話與動作」。問卷調查結果支持海曼斯的理論：「似曾相識感」和「自我感喪失」，都是立基於一種非常特殊的記憶幻覺。後來的研究也在各方面支持這個結論。

在問卷調查表中，海曼斯設計了關於生活作息（例如你是早起的鳥兒還是夜貓子？）、工作節奏、情緒穩定性、性格內向還是外向、是否會心不在焉、視覺記憶力如何，以及數學或語言方面的潛能等問題。當中有個特別的問題提到「詞語異化」（word alienation）現象，即某個本來很熟悉的單

字，突然間變得「奇怪、陌生，只是由一些無意義的發音或字母組成的複合物」。

海曼斯要求被調查者記錄下「詞語異化」現象發生的時間，並說明當時他們是否置身熟悉的環境下、是自己獨處抑或跟別人在一起、是自己說話時抑或聽別人講話時、是感覺疲倦時抑或精神緊張時，以及是否連續消耗大量體力或腦力、是否比平時吃得多或喝得多等等。為了蒐集足夠的分析資料，海曼斯甚至要求**沒有**「似曾相識感」或「自我感喪失」的學生回答關於其個性、知識喜好方面的問題，並以狄更斯《塊肉餘生記》中米克伯先生談論起朵拉、艾格尼絲時，大衛．考伯菲的內心獨白為例。

海曼斯把他的學生照年齡層分成兩組，將問卷發給他們，並在海德堡、波恩和柏林等地院校的熱心教授同僚協助下完成德文版調查表。海曼斯最後共收回一百三十多份填寫完整的問卷。

海曼斯用他精準的統計學概念，在那些「肯定的」參與者（即有過「似曾相識感」或「自我感喪失」經驗的人）身上，找到比在那些「否定的」參與者身上更常見的三種特質：比較敏感、情緒變化大，以及工作（學習）節奏不規律。同樣的特質，也會造成「詞語異化」較頻繁出現的情況。在許多案例中，傍晚和夜間是「似曾相識感」與「自我感喪失」發生率最高的時候；通常是在有人相伴的時候發生；當事人當時不是說話的人；經常處於疲倦狀態；剛隨便K過書或完成枯燥的作業，抑或剛喝過酒。海曼斯在報告中表示：簡單來說，就是處於一種注意力渙散與心智衰退的狀態。

海曼斯指出，有過「似曾相識感」的參與者，也會經歷「自我感喪失」和「詞語異化」現象。此外，這三種現象生成的背景條件都一樣，說明這三者是相關的。如此一來，那些只能解釋「似曾相識感」的假說，都不太可能成立了。畢竟，這些用「當下和早先事件的呼應」、「雙重覺知」或「加工處理慢半拍」等來解釋「似曾相識感」的假說，都不能回答為什麼在那些人身上發生「自我感喪失」或「詞語異化」的機會也比較大——這種不實的熟悉感，錯誤地**出現**在「似曾相識感」現象裡，同時也錯誤地在「自我感喪失」和「詞語異化」現象中**缺席**。

精神能量強弱的影響

海曼斯認為，「似曾相識感」、「自我感喪失」和「詞語異化」這三種截然不同的現象，其實都是某個過程的表現方式。其假說的出發點是，似曾相識這種熟悉感，係出於現象發生時的感受與稍早某個經歷的連結。這些連結讓人確定該經歷發生在過去的什麼年代：連結愈模糊微弱，當下經歷和過去經歷之間的時間間隔就愈長。而由於當事人精神能量暫時下降或注意力減退，那些在正常狀況下讓人覺得熟悉的連結不是付之闕如，就是被削弱。

根據這個假說，「詞語異化」是由於某個單字和語義記憶之間缺乏相關連結造成的，導致這個單字看起來只剩下發音。「自我感喪失」則是由於完全失去連結，導致不只單字，連情境**各方面**都失去其熟悉度。似曾相識的感受，則是在並非完全沒有連結、只是連結較弱且數量較少的情況下發生。於是我們的意識產生一種幻覺，認為當前的經歷是對某件遙遠往事的記憶。

海曼斯以參與者個人經歷為基礎，進一步探索似曾相識感和精神能量之間的關連。他發現，即使當注意力水準處於正常狀態或甚至高度集中，但能夠用於處理當前感受的精神能量很少時，似曾相識感仍有可能出現。

舉例來說，某人準備在晚宴後做個演講，而在那之前不久他還忙著和別人說話。由於他的大部份心神都放在演講上，跟這些人的談話內容勢必只產生較微弱的連結。一名教授告訴海曼斯，當他準備走進一個擠滿人的房間時，偶爾會產生似曾相識感：一將手放在門把手上，他突然產生一種以前曾經到過那裡的感覺。即使注意力放在外界事物上，當下的感受也會明顯促進生成似曾相識感。

根據海曼斯的理論，「詞語異化」、「似曾相識感」和「自我感喪失」這三種表現方式有程度強弱的區別，而且是依次增強。最輕微的情況是「詞語異化」，只有單字與其涵義間的連結消失，這個單字在我們腦袋裡突然變成一個陌生、孤立的發音；而在「自我感喪失」情況下，所有與熟悉事物相關的連結消失殆盡，導致一切看起來都是陌生而新鮮的。「似曾相識感」介於兩者之間：它突如其來，既熟悉，又陌生。三種現象中會發生哪一種，取決於個人的精神能量高低。

以此理論為基礎，海曼斯表示，我們可以做出兩點推測。首先是，如果「自我感喪失」是引發「似曾相識感」的同一過程之更極端版本，則「似曾相識感」會比「自我感喪失」現象更為常見。問卷調查結果顯示事實正是如此。第二個推測是針對那些有過這些體驗的人的心理輪廓。如果「自我感喪失」是最極端的表現，則有此經驗的人，其心理一定具有更鮮明的特質。一九〇四年海曼斯所做的調查未能驗證此一推測，但一九〇六年的調查強有力證實了他的推測：那些同時有「自我感喪失」和「似曾相識感」經歷的人，跟只有似曾相似體驗的人確有不同。

用現代統計工具重新檢證

為什麼幾乎一世紀以前所做的研究，現在仍吸引我們的關注？這是因為，即使用現在的標準來評斷，海曼斯這兩次問卷調查也是非常「漂亮的」。直到今天，這兩次調查依舊是唯一「向前看」的研究，不必訴諸久遠的記憶來解釋產生似曾相識感的環境與條件，其推測是從經驗角度出發加以驗證。另外，相比其他許多文獻中關於似曾相識感的假說，海曼斯理論的空想成分明顯更少：沒有對前世的潛在記憶，沒有永無止境的重複，也無關「這一幕曾經發生過」。

凡此種種優點，令精神病學家赫曼．斯諾（Herman Sno）和我本人決定重新分析他的研究素材。現今我們可以利用統計工具從同樣的資料獲得更多資訊。這次重新分析的詳細結果發表在其他地方，在此我只介紹主要的結論。重新檢測之下發現，問卷中所有答案都具有顯著的相關性，除了那些與學科喜好相關的問題。「似曾相識感」和「自我感喪失」之間的顯著相關性也得到證實。

我們的再次分析，也驗證了海曼斯的第一個預測，第二個預測則不是那麼成功，只有那些有「詞語異化」經驗的人具有顯著差異。參與調查者當中，有「似曾相識感」或「自我感喪失」經歷，抑或兩種經歷都有的人，跟那些「否定的」參與者（沒有這類經歷的人）有顯著不同。但是，那些「肯定的」參與者（有過相關經歷的人）彼此間沒有什麼差異。

似曾相識感與精神分裂症

海曼斯不是神經學家，參與調查的學生也沒有精神方面問題，但在這些心智健全的參與者中，情緒不穩定的人有過似曾相識感的也最多，發生的背景條件也指向精神耗弱，只是為時極短暫。但「似曾相識感」跟「自我感喪失」之間的連結被發現後，從此日益被歸類為一種病狀與精神障礙，直到現在也是如此。事實上，過去三、四十年來的似曾相識感研究幾乎都是由精神病學和神經學專家進行的，著重探討它與臨床表徵或器質性障礙之間的關連。

一九六九年，精神病學家哈珀（M. A. Harper）在一項對非精神病人的調查中發現「似曾相識感」和「自我感喪失」之間的關連，跟海曼斯之前的調查結論一致。另外，一項在一九七二年展開的「自我感喪失」研究，有將近九百名學生參與，結果也顯示「自我感喪失」與「似曾相識感」的相關性。而海曼斯的另一發現——似曾相識感與某些人格特徵有很大程度關連——也得到現代研究的支持。一九六八年，理查森（T. F. Richardson）、維諾克（G. Winokur）對一群精神病患進行調查，結果也發現似曾相識感常發生在那些情緒不穩定的人，以及有適應障礙症的青少年身上。

不過，長久以來，「似曾相識感」也一直跟比「自我感喪失」更嚴重的精神障礙綁在一起。在某些精神分裂症類型中，似曾相識感可以持續極長的時間，以致表現出宛如慢性病的特徵。這種感覺被吸納入一個範圍極廣的妄想系統裡，導致病人認為自己過著重生的生活，或是自己同樣的生命活了兩次。這是一種奇怪的病狀——病人本人變成他自己的「分身」（doppelgänge），將經歷或所想的每一件事都解釋為另一個生命的副本。不同於「一般的似曾相識感」，「病態的似曾相識感」是日益發展出來的，一旦出現就幾乎不可能消除。

瘋狂的雙重人生體驗

法國醫生阿瑙德一八九六年提出「déjà vu」一詞的同一篇文章裡，介紹了路易的病例。這名三十四歲軍官在越南北部的東京（Tonkin）地區服役時曾經感染瘧疾，高燒對他的記憶造成影響。他不僅忘記過去許多事，也無法記住當下的體驗，會在幾分鐘內重複提問同樣的問題五、六次。一八九三年初，亦即感染瘧疾約十八個月後，似曾相識感的症狀開始在路易身上出現。他宣稱報上那幾篇文章他早就看過，內容一清二楚，讓他覺得那些文章一定是他自己寫的。一開始時，混亂還只限於他讀的東西，但幾個月後當他參加弟弟的婚禮時，症狀再次出現。他覺得之前就見證過整場儀式，包括最後的細節，不明白為什麼他們要再重辦一次婚禮。從那時起，他的症狀急劇惡化，並開始飽受被害妄想症所苦。一八九四年夏天，路易的父親說服兒子住進位於巴黎南郊的旺門（Vanves）精神病院，在那裡接受阿瑙德的治療。路易馬上就讓人知道自己認得這裡的一切：院子、病房、走廊，甚至醫護人員。他告訴阿瑙德：「去年我也來過這裡。」他的內心世界，也充滿一模一樣的複製經歷。

路易與阿瑙德的初次會面就很不同尋常。路易向阿瑙德做了正式的自我介紹，他們互致問候，這時路易表情驟變：「我認得你，醫生！去年就是你幫我看病的，就在這個時間，在這間病房，你問了我同樣的問題，我給了你同樣的答案。現在我全明白了。你裝出一副很驚訝的樣子，但你可以不用裝了。」阿瑙德否認了一切，但路易堅持相信自己的故事。半年後，路易仍堅持聲稱他這次住院的半年裡，跟「上一次」的經歷幾無二致。住院期間，他不僅對發生在精神病院的每一件事都有「二次體驗」，而且還「再次經歷」了一些社會事件，例如：法國外交官德．萊塞普斯（Visconte de Lesseps）之死、馬達加斯加探險隊出發、知名化學家暨細菌學家巴斯德之死，以及巴黎蒙帕拿斯車站的火車事故。路易在寫給弟弟的一封信中表示他不會去慰問家族的一個朋友，因為她的小女兒不可能再死一次。

像路易這樣的病例並非絕無僅有。二十年前，德國神經學家皮克（A. Pick）記述過一個類似的病例。一名患被害妄想症的年輕人被送進精神病院，在日記中寫道他很肯定從入院第二天起所有的事都是重新來過的——用他自己的話來說——彷彿他正過著「雙重的」生活。瑞士精神病學家佛瑞爾（A. Forel）也記述過這樣的病例：一名罹患被害妄想症的年輕商人被送進精神病院，沒多久後表示自己一年前到過那裡。更近代一點，精神病學家斯諾和幾位同僚在一九九二年介紹了一個患精神分裂症的十九歲女孩病例。女孩被送進阿姆斯特丹醫療中心的精神病科。她也飽受妄想所苦，深信自己就是好萊塢女星瑪莉蓮．夢露的轉世，夢露演出的所有電影和劇照，她全都再熟悉不過。她對精神病醫生說，她認得她的病友、病房和醫護人員，所以她以前一定曾經來過這裡。

除了都有似曾相識體驗這個問題之外，阿瑙德的法國軍官、皮克與佛瑞爾的年輕人，以及斯諾的那個女孩之間有一個共通之處。法國軍官是在一八九四年入院的，但他在信中使用的時間都是一八九五年；佛瑞爾的年輕商人一直把一八七九年寫成一八八〇年；患精神分裂症的女孩也相信自己是生活在日曆年份之後那一年。當有人糾正軍官他寫錯年份時，他的解釋完全合乎邏輯：如果他「去年」讀過的報紙上面的年份是一八九四年，今年當然就是一八九五年（他那兩位一八〇七年與一九九二年的「病友」也用同樣的邏輯來解釋）。這一年之差——而非兩年或三年——說明了精神病患者在「方法」和「瘋癲」之間擺盪的危險平衡。如果似曾相識感症狀持續很長的時間，連病人自己都記不得是何時開始的，病人將無法拿這個「經歷」去比對現實。就那名軍官來說，他清楚記得這個時間與地點——今天夏天，在旺門精神病院的這間病房——這只有他之前也待過旺門才說得過去，而且是在最近的一次夏天，所以是去年。一致性是他們混亂的腦袋棄守的最後一樣東西。

似曾相識感與癲癇症

當似曾相識感是精神分裂症的症狀之一時，似乎是源自病人錯亂的時間感。即使在「一般的似曾相識感」現象裡也會有短暫的錯亂感，但它很快就會糾正過來。那種「我以前經歷過同樣的事」的感覺，以閃電一般的速度變成「我**感覺好像**正在經歷以前就發生過的事」。明白自己的感覺是一種幻覺，正表示已經恢復與現實的連結。但還有另一種似曾相識的感覺，它不像附屬精神分裂症時那樣驅之不散，卻也絕對不像大多數人體驗的那樣短暫易逝。這種似曾相識感與癲癇症有關。英國神經學家約翰．杰克森（John Hughlings Jackson, 1835–1911）在十九世紀結束之前對此做了詳盡的描述。

癲癇症發作有時會有「先兆」：病人聽到陌生的聲音或感覺嘴裡有奇怪的味道；可能會有一種身體突然被抬起來的感覺，或是看到熟悉的形狀被拉展成怪異的樣子。顳葉癲癇是癲癇症的一種，其先兆有時會伴隨著杰克森所謂的「夢幻狀態」（dreamy state）出現。這種癲癇快要發作前的一瞬間，正常的時間感似乎消失了，病人產生一種游離於現實之外的感覺，有時會看到栩栩如生的幻覺，或是眼前每件事看起來都非常熟悉。杰克森用「追憶」（reminiscence）來稱呼這種感覺，而他的描述顯示那就是我們今天稱為「似曾相識感」的東西。以大腦解剖為基礎（在他那個年代，幾乎沒有其他定位技術），杰克森推測這種「夢幻狀態」是由大腦顳葉的損傷或失常造成的。

直到半個世紀後，才出現了能夠以實驗方法生成上述現象的工具。二十世紀三〇年代，加拿大神經學專家潘菲爾（Wilde Penfield, 1891–1976）採用一種新的外科技術來治療重症癲癇患者。潘菲爾對病人施以局部麻醉，取下病人的一小片顱骨，再快速切開腦膜，露出大腦的表層。大腦本身是沒有感覺的。潘菲爾在病人意識仍清醒時，用一支電極有系統地探測大腦皮質，希望透過刺激找到與癲癇發作相關的區域。如此一來，潘菲爾就可以探測到病灶並將之切除。

當病人大腦的不同區域受到刺激，病人的知覺、作出的反應也不同。有些反應是可以預期的，例如刺激病人左腦的運動反射區，病人會抬起右臂；刺激視覺皮質，病人會看見閃光；而對大腦顳葉特定區域施以微弱的電擊時，病人出現了與時間感、記憶相關的感覺。有些病人突然感覺自己曾經處於相同的情境下，或是發現自己處於完全茫然、陌生的狀態（jamais vu，對本來知道的事產生陌生感）。有些人會有一種朦朧的不安感，彷彿什麼災難即將降臨，也有人感受到一種無法言表的幸福感。刺激大腦顳葉周邊區域，引發了幻覺、夢幻般的畫面，以及往事閃回，內容通常關於日常的生活與情境。這表示，潘菲爾能夠用他的電極刺激來誘發杰克森在其顳葉癲癇症病人身上觀察到的「夢幻狀態」。

現代醫學科技的佐證

一九九四年，《大腦》（*Brain*）神經科學期刊（一百多年前，杰克森也在上頭發表了諸多的研究成果）刊載了一份實驗報告，內容是十六名癲癇病人在發病先兆期間感覺到「夢幻狀態」時進行的腦電圖（腦電波儀）測量結果。

該實驗於法國巴黎聖安尼醫院（Hôpital Sainte-Anne）進行，結果有助我們定位大腦裡與「夢幻狀態」相關的區域（比杰克森或潘菲爾的發現還要精準許多）。順道一提，此次實驗的研究對象全都是臨床病患，似曾相識感的相關發現其實是「副產品」。這些病人的癲癇症已無法用藥物治療，進行腦電圖測量的目的是為發現病灶，然後以外科手術切除。醫生對病人施以輕度麻醉（有效時間為五個多小時），並用十個電極來探測大腦區域。麻醉生效後，醫生透過這十支電極向病人發送微弱的電流，時間是一毫秒，之後逐漸加大電壓，直到足以產生癲癇症狀、找到病灶為止。整個實驗過程中，醫生不斷詢問病人當下的感受，因此事後可以將病人的主觀感受拿來與腦電圖上大腦不同受測區域的結果相比對。

電流刺激誘發了杰克森名為「夢幻狀態」的所有體驗。病人會對熟悉的情景，例如老家或以前朋友的形貌，產生清晰的幻覺，而當下體驗感覺起來就像一場夢。有時候，與家庭場景相關的早年記憶回來了，例如母親在廚房裡做家事的樣子。這些人物的影像栩栩如生，有些病人甚至能夠和他們交談。有時候，當下的體驗（向後靠坐在椅子上，頭上插著許多電極）讓他們感覺如此熟悉，令病人深信自己曾經有過同樣的經歷——或是相反的，令他們完全一頭霧水，好像在夢境中一樣。有時候，用一個而且是同一個電極刺激，會交互引發似曾相識感與全然的陌生感。實驗顯示，幾乎每個人在電流刺激期間的感覺，都伴隨著一種朦朧、莫名的焦慮感，即使當記憶或幻覺看似很熟悉時也一樣。這種「夢幻狀態」總是發生在病症發作的前段，而且一般是在前十秒內。

將腦電圖測量結果與病人的主觀感受進行比較，結果發現「夢幻狀態」發生在兩個腦中樞受到刺激時，即杏仁核和海馬體，兩者都是大腦邊緣系統的一部份。所謂大腦邊緣系統，是大腦發育系統上的原始區域，位於大腦深處，靠近腦幹，與負責警戒和情緒控制的大腦區域有直接連結。正如稍早研究所證實的，對杏仁核的刺激會引發焦慮感，或是與它相反的適意感（取決於病人自身狀況）。海馬體對於記憶的運作至關重要。海馬體損傷，例如柯沙可夫症候群（Korsakoff syndrome）的情況，會對記憶造成嚴重傷害。若左右腦的海馬體都受損，可能導致喪失記憶儲存能力，而且是永久性的。杏仁核和海馬體，跟大腦顳葉裡負責統合感覺資訊的部位之間，都有緊密的連結網絡。

目前發現最可信的資訊顯示，「癲癇性似曾相識感」發生在一個神經迴路裡。在那裡，杏仁核、海馬體與部份的大腦顳葉處於同步活躍的狀態。大腦顳葉加工處理我們當下的體驗，將結果傳送給海馬體，但是海馬體的同步啟動（不論是透過電極的刺激，還是因為癲癇發作），卻將這些傳送進來的新資訊解讀為一個記憶。這個記憶沒有時間點，畢竟它不是真正的記憶，但在那一刻被加工處理的體驗整體，傳達了一種正好與海馬體有連結的熟悉感。然後，杏仁核的啟動，引發厄運即將到來的感覺。另一方而，只要大腦顳葉、海馬體和杏仁核之間的腦神經信號活動分布略有不同，就能解除當下體驗與某個熟悉情境間的任何連結；即使那個情境才發生在幾個月前，病人也不會將現在發生的事與過去的經歷混淆。不過，這兩種體驗——新事如舊，以及舊事如新——不論彼此相去多遠，它們在意識與神經學層面都是如此緊密相連，導致反覆刺激大腦同一部位時，既可能喚醒新事如舊的既視感覺，也可能招致舊事如新的未視感。

為什麼研究「病理性似曾相識感」？

最後，可能會有人不解，這些與病理性似曾相識感相關的新發現，跟一般人體驗的似曾相識感有什麼關連。精神分裂症和癲癇症幸好是少見的疾病，而且似曾相識感也很少出現在這兩種病症中；絕大多數精神分裂和癲癇症患者發生似曾相識感的機會，也不會比隨機挑選的正常人還多。它與病症之間的關係並非對稱的：在少數病人中，似曾相識感是臨床表徵之一；反過來，似曾相識感並非病症的指標。精神病專家的診斷手冊裡，沒有列出似曾相識感這個領域。你可能也想問，用電極刺激產生似曾相識感，跟研究一般的、自發性的似曾相識感，又有何關連。畢竟，除了在神經系統疾病診所，沒有人會腦袋上插著電極到處跑。諸如此類的問題是可以理解的，也表示現今取得的有力成果對你不具任何意義。病理症狀通常會放大那些太過短暫或瑣碎、在正常情況下無法對其進行仔細觀察的現象。有些似曾相識感可以透過實驗方法生成，神經病學家便可藉此對病灶進行定位。而在神經心理學中，或許得先回答病灶「在哪裡」，才好回答「怎麼回事」和「為什麼會這樣」的問題。

醫學研究發現，由三個大腦組織結構共同構成的一個神經迴路，依據三者各自的表現，可能喚起陌生感、熟悉感和恐懼感——這個發現跟另一個完全不同領域（而且是在不同時代）的發現是非常一致的。早在一九〇四年，心理學家海曼斯就確信「似曾相識感」和「自我感喪失」是主觀對立的過程，儘管它們碰巧發生在同一個人身上、發生在同樣的條件下。海曼斯認為，這說明了一種隱藏性關連的存在：同一過程必須支援兩種體驗。在過了將近一個世紀後，巴黎聖安尼醫院進行的實驗，證明了事實的確如此。

起始階段的尾聲

似曾相識感有三種幻覺形式，它們像是記憶卻又並非記憶；讓人以為自己知道即將發生什麼，但你無法預測發生的時間；它們還會引發朦朧、莫名的焦慮感。這種三位一體的幻覺，儘管短暫縹緲，卻又留予人無比困惑。正常情況下，它讓你在一連串流動的聯想中駐足。某個過往經驗的複製，予人既新鮮又熟悉的感覺，並誘發另一個複製——意識上的，或可稱之為「驚異的自省」。

所有的似曾相識感都有這種鏡像效果，除此之外只有差異。似曾相識感通常短暫易逝，卻也可以長期持久；它可以是自發的，也可以透過電流刺激產生；一種似曾相識感習慣上被認定為短暫的幻覺，另一種似曾相識感卻成了精神分裂症妄想系統的一部份。似曾相識感的發生通常沒有伴隨精神疾病表徵出現，卻也可以是癲癇症發作的信號。

看來，一種解釋要適用於這些所有不同情況是不可能的。目前在似曾相識感研究上最多產的作家暨精神病學家赫曼．斯諾曾經說過，許多研究者的發現經常是相互矛盾的。有人認為似曾相識感與神經系統疾病有關，卻有人得出的結論並非如此，或說似曾相識感與神經疾病之間的關連並不明顯。年齡、智力水準、社會和經濟地位、異國之旅、精神障礙、腦損傷、種族背景……凡此種種都被研究過，卻都沒有發現它們與似曾相識感有直接相關。

似曾相識感發生的頻率會因展開調查的領域不同而變化。「一般的似曾相識感」與「慢性的似曾相識感」之間的差異，是屬於程度的問題，或根本就是不同種類，至今仍沒有定論。在看似容易產生似曾相識感的條件這方面，例如疲勞、壓力、心神損耗、創傷、疾病、飲酒和妊娠，令我們對似曾相識感的認識比較清晰一些。上述條件同樣也會導致「自我感喪失」現象的發生。事實上，「自我感喪失」是唯一與「似曾相識感」有明確關連的精神現象。

不過，若說所有解釋都有同等機會成立，是非常缺乏說服力的。某人在拿出手機那一刻產生一種似曾相識感，我們很難將之歸因於與前世產生共鳴。又如果似曾相識感的生成，是因為它與過去的經歷、夢境或幻想相通，則我們會更加納悶：為什麼似曾相識感會在完全對立的情況（即失去認知時）下發生？海曼斯於一九〇四年提出的假設——有說服力的理論必須要能解釋兩種現象——至今依舊成立。

如果照「先前經歷的複製」這個假說所言，似曾相識感必須比實際情況更為常見，而且主要是在平日經常重複發生的情境下，而不是發生在旅途上，或非常態的極度疲勞與緊張下。同樣的問題適用於「兩次加工處理知覺」的「重像」假說。在我們確實處理同一事件兩次的情況下，例如有看沒有懂地隨便讀完一段文章後再重讀一次，並不會發生似曾相識之類的感受。

根據海曼斯的假說，似曾相識感產生的時候，注意力暫時下降，由於與當下知覺的連結太過微弱或是數量太少，因此似曾相識感有如一個模糊的記憶。這個說法時至今日也仍很有說服力。注意力下降的情況，可以歸因於最歧異的各種原因：飲酒、妊娠期間暫時缺氧、受到外傷、在公開場合露面之前的緊張，或是極度疲勞。海曼斯的假說解釋了為什麼似曾相識感是比較少見的體驗，而且可以很容易演變成「自我感喪失」。

在巴黎進行的癲癇病患者腦定位實驗，從實驗學的角度對似曾相識感作了進一步解釋。如果透過電極刺激產生的似曾相識感（形式上溫和得多）可能偶爾自發性生成，則該實驗的重要性遠遠不只是回答了「病灶在哪裡」這個問題。我們已經發現一個神經病理上的機制，它不但能精確地引發似曾相識感的三大幻覺要素（熟悉感、陌生感和不適感），而且能導致產生「自我感喪失」現象中的諸多異常體驗。

透過問卷調查和電極定位如此不同的工具，結論卻都突然指向同一個方向，我們不禁感覺有如得到美感體驗上的滿足。不過，這個調查研究不可能為似曾相識感的根源蓋棺定論，甚至可能還談不上可以開始作定論。但，正如英國前首相邱吉爾所言（針對其他事件），它未來很可能被視為起始階段的尾聲。

詩人的「似曾相識」意象

一九四九年春天，荷蘭知名詩人阿赫特貝爾（Gerrit Achterberg, 1905–1962）與妻子凱薩琳、朋友奎利夫婦駕車到法國旅行。阿赫特貝爾想參觀荷蘭著名詩人暨隨筆作家馬斯曼（Hendrik Marsman, 1899–1940）度過人生最後幾個月的住處。這趟旅行得來全然不易。阿赫特貝爾的一生充滿悲劇性。一九三七年他用手槍殺死他的戀人，之後長年受到強制入院令管控，每一或兩年就得入院一次。每次旅行之前，他都得向他的精神病醫生報備，沒有自由使用護照的權利。

他的朋友特爾．奎利利用自己在海牙的關係，幫阿赫特貝爾辦妥有關手續。一九四九年四月，阿赫特貝爾終於能夠乘坐奎利的福特汽車前往法國南部。他隨身攜帶一本筆記本。據特爾．奎利的妻子加蒂對阿赫特貝爾的傳記作者威姆．哈祖（Wim Hazeu）所言，阿赫特貝爾在上頭記下一路上發生的事，包括汽車行駛的公里數。阿赫特貝爾後來宣稱，他在一九五四年出版的詩集《汽車夢》（*Autodroom*）應該獻給這個好友特爾．奎利才對，當中收錄的詩作如《里維艾拉》（*Rivièra*）、《紀念品》（*Souvenir*）和《狼之峽》（*Gorge de loup*）都是根據他們法國之行所寫的。從這本詩集開篇第一行起，阿赫特貝爾就不斷玩弄著時間和空間的轉換、地圖和旅行指南、距離和邊界、上坡和下坡，以及停車與超車等情景。那種長途駕車可能引發的奇特恍惚感，以及在當中體驗到時間流逝和更迭的感受，完全表現在詩集的第八首詩《似曾相識》（*Déjà Vu*）中：

《似曾相識》

絲滑平躺著的雨水，浸沉
入所有盈滿的孔洞，
沿街排成一線的白色城堡，
閃耀一如在夢中。車子前行。

書中的重現，是我所見。
夢幻般的現實，
幻化為我的似曾相識。
你無法逃避此刻；它注定如此。

後照鏡中我們駛行四處；

在自己當中看到我們的背景，
明白它可能曾經被見過。

同樣的道路來了又去，
心中滿載著一切，正如遙遠的昨日，
這面鏡子牽繫著所有我們認識的靈魂。

任何只從標題下判斷的人，很有可能將這首詩歸類於阿赫特貝爾寫過的一系列關於精神病的詩，例如《羅夏克測驗》（*Rorschach*）、《喪失自我感》（*Depersonalization*）和《幻覺》（*Hallucination*）。一九四三年，阿赫特貝爾在巫斯特黑斯特（Oegstgeest）的萊恩黑斯特（Rhijngeest）精神病院被禁閉了一年之久，但在那裡他可以去圖書館。阿赫特貝爾對精神病學表現出極大興趣，也因此收穫頗豐。他在圖書館裡閱讀了大量藝術和精神病理學方面的書籍。也許就是在那裡，他從文獻中讀到對似曾相識感的解釋。

在這首詩中，就有對似曾相識感的描述：夢境的再體驗、認出曾經讀過的文章、體驗著過去經常幻想之事。不過，在最後三行詩句中，阿赫特貝爾似乎是在為這個謎尋求一個意象，而非解答。鏡子為似曾相識感與其重複、複製的特徵提供一個連結。透過汽車的後照鏡，我們看到一個矛盾的意象，「同樣的道路來了又去」，自己卻是靜止不動的。在後照鏡中，你看到自己，靜靜坐著，飛速穿行過一道道風景。加蒂記得在旅途中，阿赫特貝爾完成了一篇關於福特汽車後照鏡的專題論文，可以從後照鏡中瞥視過去之物。雖然已經過去卻依舊可見——這就是他在詩中想表達的意境。

參考書目

–Achterberg, G., *Verzamelde gedichten*, Amsterdam, 1963.

–Anjel, J., 'Beitrag zum Capittel über Erinnerungstäuschungen', *Archiv für Psychiatrie* 8 (1877), 57–64.

–Arnaud, F. L., 'Un cas d' illusion de "déjà vu" ou "fausse mémoire"', *Annales Médico–Psychologiques* 3 (1896), 8th series, 455–70.

–Bancaud, J., F. Brunet–Bourgin, P. Chauvel and E. Halgren, 'Anatomical origin of déjà vu and "vivid memories" in human temporal lobe epilepsy', *Brain* 117 (1994), 71–90.

–Bergson, H., 'Le souvenir du present et la fausse reconnaissance', *Revue Philosophique* 66 (1908), 561–93.

–Bernard–Leroy, E., *L'illusion de fausse reconnaissance*, Paris, 1898.

–Berrios, G. E., 'Déjà vu in France during the 19th century: a conceptual history', *Comprehensive Psychiatry* 36 (1955), 123–9.

–Brauer, R., M. Harrow and G. J, Tucker, 'Depersonalization phenomena in psychiatric patients', *British Journal of Psychiatry* 117 (1970), 509–15.

–Dickens, C., *David Copperfield*, London, 1850. *Pictures from Italy*, London, 1913.

–Forel, A., *Das Gedächtnis und seine Abnormitäten*, Zurich, 1885.

–Harper, M. A., 'Déjà vu and depersonalization in normal subjecrs', *Australian and New Zealand Journal of Psychiatry* 3 (1969), 67–74.

–Hazeu, W., *Gerrit Achterberg, Een biografie*, Amsterdam, 1988.

–Heijden, A. F. T. van der, *Vallende ouders*, Amsterdam, 1983.

–Heymans, G., 'Eine Enquête über Depersonalisation und "Fausse Reconnaissance"', *Zeitschrift für Psychologie* 36 (1904),

321–43.

'Weitere Daten über Depersonalisation und "Fausse Reconnaissance"', *Zeitschrift für Psychologie* 43 (1906), 1–17.

–Jackson, J. H., 'On a particular variety of epilepsy "intellectural aura", one case with symptoms of organic brain disease', *Brain* 11 (1888), 179–207.

–James, W., *Principles of Psychology*, New York, 1890.

–Jensen, J., 'Über Doppelwahrnehmungen in der gesunden wie in der kranken Psyche', *Allgemeine Zeitschrift für Psychiatrie und Nervenkrankheiten* (Suppl. Issue)25 (1868), 48–64.

–Kooten, K. van, *Meer modernismen*, Amsterdam, 1986.

–Myers, D. H., and G. Grant, 'A study of depersonalization in Students', *British Journal of Psychiatry* 121 (1972), 59–65.

–Myers, F. W. H., 'The subliminal self', *Proceedings of the Society for Psychical Research* 11 (1895), 334–593.

–Neppe, V. M., *The Psychology of Déjà Vu: Have I Been Here Before ?* , Johannesburg. 1983.

–Pfister, O., 'Schockdenken und Schockphantasien bei höchster Todesgefahr', *Internationale Zeitschrift für Psychoanalyse* 16, 3–4 (1930), 430–55.

–Pick, A., 'Zur Casuistik der Erinnerungstäuschungen', *Archiv für Psychiatrie* 6 (1876), 568–74.

–Richardson, T. F., and G. Winokur, 'Déjà vu in psychiatric and neurosurgical patients', *Journal of Nervous and Mental Disease* 146 (1968), 161–64.

–Scott, W., *Guy Mannering*, London, 1815.

Sno, H. N., *The Déjà vu Experience: A Psychiatric Perspective*, Amsterdam, 1993.

–Sno, H. N. and D. Draaisma, 'An eaily Dutch study of déjà vu experiences', *Psychological Medicine* 23 (1993), 17–26.

–Sno, H. N. and D. H. Linszen, 'The déjà vu experience: remembrance of things past?', *American Journal of Psychiatry* 147 (1990), 1,587–95.

–Sno, H. N., D. H. Linszen and F. E. R. E. R. de Jonghe, 'Déjà vu experiences and reduplicative paramnesia', *British Journal of Psychiatry* 160 (1992), 565–68.

'Een zonderlinge zweming... Over déjà vu ervaringen in de belletrie', *Tijdschrift voor Psychiatrie* 4 (1992), 243–54.

–Sully, J., *Illusion: A Psychological Study*, London, 1881.

–Wigan, A. L., *The Duality of the Mind*, London, 1844.

第十三章　懷舊情結

——自傳與自傳性記憶

威廉·范登·胡爾（Willern van den Hull）八十歲的一生可以濃縮為以下這段文字。一七七八年生於荷蘭哈倫（Haarlem），父親是郵差。在一些富有的當地人資助下，他曾經參與校長資格培訓，後來成了一所私立寄宿學校的負責人。他的事業一帆風順，後來他在哈倫的黃金地段開辦一所法語學校，不少阿姆斯特丹王公貴族的子弟都在該校就讀。他終身未娶，一直和未嫁的老處女姊姊生活在一起。他將過繼給自己的侄子修伯特撫養成人。范登·胡爾死於一八五八年。

事實上，我們對此人生平的了解遠不只這些。透過他本人洋洋灑灑的自傳，我們了解更多關於他的事。范登·胡爾六十三歲退休時是一所寄宿學校的校長，退休後他有不少空閒時間撰寫自傳。他用了一年多一點的時間，就寫到他三十七歲的事。六十五歲時，他開始寫自傳別冊，一直寫到一八五四年。那之後的最後四年間，他沒有留下更多自傳紀錄。一八五八年，范登·胡爾辭世。自傳手稿頁數整整有八百頁，各章節未經裝訂，每一頁約四百字，字體頗有校長風範。

范登·胡爾寫自傳時大概沒想過要出版公諸於世。他是寫給侄子與家中其他成員看的，因此在第一章中對家族史做了詳盡介紹。也許，就像今天那些以進行族譜研究為名而湧進公共檔案局的人一樣，范登．胡爾也覺得有必要將自己的人生放進先人與後人的血脈傳承中；也許，他覺得自己的一生值得詳細記錄。可以確定的是，他覺得迫切需要闡明幾件事。同樣清楚可見的是，他認為自己生活在一個特殊的年代裡。早在一八三一年，范登．胡爾就出版過一本書，完整書名的翻譯為《一八三一年年屆六十時關心之事務：最具時代特徵之現象綱要》（*On the Concerns of a Sexagenarian in the Year 1831; or a Sketch of the Most Remarkable Phenomena Characterizing This Age Above All Others*）。這本書是對一八三一年以前半個世紀的紀錄，那是一個新發明和發現層出不窮的時期。范登．胡爾認為，那個時期發生的事比之前的三個世紀還要多。

寫自傳時，范登．胡爾應該是參考了自己的日記（他一直保留著那些日記，今已失佚）。因為如此，他才有可能為一生中發生的許多事件標注精確的時間。不過，這本自傳的風格不同於日記。范登．胡爾在自傳中採用敘述性手法，彰顯出主題，並且有頭有尾。此外，他的自傳坦白率真，有些地方甚至感人肺腑。在自傳中，他大大方方地描述了自己的不幸、挫折、蒙羞、恥辱、悔恨和自責等。范登．胡爾是一個生性敏感、容易受到傷害的人，對愛情和家庭懷抱熱切的渴望，卻最終孑然一身。看完范登．胡爾的自傳，不為之所動是不可能的。

所有自傳作者在寫自傳時，都是根據自己的記憶，只是程度上有所不同。有一些自傳是部份利用了外部資料，包括筆記、報告、信函、備忘錄和演說稿。例如英國前首相邱吉爾的自傳，就有可能是祕書幫忙記錄下來的。然而，世界上沒有哪個祕書能對范登．胡爾的自傳幫上什麼忙，他確實是完全依據個人回憶來記述自己的生平。如此一來，其自傳表現出的自傳性記憶特徵就更為明顯。范登．胡爾在自傳中對自己三、四歲以前的事情記述甚少，跟著他描述了自己的最初記憶，然後依照生命歷程對自己的青年、壯年和老年作了詳盡敘述。毫無疑問，一個年長者的自傳會反映與熟年相關的自傳性記憶特性。關於這一點，直到近年才有人開始進行深入的實驗研究。

懷舊高峰期

早在一八七九年，英國科學家高爾頓就注意到自己的許多聯想都追溯到童年時代。事實上，對童年的回憶在數量上遠超出對近些年的記憶。高爾頓用了我們現在所熟知的「線索字技術」，亦即透過單字素材來對記憶進行研究。挑選單字的原則，最好是能與人生各個階段有所連結的，所以「考試」一字就不合適，因為我們在四十歲時參加考試的機率，比在二十歲時期少得多。相較之下，「搬家」或「從樓梯上摔落」這樣的詞語就出奇合適。實驗過程中，實驗者要求實驗對象說出由某個線索詞能聯想到的記憶，接著要求他們盡可能準確提供該記憶發生的時間。大體來說，似乎近期內發生的事（上一次搬家、上一次從樓梯上摔下來）喚起的回憶最多。若我們用柱狀圖來說明，以縱軸表示回憶數百分比、橫軸表示回憶事件發生的年齡階段，則回憶數量是隨著時間推移逐漸增加，亦即距離此項調查愈近，能記起的事愈多，在離調查最近的一段時間內達到最大值。事實上，這是同樣適用許多其他形式回憶的正常遺忘曲線：一開始時大幅下滑，之後趨於平緩。

然而，當實驗對象由中年人換成老年人時，出現了一個值得注意的現象。中年調查對象柱狀圖中的平緩階段，換成老年調查對象時，卻出現一段上升之勢（如圖11所示）：在橫軸的左側，十五～二十五歲這個年齡層的回憶有突增的趨勢，亦即我們所謂的懷舊高峰期。這個高峰出現的確切位置，

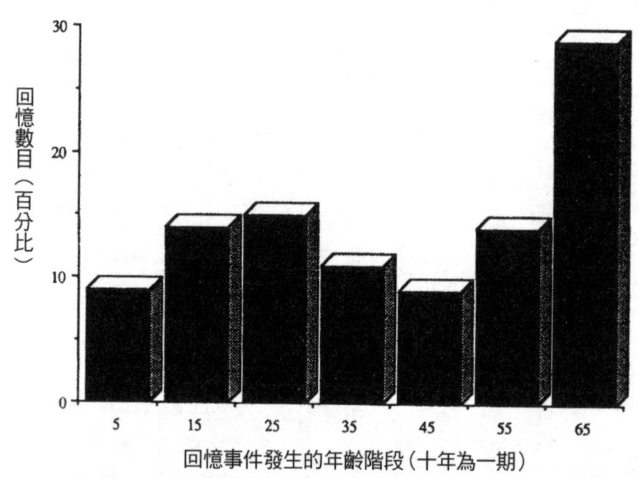

圖11. 平均年齡七十歲的實驗對象由線索詞喚起的回憶數量柱狀圖。約一半的回憶事件發生在實驗對象接受調查的前一年，該資料未列入此圖中，否則無法清楚呈現其餘時期回憶的形態。本圖中，從右至左，呈現正常遺忘曲線的急劇下降之勢，但之後曲線下降趨於平緩時，卻在十五～二十五歲期間出現增長，此即懷舊高峰期。

在不同的研究中會略有不同，可以肯定的是，在一個涵蓋十來年左右的階段裡會出現一個回憶集中期，中心值出現在二十歲。如果實驗時不要求實驗對象根據線索字去說回憶，而是要他們描述一生中印象最深刻的三到四個回憶，則最近時期的回憶數量會最低，而十五歲階段最高。這種懷舊效應出現在年屆六旬的實驗對象中，而且隨著年齡再增加，這種趨勢也愈加明顯。

懷舊效應的非正式實驗

事實上，從范登．胡爾六十三歲開始寫自傳起，他就是在做一項非正式的實驗，實驗對象只有一個人：他自己。沒有單字提示，也沒有任何事先規畫，只是根據日記和聯想寫下他記得的事。在寫作手法上，他採用依照年代順序的方法。儘管有時他會用倒敘手法，有時會對之前發生的事再作補充，但整體來說是依照生命歷程來記述。這種方法便於我們統計范登．胡爾在每個年齡階段上用了多少篇幅來描述：四～十三歲期間的經歷平均篇幅約為十四頁，而十三～二十一歲期間每一年都用了超過十五頁來描述。到了下一章，亦即直到二十七歲期間的經歷，他用的篇幅又再更多一些。之後，每一年的著墨開始減少。這種情況開始時是平緩的，繼而加速下降：二十七～三十七歲期間，平均每一年的描述不超過十頁，接下來五年間每一年的篇幅不超過六頁；到了五十四～七十二歲期間，內容更少了，平均每年不超過四頁。在范登．胡爾生命的最後幾年裡，也就是七十二～七十六歲期間，每一年的記述又略有增加，達到平均每年五頁的篇幅，原因是他詳細說明了生命最後這段時期所寫的東西，包括一篇題為《土星環本質與作用之推想》（*Conjecture about the Nature and Purpose of Saturn's Ring*）的論文。

透過這本長達八百頁的巨著，范登．胡爾讓我們看到一種很有說服力的懷舊效應。將他記述每一年的篇幅數做成柱狀圖，可以發現它基本上與自發敘述最深刻記憶的七十歲老者柱狀圖類似：同樣在橫軸左側出現一個高峰期，同樣在人到中年時數值急劇下降，也同樣在最後幾年（對老者組而言就是接受調查前幾年）回憶量明顯不足。這個形態令我們不禁好奇：什麼原因造成二十歲左右的回憶量最大？只是因為當時記憶力較強嗎？那個年齡層的人，真的有比較多難忘的經歷嗎？抑或因為到了老年期，大風大浪都已雲淡風輕，因此能將年少歲月看得更清楚？以上這些問題令我們想更仔細檢視范登．胡爾的自傳，看他就那些記得一清二楚的事都說了些什麼，什麼事件栩栩如生，哪些事起初描述得很詳細、後來隨著時間過去而逐漸淡出。簡言之，就是要探究是什麼類型的回憶造就懷舊高峰期，之前與之後又發生些什麼事。

的。

今天仍能感受童年記憶中的痛

范登．胡爾在自傳中寫道：「四歲以後的事我應該就可以完全靠自己寫下去，不需要任何幫助，因為老天賦予我卓越的記憶力，除了記名字以外。」如果有什麼事忘了，他那同樣記憶力超群的妹妹伊莉莎白（人稱「活生生的編年史」）也會提醒他。不過，所有關於他四歲前的資訊都是間接聽來的。

范登．胡爾生於一七七八年九月十六日凌晨。在他看來（他一向喜歡站在更開闊的角度看事情），那一年是個多事之秋，因為不少大名鼎鼎的人物，例如瑞典生物學家林奈、法國哲學家盧梭，以及法國文豪伏爾泰相繼辭世。此外，在哈倫也發生一件大事：一個姓范伊的富人站在大教堂門口與一位熟人聊天，突然一塊大石頭從教堂頂上砸下來，當場砸爛范伊先生的帽子、假髮和頭骨，他瞬間倒地身亡。幾年後，當范伊先生的一名親戚在其家族墓地下葬時，「人們還迫不及待想再看一眼不幸的范伊先生的頭骨，發現被石頭砸到的那塊頭蓋骨深深凹了進去。」

對那段年幼的歲月，范登．胡爾記得的只是一些片段。例如，他在早上很有禮貌地向母親問安：「早上好，媽媽，妳今天好嗎？」她會回答說：「很好。威廉，你好嗎？」然後我會說：「我也很好，媽媽。」「我當時還心想自己在禮貌方面比哥哥和姊姊強多了。」他還記得馬登，那個賣牛奶的人，每次都會給他一小杯鮮奶，至少當他的鞋子很乾淨時。「你看，上面這兩樣細節幾乎幼稚得不值一提，卻可以看出一個人的成長背景。」他對他們家對面發生什麼事的記憶反而還比較清楚：那裡正在興建某個機構，經費來源是剛去世沒多久的泰勒．范德爾．胡斯特的遺產。范登．胡爾也還記得自己生病時的情形與一些小事故：他曾經得過德國麻疹，然後天花肆虐，但他「安然無恙，就像我已經種過牛痘似的（當時還沒發明牛痘疫苗）」，以及曾經被開水燙傷腳、被一隻小公雞啄傷手、不小心從暖腳爐上滑落受傷。

今天我們最早的記憶經常是與弟弟或妹妹的出生有關。范登．胡爾的孩提時代，也有一件可能成為最初記憶的事件：家庭成員去世。范登．胡爾的弟弟不到一歲就夭折，哥哥彼得七歲時也死了，死時范登．胡爾還不到四歲。彼得一直和祖父母住在一起。有一次在回家的路上，他和父親搭乘的駁船在哈倫湖上遇到暴風雨。船長好不容易將船安全駛回斯帕恩（Spaarne）渡口。或許彼得就是在那時感冒，因為從那之後他就咳個不停。有一天，咳嗽又一發不可收拾，母親只好把他放到自己床上幫他止咳。幾小時後，咳嗽又發作，母親把彼得抱到腿上安撫他：「但是沒有用，彼得咳個不停。憂心忡忡的母親心疼地看著他，卻看到他的雙眼逐漸失神，她尖叫起來：『天哪，我的孩子要死了！』最後他真的死在母親懷裡。」父母的悲痛對范登．胡爾的影響，比自己對哥哥之死的感受更甚。他對哥哥過世這件事的記憶是斷斷續續的，但這些支離破碎的記憶依舊銘刻在他的腦海裡。「我記得的不多，只記得哥哥躺在棺木裡等著下葬，我的父母、大姊和我圍著屍體跪坐，父親誠心地禱告，母親則在一旁痛苦地哭泣！」

在那之後的事，范登．胡爾記得最清楚的是他腦子裡一片混亂。他不停問人彼得現在在哪兒、是不是不高興。他無法理解父母的回答，對哥哥如何在進入天堂的同時又躺在墓穴裡無從領會，最後把自己知道的事湊在一起、整理出自己的解釋版本。哈倫當地有個習俗，如果人死後還留在屋子裡，則百葉窗會一直關著。彼得死時，他們也是這樣做的。每當范登．胡爾經過一幢百葉窗緊閉的房屋，都會心想哥哥是否在裡面。斯帕恩河邊有一間大型通行費徵收處，但已經廢棄不用，所以窗子總是緊閉著。范登．胡爾自忖，也許那裡裝著「很多死人」，所以窗戶關得緊緊的，以免他們跑掉。也許他的哥哥也在裡面。哥哥得永遠待在那個淒涼黑暗的地方，心裡一定很不安！范登．胡爾對哥哥是這麼掛心，以致某天晚上他夢到自己去了那個屋子，打開前門，進入一個黑暗的房間，裡面唯一的光線是從窗戶縫隙透進來的。

房間裡從上面到下面都是滿滿的小孩子。他們一看到我，就把頭湊在一塊，目瞪口呆望著我。不過，我看見他們沒有手也沒有腳，只有可愛的腦袋。跟幽靈一樣，他們一個接一個飄來飄去，一刻也不停。一道微光照亮一些人。不過，讓我傷心的是，我沒有在他們當中找到哥哥。每個小孩子都在飛來飛去，眼睛緊盯著我，沒人告訴我哥哥在哪裡。在那個漆黑的房間，我唯一能聽到的聲音，就是一種溫和的嗡嗡聲，是那些鬼影不停飛來飛去時發出來的，就像蚊子發出的聲音。

童年夢中那一幕，如今我仍歷歷在目，依舊能清楚看到那些鬼影，其中一個盯著我看了很久，從他臉上我看到他有多開心。無論何時，即使到了今天，當我孤單寂寞時，我還能聽見那蚊子般的嗡嗡聲，又想起童年時的那個夢，再次感覺到當時的喪兄之痛。

初體驗的紀錄

范登．胡爾記述的童年往事中，許多都是他的「初經驗」。一七八五年，范登．胡爾七歲時，第一次獲准和父親一起去探望住在馬登斯代克（Maartensdijk）的祖父母。路途很遙遠，先要坐船，然後走幾個小時的路。這旅途本身就是一次歷險。他也還記得自己第一次溜冰的經驗：一天晚上，父親往巷裡潑了十幾桶水，第二天早上馬路就結成冰。他還見證了溜溜球問世。他好像對自己頭幾天上學的事也記得特別清楚。四到七歲間，他曾先後在不少於四所學校待過，直到最後才安定下來接受正規的啟蒙教育。四所學校中，他詳盡描述了其中三所他第一天上學的情形：老師長得什麼樣子、自己穿什麼衣服，以及其他孩子和教室是怎樣的。第四所學校，是位於斯帕恩河邊的市立小學。范登．胡爾在自傳中寫道：「上學的第一天，我很仔細觀察了彼茲老師和他的管家，雖然不是刻意的，但他們倆的特徵已經深深印在我的記憶裡，忘也忘不掉。」雖然彼茲老師幾個月後就死了，「我仍記得他那瘦小的身影、和善的態度，以及淺褐色、整齊的頭髮，和那件緊緊裹在身上的校袍。這一切歷歷在目，跟他半個世紀以前站在我面前時一模一樣」。

在自傳中，范登．胡爾還讓讀者明白第一次體驗的感受是絕對不能複製的。一七八七年夏天，當時他快九歲，又一次和父親回馬登斯代克。他們搭乘從阿姆斯特丹開往烏特勒支的夜船。拂曉時，大家還在沉睡中，他悄悄從床上起來，爬上座椅看外面的景色。

我永遠無法忘記那個黎明，無法忘記那一刻帶給我的感受，也許是在那之前我從沒見過沉浸在如此寧靜祥和中的大自然，沒見過如此絢麗動人的破曉。萬籟俱寂，河沿岸的鄉間庭園美得無以復加；看不到任何生命活動的跡象；牲畜在田野裡沉睡；遠處一片朦朧難辨；一隻孤獨的夜鶯飛過我們的船頭；四下無風；河水在我們的船前泛起波浪（我好像還能聽到船頭撥開波浪的潺潺聲），以及拖繩通過絞盤時發出的嘎吱聲，是我聽到的所有聲音。

這次返鄉之旅的記憶是如此深刻，以致半個世紀後的某個夏天，范登．胡爾決定搭乘同樣開往烏特勒支的夜船，看看「能否重新喚起年幼時那一份感動」。為達到這個目的，他徹夜未眠，凌晨兩點爬上甲板，想重溫五十年前看到的一切。這場實驗以慘敗收場。許多東西還是老樣子，卻再不能感動年近六旬的他。范登．胡爾為此十分沮喪。五十年前與他同在的那些人都到哪裡去了？掌舵的船長、男僕、那些在鄉間宅第沉睡的有錢人，以及自己的父親……「唉，一切皆不再；他們全都進了墳墓，僵直，甚至已經腐爛！他們曾經充滿生氣與活力，而如今，不論老或少，全都一樣在分解中！」只有當年指向破曉天空的大教堂尖頂還屹立於原處，范登．胡爾沉思，等他自己也追隨親愛的祖先而去時，教堂的尖頂仍會聳立在那裡。

•

在范登．胡爾的自傳裡，對學習的興趣和關注，後來成為他早年經歷中的一個中心主旨。他記下在每一所學校裡學到的（或還沒能學到的）知識、獲得的獎勵、成績跟其他孩子相比有什麼不同、學校發了什麼課本或他自己買了什麼書。在這個意義上，他的回憶確確實實說明了他身為校長的背景，而不是一個商人或牧師。在後來的歲月裡，他也同樣詳細記述了自己擔任斯豪頓先生——雙式簿記與球面三角幾何教師——的助理時學到的知識，以及當時從事的活動、後來在各寄宿學校任不同教職的情況。另外還有一個主題，就是他一心一意想透過結交社會階層比自己（小康的中產階級）高的人士，來提升自己的社會地位。從范登．胡爾的自傳中可以看出，他很注重儀表，注重必須遵守的傳統、與其事業相稱的能力，以及對他有利的交遊。他童年、青年和壯年時經歷的許多事，都顯示了他畢生追求的、最終也付諸實現的人生目標：提高社會地位。換個角度來看，正是因為他爬到那個地位，讓他的回憶有了意義：范登．胡爾視自己為一個成功實現童年夢想的人。

屈辱：彷彿是昨天才發生的事

范登．胡爾邁向野心的道路並非一路順風。他在自傳中寫道，當他還很小的時候，他就「對於被羞辱、冤枉或誤解這一類事非常敏感」。這一點在他的自傳中確實屢見不鮮，每次他想起什麼不愉快的事，就會把整件事詳細寫下來。成年後，他的敏感似乎和他卑微的出身脫不了關係。他描述了不少他認為自己辛辛苦苦努力卻未獲得應有尊重的事。不過，即使當他還是個孩子時，他就很難對當眾受辱這種事釋懷。

後來他與朋友迪克特斯一起到斯豪頓老師開辦的學校工作，以為體罰這種事只會發生在學生身上，助理絕對不會遭受這種對待，但是他錯了。「我記得很清楚。我上任後沒多久，一天早上，斯豪頓就當著所有孩子的面用皮帶狠狠抽了我幾下。」他打人不需要什麼理由，「一行字沒寫好」這個理由就足夠了。

有一天，范登．胡爾因犯了點小錯，被叫到斯豪頓的房間。為了保護自己，他事前在褲子裡塞了一個練習本，但這個鬼點子被斯豪頓揭穿了，覺得整件事很好笑，便當成笑話講給他的女僕克萊潔聽。真正的羞辱開始了。那一天稍晚，克萊潔語帶嘲弄地問他在褲子裡放了什麼。「當時這件事讓我痛苦萬分，覺得受了奇恥大辱，到今天我還清清楚楚記得當時克萊潔站在什麼位置、她問我那句話時的態度、朋友迪克特斯和我坐在什麼位置——就像那是昨天才發生的事。」當時攝影術還沒有問世，更遑論說閃光燈，但是對范登．胡爾來說，那個場景卻具有閃光燈記憶的所有特徵。

同樣讓他深刻印象的，還有他在格羅寧根（Groningen）擔任教員時發生的一件事。當時他剛在老家哈倫休完假，準備乘駁船回學校。等他來到史卓伯斯（Stroobos）碼頭，才發現身上的錢不夠，差了四分錢，不是什麼大數目，卻也不是能讓格羅寧根人聳聳肩、不當一回事的數目。他決定還是坐船到維爾沃萊登（Vierverlaten），剩下的路途用走的。當他和其他乘客站在史卓伯斯碼頭準備登船時，聽到船長叫了一聲，聽起來像是「所有人都到格羅寧根嗎？」沒有任何人答腔，於是范登．胡爾也像其他人一樣上了船。半個小時後，船長過來收錢。范登．胡爾問到維爾沃萊登要多少錢，尷尬的事發生了：

「我不收到維爾沃萊登的錢。」他回答。「你得付到格羅寧根的錢。」我解釋說我不到格羅寧根，得在維爾沃萊登下船。他用一種輕蔑的口吻說：「小子，你可以這麼做，但你得付到格羅寧根的錢。那是我的錢，所以我才在史卓伯斯碼頭喊了聲『所有人都到格羅寧根嗎？』當時你就得說你要去維爾沃萊登，所以現在你得付到格羅寧根的錢……」因為我拿不出錢，所以只好直接拒絕，並很明確表示到格羅寧根再給錢。但不管我說什麼或甚至威脅，他又是譏笑又是咒罵，說絕對不讓我下船，直到我付清船資為止。接著他拒收我的錢，回到船員座位上繼續罵，把世界上所有難聽的話都用上了，尤其是——傲慢自大的小乞丐。

為了從這個尷尬的局面解脫，他鼓起勇氣問一位同船的旅客能否好心借他四分錢，但那個人狐疑地看看他、乾脆地拒絕了。這麼一來，他覺得自己更丟臉了。他焦急地看到維爾沃萊登就快到了，終於舒了一口氣——「上帝一定看到我的窘境了」，因為他看到一個朋友的妹妹正好在碼頭上。她非常爽快地替他付了那四分錢，讓他得以繼續剩下的行程。

儘管受辱的原因各不相同，但每次的蒙羞感受都一樣強烈。一個陽光明媚的下午，范登．胡爾經過哈倫的一座屋子，看見幾個年輕保母和她們的朋友坐在一扇敞著的窗戶旁。他很有禮貌地抬了抬帽子。「但她們沒有禮尚往來，或至少讓我安靜從那裡走過就好，突然間，我聽見這些女孩子爆出震耳欲聾的笑聲，聲音大得整條街都有回音。為了確定這個笑聲是否是針對我，一個小時後我又經過那裡，再次禮貌地揚了揚帽子，這次那幫人笑得更厲害了。」這件事發生在一八一七年五月三日。

還有一次，他陪學生榮克希爾回他父母在海牙的家。他們搭乘駁船並租了一間艙房，一路上舒適些。但是一到他家，這個年輕人立即踏進家門而去，把范登．胡爾一個人留在台階上。他一直站在那兒等，直到某位滿臉詫異的男僕走出來，告訴他一切安好，然後就關門回屋。「我在開往海牙的駁船上備受禮遇，到了榮克希爾家，卻只能在門前的擦鞋墊上乾等。」沒多久後，他又在另一張擦鞋墊上遭到羞辱。瓦龍（Walloon）教會的牧師在收到范登．胡爾的請示後允許他來拜訪，卻沒吩咐女僕領他進屋，「像禮貌上對待有教養之士那樣」，而是走到門口，對范登．胡爾的鞠躬致意視而不見，聽完他的話之後就打發他走。牧師家的女僕「砰」的一聲關上門，「好像當我什麼流浪漢似的。」這個女僕也是范登．胡爾四十年後仍無法忘記的人之一：「噢，那女僕惡狠狠的臉是多麼深刻地印在我的心上！」

被拒於門外是他命中注定要多經歷幾回的命運。就隱喻的意義上來看，這也說明了他在哈倫當地精英眼中是什麼樣的立場。范登．胡爾在老年時所受的苦，就是雖然他住在哈倫最氣派的房子裡，卻始終未獲邀請加入任何由當地社交名流組成的社團、協會、公共委員會或政務委員會。范登．胡爾知道這一切都是朗吉——那個對他嗤之以鼻、不讓他進門的牧師——幹的好事。這個牧師的名字，在范登．胡爾的自傳寫到一八〇〇年時第一次出現，然後一直到一八五三年牧師離世時才沒再出現。所有人當中，沒有人像朗吉牧師這樣深刻又長年讓他感覺飽受屈辱。

他們的第一次接觸是范登．胡爾被任命為瓦龍教會領誦人之後。即使在試讀時，他們也會就正確的發音「交換意見」。范登．胡爾曾在格羅寧根學過法語，老師是純正的法國人，但是在哈倫，可能由於「這裡的家庭教師和保母都是法國與瑞士兩種血統交混的出身」，有一個發音在范登．胡爾聽來根本就是錯誤的。他拒絕從善如流，導致布道壇上傳來的法語，跟范登．胡爾在誦經台上朗讀的法語明顯不同，所有人都聽得出來。發音歧異的問題演變成公開衝突，最後導致兩人長期不和。

范登．胡爾很肯定，都是因為朗吉，讓他丟掉幾個家庭教師的差事。還有，他「再也不可能從安胥德、古彭家族許多子孫後代那裡賺到錢了，因為朗吉與這些家庭有來往」。他還懷疑，由於朗吉從中作梗，他才以最丟臉的方式退出益智娛樂戲劇協會管弦樂隊：中場休息時，「當著所有樂隊成員和仍留在座位上的觀眾的面」，他被人趕下台。

說到這些事件，一定得談到范登．胡爾的收入之爭。就他看來，朗吉挑肥揀瘦，在富家子弟身上花許多時間和心思，好讓那些富有的家庭同意由他教授他們的孩子（由於他工作賣力，那些家長還獎賞他「不少壁爐、掛鐘」），而范登．胡爾只剩下教那些孤兒和窮人家小孩的份。一八〇六年，為了范登．胡爾輔導學生準備考試一事，這兩人終於爆發激烈口角。結果，在朗吉的叫唆煽動下，教會的委員會停了范登．胡爾當時擔任領誦人與教師的職務。

在自傳中，范登，胡爾用了大量篇幅描述自己對此事的反應。直到一八四二年，即范登．胡爾六十四歲之際，這件事還讓他感到羞辱不已，感覺就像在事發的一八〇六年一樣刻骨銘心。這就像他突然翻開一份舊檔案，開始一份接一份閱讀裡面的資料，情緒也變得愈來愈激動。他還重印了大批當年的信函、摘錄片段，指出針對他的指責中有什麼錯誤與前後矛盾之處。他的義憤之詞和朗吉的名字隨處可見，許多段落的最後一句都用了驚歎號。而每次描述一段不愉快的經歷，好像都會讓他連帶想起另一件不堪回首的往事。

在這份自傳中，朗吉的罪狀有一大串，過失和不軌行為無不鉅細靡遺，無論年代多久遠，一律記錄在案。在這一章中，那種在其他篇章中非常典型的敘事結構完全不見蹤影。范登．胡爾為自己申辯並進行反駁和回擊，而當把所有事情都寫下來時，他又再次體驗了每一段經歷，正如女僕克萊潔嘲弄他的那件事仍然讓他感到憤怒：「就像那是昨天才發生的事。」事實上，他被教會委員會停職和被當眾趕下台後不久，不少家庭還是請他當家教，賺的錢比在瓦龍教會掙的微薄薪俸還多得多。

對此他在三十五年後仍引以為榮。「即使現在在寫這些話的同時，這意外的天賜之福也仍讓我流下感激的淚水。」范登．胡爾花了幾十頁篇幅描述與朗吉的紛爭糾葛，寫法並非一個連貫的故事，反而像一份詳盡的起訴書，從而強調了這些屈辱的往事在他記憶中的特殊地位。或說，這部份的內容，沒辦法像其他部份一樣可以被濃縮與精簡。從顏色、味道，到傷人的程度，其衝擊力依然如故。

愛情讓你全世界只看得到一個人

一八一一年，朗吉牧師去阿姆斯特丹述職，在哈倫銷聲匿跡，但他並未從此從范登．胡爾的生活中消失。多年以來，范登．胡爾一直覺得朗吉擋自己的路，就算不是他本人出面，也一定是他眾多友人或關係的其中之一。經過重重阻礙，范登．胡爾仍慢慢崛起。一八〇三年，他開辦了自己的寄宿學校，並在老運河街租了一幢房子辦學。他給父親買了一塊土地，「方圓有一四〇萊茵路德」（約五．三公里），當中一半是果園，另一半是菜園。由於學生人數激增，他在一八〇九年和一八一四年先後兩次遷移校址。辦學進行得非常順利，最後他將目光鎖定聖揚斯大街上一座漂亮房子上。范登．胡爾在自傳中寫道，期待買下那座房子的念頭令他無比陶醉：「晚上十點鐘後，我會溜出家門高達二十五次。在黑夜中，我繞著未來的家走來走去，數著腳步量尺寸：這座房子縱深有一一〇步，加上花園

圖12. 范登·胡爾在哈倫聖揚斯大街上的法語學校。赫瑞特·思果爾頓（Gerrit Scholten）繪於一八二二年。

則有一三五步寬，毫無疑問是哈倫最寬敞的房子了。」在向一些學生家長貸款，再加上幾名哈倫人的資助下，他最後用一萬荷蘭盾買下那幢房子。

一八二〇年，范登．胡爾搬進這幢豪華的房子，父母也一同搬進新家並在那裡安度晚年。未婚的姊姊和妹妹幫他打理房子，照顧學生。他也聘用了一些忠誠的助理教師。他終於成功了，全荷蘭最顯赫的家庭都把孩子送到哈倫。對他來說，那些年很順，事業也很興旺，但他這輩子從不曾如此不開心：「我人生前四十年的所有考驗和磨難，也不能跟某件椎心刺骨之事相提並論。它就像一隻不斷咬囓我的蟲子，折磨我十一年之久。」那件事，指的是他沒能開花結果的戀情。范登．胡爾寫道，那是一個男人能碰上的最悲慘處境，而那種狀態也只有親身經歷過的人才會理解。不過他認為這樣的人不多，「因為那種強烈的情感足以摧殘人的生命，死神很快就會帶走他們，或是讓他們發瘋。有些絕望的人甚至會主動了結自己的性命。」

范登．胡爾搬進新居後有了結婚的念頭。他已經四十二歲，生活無憂，渴望建立自己的家庭。他的一名學生有個姊姊，范登．胡爾從未見過她，但從學生那裡聽到的訊息來看，她會是個合格的妻子。此外，她也是一大筆財產的繼承人。一八二一年暑假期間，他去拜訪了她。他認為她不是太漂亮，但是很可愛，也很友善。他沒有表露此行目的就告辭了。為了避免做出過於草率的決定，他決定在接下來的八月的一個星期六寫信給她。那一天來了，他正準備動筆，但決定先到鎮上買點東西。回家的路上，他在新運河街上邂逅了一名年輕的女郎。「我盯著她看，當她向我走近時，她的臉羞得緋紅，我自己也受到感染，無法解釋這種突如其來的感覺：我向她表示問候，我們倆的目光相遇了，她的視線穿透了我，而且深透入骨。我對自己說，天哪！多麼漂亮迷人的姑娘！噢，只有她才配作我的妻子！」

他的心當場淪陷。在揚斯橋上，他轉身，看到她走進薩魯瑞爾牧師家。那天晚上他請一名學生（薩魯瑞爾牧師的侄子）低調向僕人打聽那位「美若天仙的女子」是誰。原來她叫做琳娜，出身貴族，正借住在坎麥林夫人家。這個消息讓他心神不寧。自己是一介平民，一個前助理教師，而她來自貴族家庭，他們之間存在著「世界上最懸殊的差距之一」。另外，他已經四十多歲了，而他猜她頂多十八歲。但是他們的相遇，在那樣一個日子裡，肯定是上帝的旨意。第二天早上，他又看到她，在瓦龍教會裡。他坐在老位子上，琳娜和朋友一起走進教堂，正好就坐在他旁邊。兩人之間的距離，「不到三英尺」。他用眼角餘光打量她，從她「胸部不規律的起伏」看來，他認為她和自己一樣激動，或甚至更激動，因為他的愛已經點燃她的愛情之火。

除此之外沒有其他鼓勵，而他也不需要。他收買了一個男僕，後者偷偷告訴他琳娜將於下星期天離開哈倫、前往阿姆斯特丹。范登．胡爾包了輛馬車、收拾了行李，也帶了一些錢，希望自己能說服琳娜改變行程，偷偷嫁給他。這是個大膽的計畫，但他已經失去理智。回首往事，他寫道：「全世界，我只看到琳娜一個人，我的心裡只有她，連向上帝的禱告，也不過是絕望的祈求。」當她動身的那個星期天來臨時，他先去教堂做禮拜，而她正好也在那裡。做禮拜時，范登．胡爾清楚意識到自己必須放棄計畫，因為當時薩魯瑞爾牧師訓誡的主題就是「榮耀你的父母」這條戒律。范登．胡爾坐在教堂裡的長凳上一動不動，宛如變成一塊石頭。牧師的訓誡是那麼正是時候，「就像有人曾悄悄告訴牧師說：『您的教會裡有一對戀人，正準備執行一個魯莽的計畫——跟他們說點什麼吧！』否則，牧師不可能找到一段更合適的經文勸我放棄那個有勇無謀的計畫」。於是他取消了預訂好的出租馬車。

范登．胡爾說瓦龍教會裡「有一對戀人」一事，說明他深信琳娜也同時愛上他，但是他不敢接近她，甚至不敢寫信給她。因為聽了薩魯瑞爾牧師訓誡的她，絕不會做出任何違背父母之命的事，更不用說跟一個門不當戶不對的追求者論及婚嫁了。他無處傾訴自己的情感，沒辦法與自己的父母、姊妹或他聘請的那些助理推心置腹。他能做的，就是孤獨地默默承受。給琳娜寫長詩成了他唯一的寄託，但他從未將這些情詩送出。他無時無刻不在想念她，早上幾乎都爬不起來，「一種最可怕的恐懼感緊緊抓住我，連睡夢中也在呻吟」。這種情況持續了整整一年之久。

第二年夏天，琳娜又回到哈倫拜訪朋友。他看到她從身邊走過，但還是不敢接近她。後來她又走了。有人告訴他這次她是搭船回茲沃勒（Zwolle）了。他在一首詩中描述了他的心與戀人同在的情形。全詩共二十節，以下兩節足以表達他對琳娜的傾慕之情與為之付出的努力。

一路平安，我美麗的姑娘，
當你往北方而去，對妳說聲一路順風：
噢，多麼希望能夠陪伴在妳身旁；
唉，只歎我身份卑微無此榮光。

如果你與我可愛的姑娘在一條船上，
當船兒駛經另一艘船，
上面的水手都會大喊：

最漂亮的姑娘航行在艾伊河（Ij）上！

「就這樣，我在痛苦的煎熬中又過了一年。」然後又一年，之後又一年。即使在父母的結婚紀念日，他也無法不思念他的夢中情人。一八二七年，也就是他和琳娜初次相遇的六年後，他的感情絲毫未變，對這段戀情的期待也一如既往。在琳娜再次回到哈倫後，當他聽說她從抵達的第二天起便開始咳血，他的心都快碎了。他比任何時候都絕望，焦急得快發狂——也許她這時正在鬼門關掙扎（「這是她對我的無盡思念和痛苦所引起的吧」）。他齋戒了三天，向上帝懇求和祈禱，經過她的住所時，想像她在一個昏暗的房間裡與死神搏鬥（「她會不會嘴裡叨念著我的名字死去？」）。幾天後，他在街上看到她，看上去健康狀況很好。他心存感激，他的禱告這麼快就應驗了。不過他很快便再一次陷入絕望，因為琳娜又要走了，而且，又一次，他在她走前沒能見到她的面。又一年過去，接下來的一年，他仍在「無數的淚水和歎息」中度過。

一八三〇年七月二十六日的晚上，他做了個夢，夢到自己在哈倫城牆邊散步，並找到一個最好的位置坐下來欣賞沙丘風景。這時不知從哪裡冒出來一個人，「一個身份尊貴的人」。那人二話不說，甚至連招呼也沒打，直接坐到范登．胡爾身邊，然後開始將身體往他身上靠，直到把他擠開。范登．胡爾忿忿搶回他的地盤，表示是他先坐到那裡的。令他驚訝的是，那個陌生人突然變得彬彬有禮，道歉說沒注意到他已經在那裡坐了很久。陌生人說完便起身離開。當范登．胡爾醒來時，雖然不解其意，但還是清楚記住了這個夢。就在那天早上，一名學生前來看他，並告訴他琳娜小姐在哈倫待了一段日子後又走了，最後，以一句話交代了她已與埃森的仕紳階層人士——凡德．維克先生——訂婚的事。

用不著我告訴你們我當時的感受！或我對他有多憎恨！那個消息完全正中我的要害！絕望的淚從我臉上流淌而下！在母親和姊妹面前，我好不容易才裝出沒事人的樣子。一把那個學生送出門，我就逃回自己的房間，把門鎖上，蹲下來，抱著頭，絕望地對著上帝怒吼：「上帝啊！我對祢的信任，就換來這樣的回報嗎?!」

鎮定下來後，他想起前一天晚上做的夢，突然明白一切。那個有著漂亮風景的地方就是琳娜的心，那位搶占他位子的貴族就是他的情敵。不過，當這個入侵者發現有人先坐了那個位子時，他還是謙恭地表示歉意並離去了。換句話說，范登．胡爾還有希望！也許上帝會將凡德．維克從琳娜的心中趕出去，阻止婚禮的舉行。他在希望和恐懼中又度過了一年，直到他「萬分痛苦地」看到一八三一年四月三十日《哈倫報》上刊登的結婚啟事。就是在那一刻，他才肯定琳娜將永遠不會屬於他了。他詛咒在新運河街上看到她款款朝他走來的那一天。

•

對那些正在戀愛中但不確定自己的情感能否得到回報的人來說，另一方不管做什麼或不做什麼都充滿意義。打從一開始，就不存在隨意的手勢或漫不經心的話這種東西，另一半所說的一切、怎麼說的、什麼時候說的，一切的一切都可能是個暗示，因此必須小心翼翼加以「檢驗」。彙整所有的暗示，就是為了得到一個結論：是的，她也戀愛了；或是，沒有，她並無此意。

不過，還是有那種讓人衝昏頭的感情，那份迷戀是如此強烈，導致人一廂情願為那些原本可能很平常的言行添加豐富的涵義。在這種情況下，對方所說所做的一切，對他來說都在為心心相印的愛提供無可反駁的明證。當然，結果有可能是戀愛中人自己搞錯，沒能正確解讀那些信號的涵義。他在另一半身上只看到自己，除此以外什麼也沒有。當他得知對方一直以來的真實感受是什麼的一瞬間，記憶裡的某樣東西被觸動了，讓他因此痛苦幾個星期甚至好幾個月。所有沐浴在溫暖愛情下的回憶再次浮現，宛如正被記憶逐出似的。這些回憶必須被一個一個重新評估：「這麼說，當她……結果她根本毫無此意……」彷彿它們必須被賦予新的詮釋，才能再次被接受。對那些以為記憶一旦形成就會被原封不動、安全地儲存起來的人來說，沒有比一場得不到回報的戀情更能給他教訓的了。

范登．胡爾擁有的線索少得可憐，很多都是他自己臆想出來的。當他第一次與琳娜邂逅，她在他的目光下羞紅了臉；在教堂裡，她坐在他身邊，激動得連呼吸都不規律起來；做完禮拜後，她將回去的行程延遲了幾天，毫無疑問是她和他一樣被牧師的訓誡深深撼動了……這一切都讓他深信她愛上了自己。對范登．胡爾來說，從新運河街上第一次邂逅開始，他們就已經是一對戀人。所以當他三十五年後寫自傳的時候，還能以一種強有力的筆觸重現他們對彼此的愛戀，連後來發現的真相也無法撼動。當我們閱讀范登．胡爾自傳時，會不安地看到一顆熱情的心失去對現實的掌控，看到范登．胡爾將自己的感情強加到琳娜身上。我們看到一個從頭到尾根本不知道發生什麼事的年輕女郎把一名中年男子的生活攪成一池渾水。

范登．胡爾在年屆七旬時描述了這段戀情，說自己後來是用一種不同的眼光來看待他與琳娜的那些歲月。為什麼上帝要讓他受那麼多的苦？如果老天不希望他擁有琳娜，就不應該讓他們相遇。「如果當時早五分鐘或晚五分鐘走過那條路，我就不會遇見琳娜，也不會承受那近乎無法忍受的十一年之苦。」在上帝釀成這樣的苦痛之時，是否另有其他意圖呢？范登．胡爾愈想愈覺得有這種可能。他承受的痛苦一定是某種懲罰。

延長歲月的篇幅

「我年輕時是個英俊少年郎。」范登．胡爾認為在他的年代可以對自己作這樣的評價。他膚色白皙、栗色頭髮、氣色好、體格健美，是家裡最漂亮的孩子。另外，他的相貌一直沒怎麼改變，也不顯老，六十歲時看起來也不過四十歲。他長得很帥，「因為他們成天都這麼說」，但他自己沒注意到，直到別人告訴他。他教過的小姐中，曾經有幾個人「主動創造機會讓他行不軌之事」。他總是能夠拒絕她們的勾引，但是「在二十六歲時，有一次曾屈從於誘惑」。這是他的第一大罪過。

當他始終獨身並仍能吸引女人的注意，虛榮心讓他開始自我膨脹。得知一個來自富貴家庭的女子愛上他並且一看見他就滿面羞紅，他對此非常自豪，甚至樂於——這是他的第二大罪過——將那把愛情的火燒得更旺，「完全沒考慮我已經造成人家多大的痛苦，這種激情對一個敏感的女孩子來說，通常會造成永遠無法癒合的傷痛，到死也會將這些傷心往事和遺憾帶進墳墓裡。所以，這可能就是癥結所在，因為我若不是讓這個女孩紅顏早逝，就是讓她痛苦悲傷。」他對琳娜的絕望戀情是上帝給他的應有懲罰；她是個復仇者，前來懲罰他曾經對女人幹過的壞事。冥冥中有一種力量決定他無法擄獲她的芳心。范登．胡爾在自傳中寫道，讀者可能想知道是否「琳娜真的如我所想的愛上我」，但也僅止於此。范登．胡爾說，「噢，請大家就別懷疑了。」

范登．胡爾在將近三十四歲時墜入愛河。自傳中對這段時期的描述每年不超過六頁的篇幅，如果扣除差不多三十頁對琳娜之愛的描寫，則平均每年的記述為三頁。這個數字和他中年以後的生平綜述用的篇幅是一樣的。換句話說，是他對琳娜的愛拉長了那些歲月的篇幅；如果沒有琳娜，它們就不會在記憶中鋪展開來。毫無疑問的，范登．胡爾覺得那些歲月太長、太痛苦了。那場轟轟烈烈的愛情始於一八二一年八月的一個星期六，止於一八三一年四月他看到她結婚的消息時。從日曆上來看，時間跨度不足十年，范登．胡爾卻幾次在自傳中提到「十一年漫長的歲月」。

不過，也許我們應該說，這段歲月從不曾結束。他確實在自傳中寫道，他慢慢恢復了平靜，但也說自己永遠無法忘記她：「我的心遭到如此重創，無論何時我在孤寂中想起她，都會感到有種不可名狀、令人糾結的東西（在控制著我），這就是那沉重打擊的結果。」

二十歲時發生的事最深刻

高爾頓在《大腦》雜誌上發表對其自身記憶研究成果整整一百年後，麥科馬克（P. D. McCormack）採用了高爾頓的方法來研究老年人的自傳性記憶。他對那些平均年齡八十歲的實驗對象出示諸如「馬」、「河流」和「國王」這一類單字，要求實驗對象說出它們喚起之記憶發生的時間。實驗結果顯示，大多數記憶來自一生中的第一個四分之一時期，第二個四分之一時期的記憶量相對少一些，到了第三個四分之一階段（對大多數實驗對象來說是四十～六十歲的這段時間）記憶量大幅下降。不少其他研究也顯示了類似的規律，不過各自的情況稍有不同。魯賓與舒爾坎德（M. D. Schulkind）透過綜合分析大量實驗結果得到的結論是，回憶的「高峰期」在四十歲的族群中沒有出現，在五十歲族群中開始慢慢展現，到了六十歲族群就非常明顯了。

懷舊效應是一種頑固不化的現象，即使在罹患重症的狀態下也不能將之完全抹去。弗羅赫特（P. Fromholt）、拉森（S. F. Larsen）做過一項實驗，對象是三十名健康的老人，以及三十名患阿茲海默症的病人，所有人的年齡都在七十一到八十一歲之間。實驗者給實驗對象十五分鐘回想那些他們自己認為很重要的事件。調查結果顯示，阿茲海默症患者的回憶量比健康人的回憶量要少（具體比率為八比十八），但那些回憶在一生各階段的分布情況與健康組無異：阿茲海默症患者記得最多的，也是青春期發生的事。

懷舊效應也出現在另一類研究調查中。知名社會學家曼海姆（Karl Mannheim, 1893–1947）於一九二八年寫了一篇討論世代概念的文章，文中指出我們在十七到二十五歲的人生經歷，對一個政治世代（political generation）的形成，占有極關鍵的地位。以這個理論為基礎，美國社會學家舒曼（H. Schuman）、司各特（J. Scott）進行了一項關於世代差異的量化研究。在對年齡十八歲以上的一千四百名美國人的隨機調查中，舒曼和司各特要求每位參與調查者說出一、兩個「國內外重大事件」。他們不必親身經歷過這些事件，甚至可以回答自己出生之前的事。答案五花八門，無奇不有。但是當調查者將出現最多的五件事——按年代順序依次是：大蕭條時期、第二次世界大戰、甘迺迪總統遇刺、越戰、七〇年代的劫機與綁架事件——依照提到這些事件的人的年齡進行分析時，結果出現一個顯著的特徵；被調查者所認為的「國內外重大事件」主要是發生在他們二十歲左右時的事。對六十五歲（該調查進行於一九八五年）的人來說，那個重大事件就是二戰；對四十五歲的人而言，則是甘迺迪之死。玩笑來說的話，「震驚世界的事」就是在你二十歲時發生的事。

儘管這些統計結果確實反映了被調查者不同年齡組的回憶分布狀況，卻不能提供一個解釋。

懷舊效應的三大理論

我們從文獻中找到關於懷舊效應的三大理論。第一個理論是從神經生理學的角度出發。我們的記憶力在二十歲時正處於高峰期。那個時候發生的事可以毫不費力地保存下來，此一時期儲存的記憶比之後任何時期所儲存的記憶都還多，這就解釋了為什麼大半個世紀後喚起的回憶發生在那個時期的可能性比較高，而且高出許多。這個理論可能看似很有說服力，但也可能是錯誤的。因為如果記憶的品質是記憶的最重要特性，則懷舊高峰期就必須比它實際出現的時間早十年，因為實驗結果顯示，人在十歲左右時的記憶力最強。

第二個理論是：我們在十五到二十五歲之間，通常會經歷較多「值得記憶的事」。這個理論已被相關調查的結果所證實。實驗中，調查者要求實驗對象敘述三、四件他們印象最深刻的事，顯示出的懷舊效應比使用線索字進行研究得到的懷舊效應還要明顯。顯然，事件留給人的印象是一個很重要因子。回答「當時有什麼值得記憶的事發生？」這個問題時，我們不僅要為喚起的回憶標上具體的時間點、記下被誘發的那些回憶，還得對這些回憶進行鑑別。那些都是什麼樣的回憶？它們之間有什麼共通點？為什麼這些事在年紀大時比較少發生？探究這些問題的研究不多，但並非沒有。詹薩里（A.

Jansari）和帕金（A. J. Parkin）透過調查發現，懷舊高峰期間的許多回憶是與各式各樣的「初體驗」連結在一起。這些「初體驗」包括初吻、月經初潮、第一次公開演說、第一次沒有和父母一起度過的生日、第一次上駕訓課、第一次看到死人、第一天上班——這些初體驗的回憶中，有不少具有閃光燈記憶的特點。當然，第一次經歷也可能發生在年紀大的時候，例如第一根白髮、更年期的第一次熱潮紅，但可以肯定的是，隨著年歲的增長，初體驗的經歷會愈來愈少。

懷舊效應還有第三個解釋。童年與成年早期所發生的事，塑造了我們的個性，也指引著我們的人生歷程。一次意外的遭遇、一本讓我們留下深刻印象的書、一次讓我們猛然醒悟自己究竟想做什麼的談話等，對於那些青澀歲月裡發生的這類事件，我們的反應是最強烈的，記憶也最深刻。懷舊效應讓一個人回憶起那些使他成為今天這個自己的事件。今天這個「我」，以及當年該經歷塑造出的那個「我」，兩個「我」之間的相似性很自動地將老年人的聯想帶回年輕時代。

根據這個理論，回首往事的老年人會想起構成他們生命故事的那些插曲。換個角度來說，他們講述這段故事的方式界定且說明了他們的身份。心理學家費茲傑拉德（J. M. Fitzgerald）認為，這些生命故事中絕大多數有一個共同的特徵：敘述者會努力使這些故事或多或少具有連貫性。老年人回首他們過去的生命時，喜歡把它塑造成一個充滿了驚喜和突然轉折的故事，而它是透過一個穩定的中心人物與充滿其個人特色的反應整合在一起的。另一個特點是（順著首要特徵的邏輯而下），模式一旦確立，新的插曲就有可能逐漸被省卻。經過進一步調查發現，有不少看似新的事物其實也是出於習慣，是另一種重複，是第八百個前例，是說一個好故事時必須摒棄的東西。費茲傑拉德進行過的一項研究點出了記憶的重複面向。他要求三十名老人分別講述五個關於自己的故事，那些當他們要寫自傳時一定會寫進去的事。研究結果顯示，不同年齡階段的回憶量分布極不均，在懷舊效應的作用下，分布曲線更像一座山而非小丘陵：這些參與調查者的回憶中，發生在十到二十歲這十年間的事，比發生在五十到八十歲這三十年間的還要多。

自傳性記憶與自傳的共通之處

威廉．范登．胡爾的自傳長達八百頁，當中包含許多回憶。他講述了自己七十六年來的生平，而關於這些年的記憶呈現不均衡分布，因此所用的篇幅或長或短，正如費茲傑拉德實驗中調查對象回憶往事的表現：開始時是山峰，繼而是丘陵地帶，最後變成平原。閱讀范登．胡爾的所有回憶，我們發現懷舊效應文獻中的兩大理論——大致可以表述為「較多難忘的事情都發生在那個時期」和「人生故事中的重要場景都出現在那個時期」——是彼此交疊的。范登．胡爾回憶童年和早期成年生活的主要章節，都有不少關於「初體驗」的描述，不論是去新學校上學的第一天、第一次獲准回馬登斯代克探視祖父母，或是擔任助理教師的第一天、第一份校長工作，甚至第一次購置房產。他後來的人生歷程中也有一些「初體驗」回憶，例如當他看到琳娜向他款款走來、那美妙而短暫的一刻，但是愈往後關於「初體驗」的記憶也就愈少。同時，這些第一次經歷的相關回憶也凸顯了貫穿范登．胡爾這一生回顧的「故事」。因為，所謂第一次，表示後續還有發展，也就是說：這第一次的經歷是一條敘事線的起頭。回憶時，如果沒有這段悲傷的愛情故事，就不會有他與琳娜的初次相遇。所有人在回憶時，都是逆向的：我們只有等到事後才能看到起始。

自傳性記憶與自傳的共通之處，在於自傳性記憶也有主題、動機與情節。它們是逐漸浮現、成形的。當某人講出自己的記憶時，不論是對自己或他人，都是一種公開，因此也不再是對事件本身的單純紀錄。就范登．胡爾的溯往過程來說，記憶提供的只是粗糙的素材。他對那些記憶的解釋需要一個內省的角度，跨幅長達六十多年。即使是他最初的回憶，例如與母親相互問候、鞋子乾淨的時候得到免費新鮮牛奶，也在一個主題中有著自己的位置。他在自傳中寫道，這些細節近乎幼稚、不值一提，但是它「可以看出一個人的成長背景」。又如，童年時搭乘夜船去烏特勒支的那次經歷——當他爬上座位、任凌晨的萬籟俱寂感動自己的那趟旅程——也在一個故事裡占有一席之地，只是男孩自己不知道，而且當時它也還不能稱為故事，因為范登．胡爾一直到六十三歲時，亦即那次旅行的半個世紀後，才憶起那段經歷，並意識到很多東西已經從他的生活中消失，於是那個故事才成為一個故事。像這樣，就有如老年將自身寫進童年的回憶裡。有一些事，如果范登．胡爾在二十多歲時被問過，他的記憶毫無疑問會像在寫自傳一樣記錄下來，但也有一些事要等到它們成為某個形態或主題的一部份時，他才會想起。范登．胡爾自傳的敘事特徵，就是以那些已經不再是原始素材的東西為基礎。

范登．胡爾透過篩選、詮釋和潤飾所帶出的自傳主題，還發揮了其他的作用：讓時間膨脹和收縮。當他遭受屈辱時，時間幾乎靜止了，而他在女僕克萊潔嘲笑的目光下當場凍結；或那些保母的耳語訕笑聲仍舊大肆回盪在大街上，我們也在他的記憶裡被拋回一八一七年的五月三日。再來就是他對琳娜的痴戀，把不足十年的時間記成「十一年漫長的歲月」……反過來也是如此。當他的生活逐漸與這些主題脫鉤時，時間似乎縮短了。「關於接下來要發生的事，」他在自傳的倒數第二章中寫道，「從一八四一年至一八四八年，可以講的事已經很少了。生活單調，鮮有特別之處」。簡單一句話就交代了整整七年的事！在接下來幾行裡，我們也看到他對時間飛逝的感傷：「分分秒秒，一天又一天，一月又一月，時間似乎總是飛快離我而去。」

最後的時光

范登．胡爾對一八四九年的描述，比之前幾年多一些，只是都不是什麼好事。那一年一月，他最喜歡的姊姊貝特西去世了。他們一直生活在一起，包括在寄宿學校裡，共同撫養他們領養的小孩。姊姊的死對他打擊很大：「我無數次回想起這六十六年間的一切。我多麼想回到童年時代，與那些夥伴在一起。唉！只可惜他們早就離我而去，唯獨我還倖存這個世界上！」現在姊姊也撒手人寰，他感到無比孤獨。在哈倫，沒有人邀請他到家裡作客。好朋友不是去世了，就是搬走或結婚了。「於是我孤獨佇立在這裡，一個迷失的靈魂，在我的故鄉」。自傳的最後二十頁描述了他七十六歲生日前那四年光陰，那種愈來愈孤寂的生活。他唯一仍在世的親人妹妹伊莉莎白也摔傷了膝蓋骨，不能前來探望他。一八四九年十月的某一天，范登．胡爾看到雪花紛飛，看向地面時卻沒有發現雪。他深信自己的眼睛一定出了什麼問題。果然，他的眼睛在後來幾個月裡紅腫得厲害，於是那段時間連讀書寫字都成問題。以前，他總是喜歡在漫長的冬夜裡讀書或寫作，現在他什麼也做不了，只能在一間黑漆漆的屋子裡等待睡眠降臨。當視力有所恢復時，他又遭遇另一件不幸的事。一天早上，他爬到一張椅子上，想去拿放在書架上的一瓶墨水，結果不慎摔下來，後腦勺撞到一塊大理石鋒利的邊角。范登．胡爾摔這一下非常猛，聲響大得連街上都聽得到。他暫時失去知覺，但之後自己站了起來，轉頭看著身後：

「地上有一大灘血，雖然頭骨沒受什麼傷，但後腦勺還是有一個三英寸長傷口，害我好幾天都戴不了帽子，也出不了門。」

范登．胡爾的生活變得愈加平靜，聽到的消息幾乎毫無例外都是某某人過世了，當中包括自己的家庭成員、熟人、朋友、老鄰居和老同事、從前的學生。他們當中不少人曾在范登．胡爾的自傳中被提過。現在，范登．胡爾再一次提到他們，並記下他們去世時的日期和年齡。他很少再出門，因為右腿腫了，痛得幾乎無法站立。他在想自己是不是太老了，沒有治癒的希望了。他決定，正如他這輩子經常做的那樣，「交給上帝決定」：他痛苦地彎下腰，拿起兩張紙，在一張紙上寫下：「噢，上帝！以祢的名，有希望」；在另一張紙上寫下：「噢，上帝！以祢的名，沒有希望」。他將這兩張紙摺起來，閉上眼，然後抽出其中一張，開始禱告。他抽中的是「是的，有希望」那一張，於是他禱告，耐心等候他的祈禱被上帝聽到。他是在一八五四年五月寫下這個插曲的，不久後人們開始將沙丘地下水輸送到阿姆斯特丹，而當時荷蘭的「三大工業巨頭」抽乾了哈倫湖。他不知有多想要親眼去看看。

范登．胡爾的自傳一直寫到一八五四年，也就是他七十六歲的時候，最後四年沒有紀錄，就如同沒有描述他四歲前的經歷一樣。在自傳的結尾，他又一次向讀者敞開心扉：他仍想著琳娜（她在一八四四年喪夫）。他仍舊祈求上帝讓琳娜成為他的妻子，儘管他開始懷疑自己的祈禱是否終有一天能被應允。「我已經七十五歲了，那些不知道我的故事的人，對有人在這把年紀還想有個伴兒，肯定會覺得荒唐至極吧。」

參考書目

范登．胡爾養子的最後一個子孫過世後，其遺孀於一九九二年將范登．胡爾的自傳手稿捐給哈倫市檔案館。范登．胡爾的自傳後來以某系列叢書之一於一九九六年在希爾弗瑟姆 (Hilversum)出版，書名為《自傳：一七七八～一八五四》(*Autobiografie [1778–1854]*)。作家雷默德．帕莫斯 (Raymonde Padmos)為此書作序。

–Conway, M. A., and D. C. Rubin, *'The structure of autobiographical memory', in A. F. Collins, S. E. Gathercole, M. A. Conway and P. E. Morris (eds.), Theories of Memory*, Hove, 1993, 103–37.

–Fitzgerald, J. M., 'Autobiographical memory and conceptualizations of the self', in M. A. Conway, D. C. Rubin, H. Spinnler and W. A. Wagenaar (eds.), *Theoretical, Perspectives on Autobiographical Memory*, Dordrecht, 1992, 99–114.

–Fromholt, P., and S. F. Larsen, 'Autobiographical memory and life–history narratives in aging and dementia (Alzheimer type)', in M. A. Conway, D. C. Rubin, H. Spinnler and W. A. Wagenaar (eds.), *Theoretical Perspectives on Autobiographical Memory*, Dordrecht, 1992, 413–26.

–Galton, F., 'Psychometric experiments', *Brain* 2 (1879), 149–62.

–Jansari, A., and A. J. Parkin, 'Things that go bump in your life, explaining the reminiscence bump in autobiographical memory', *Psychology and Aging* 11 (1996), 85–91.

–McCormack, P. D., 'Autobiographical memory in the aged', *Canadian Journal, of Psychology* 33 (1979), 118–24.

–Rubin, D. C., T, A. Rahhal and L. W. Poon, 'Things learned in early adulthood are remembered best, *Memory and Cognition* 26 (1998), 3–19.

–Rubin, D. C., and M. D. Schulkind, 'The distribution of autobiographical memories across the lifespan', *Memory and Cognition* 25 (1997), 859–66.

–Schuman, H., and J. Scott, 'Generations and collective Memories', *American Sociological Review* 54 (1989), 359–81.

第十四章　為什麼年紀愈大，時間過得愈快？

——心理時間的祕密

天色已沉，臨近深夜，恩斯特．君格（Ernst Jünger, 1842—1910）坐在書房裡，正在寫一本關於時間的書：《沙漏之書》（*Das Sanduhrbuch*）。他的桌前擺著一個古代的計時器——沙漏，這是亡友瓦倫丁納（Klaus Valentiner）送給他的禮物。二次大戰期間，瓦倫丁納在俄羅斯失蹤了。這個熟鐵製成的沙漏，頸口已經磨成乳白色，顯然用了非常多次。君格看著柔細的沙子從上面的球體無聲無息漏下，在下面的球體中逐漸堆成一座小丘。

這可不是讓人感到欣慰的念頭，他自忖，儘管時間在緩慢流逝卻又延綿不止。上方消失的沙子在下方累積成新的一堆；只需簡單地動一動手，把沙漏倒過來，又能累積一段可使用時間。但是無論重複多少次，其實時間過得愈來愈快了。因為沙漏裡的沙粒相互摩擦，變得愈來愈光滑，直到幾乎不帶摩擦地從一個球體流到另一個球體；沙漏頸部的漏孔也因沙子摩擦而逐漸變寬。沙漏用得愈舊，沙子便漏得愈快；不知不覺中，沙漏所計的時辰愈來愈短。這個不甚完美的計時器有個隱喻：「對人類來說也是如此，年復一年，時間過得愈來愈快；而人類自身的生命，也日益只剩下往事烙下的印象，直到生命終結。」

《沙漏之書》於一九五四年問世。恩斯特．君格著手寫這本書時已年屆六十，那種隨著年齡愈大、時間似乎也過得愈快的感覺，他一定感同身受，再熟悉不過。這是一種讓歲月縮短的加速度形式。一旦過了四十歲、五十歲，就感覺日子愈過愈快，不再像十五歲或二十歲時那樣了。這個神祕的加速度隱藏了第二個謎，也就是威廉．詹姆斯於一八九〇年在他的著作《心理學原理》（*Principles of Psychology*）中提出的問題：分分秒秒、日日夜夜看似一如往常，然而何以一年過得比一年更快呢？

對於時間的加速度問題，用比喻來說明更容易理解。作家赫瑞特．克羅爾在《弗里斯蘭人不要哭泣》（*Een Fries huilt niet*）一書中寫道，「時間就是在我們指間把弄的一小串鏈子」。只是，為什麼這串鏈子會在我們指頭上轉得愈來愈快呢？另一方面，量化的答案也不能讓人非常滿意。法國哲學家保羅．珍妮特（Paul Janet, 1823—1899）在一八七七年指出，某人生命中一段時期的表觀長度與此人的壽命有關。對一個十歲的孩子來說，過一年就是他小小年紀的十分之一……而對一個五十歲的人來說，一年只是他生命中的五十分之一。威廉．詹姆斯把這個「規律」看作主觀上對於時間加速度的描述，而不是解釋。他是對的。他自己將歲月看似縮短的現象做了如下歸結：

記憶的內容千篇一律，回首往事也隨之簡化。青少年時期，我們每天、每時每刻可能都有嶄新的經歷，不管是主觀的還是客觀的。我們對這些經歷有著深刻的理解，當時的記性也特別好。關於那個時期的回憶，猶如一段驚險有趣的旅行，繽紛繁複而歷久不衰。但是隨著時光飛逝，我們的經歷難以察覺地逐漸轉變為習慣性的例行程序，每個日子、每個星期因此褪色，在回憶中僅是無數個時間單位，歲月也就空洞無物了。

這種解釋將記憶置於我們對時間體驗的中心位置。心理時鐘上的分分秒秒，伴隨著回憶流逝。這個時鐘的周期和節拍也是由記憶「加工製造」出來的。生命加速的體驗是眾多時間幻覺的一種。有些體驗關乎分分秒秒的加速流逝，而另外一些是關於日、月、年，甚至人生更長時期的。但是不管其長度如何，這些以時鐘或日曆來度量的時間都有以下共同點：將時間體驗與我們意識中發生的事連結在一起。早在一八八五年，法國哲學家暨心理學家尚．馬利．居友（Jean-Marie Guyau, 1854–1888）就針對心理因素對主觀時間的影響問題做過不少研究。因肺結核而英年早逝的居友提出了一個關於時間概念的精闢理論。

影響心理時間的因素

居友年僅二十，便完成一部長達一千頁關於倫理道德歷史研究的巨著。此後的十三年間，他共著書十本，論文無數，主題廣泛，大多涉及美學、社會學、教育學和宗教等領域。他一生著述頗豐，彷彿是為了彌補短暫的生命。他最著名的作品是《時間概念之起源》（*La genèse de l'idée de temps*），該書於一八九〇年出版，也就是他去世兩年後。這本書的內容是基於居友於一八八五年發表在《哲學期刊》（*Revue Philosophique*）上的一篇論文，篇幅不過五十多頁，刊印與一般的圖書無異。為紀念居友逝世一百周年，米雄（John A. Michon）於一九八八年和幾個同事再版了這本書，並加上了評注以及居友的生平介紹。

一八五四年，居友生於法國的拉瓦爾（Laval）。在他出世的前一年，父親讓．居友（Jean Guyau）

與比他小十三歲的圖勒麗（Augustine Tuillerie）結婚。他們的婚姻並不幸福。「她結婚時，可能不清楚將會過著地獄般的生活，」米雄寫道。「不過她很快就發現了」。他母親不堪忍受丈夫的虐待，終於決定離開，帶著三歲大的居友搬到表兄——哲學家傅立葉（Alfred Fouillée, 1838—1912）家裡。

居友的啟蒙教育得自於母親，後來由傅立葉接手。傅立葉鼓勵居友閱讀古希臘哲學家柏拉圖和德國哲學家康德的著作，甚至讓這個年僅十五歲的孩子幫他撰寫關於柏拉圖和蘇格拉底的著作。在居友十七歲生日那天，也就是剛進入大學時，已經累積了一段繁忙的知識份子生涯了。一八七四年，居友剛滿二十歲，就受聘為巴黎康德賽特學院（Lycée Condorcet）的哲學講師。

就在受聘為講師的那一年，居友罹患了肺結核。十九世紀不少著名的人物英年早逝，居友就是其中之一。為了健康，居友決定放棄教書，到氣候較溫和的地方尋求思想的啟迪。他和妻子、母親、傅立葉一道在法國東南部的普羅旺斯定居。一八八四年，居友夫婦喜得貴子，取名奧古斯丁。深居山間，遠離了嘈雜的學術環境，居友過了幾年快活的日子，著作豐富。在這期間，他寫下了關於時間概念一書中最重要的章節。

居友的時間理論中基本的類比是空間，不過不是幾何學上的空間，而是用於透視畫法的空間，也就是將自身展示給觀察者的空間。關於時間的體驗，是一個「內在光學」（internal optics）的實例。記憶讓我們對時間體驗發出指令，這與一位畫家利用透視圖對空間發出指令的原理非常相似。記憶在我們的思想裡是有深度的。我們記憶中的指令一旦被切斷，就像夢境的轉換一樣，我們的時間感也會隨之消失。居友舉了一個例子：一個學生突然陷入昏睡狀態，但很快就被他心急如焚的朋友喚醒。在短暫的昏睡期間，那個人夢見自己去了義大利。那些城鎮、人物、紀念碑和個人經歷等一系列圖像在腦海中的紛繁變換，讓他覺得自己做了好幾個小時的夢。

居友總結了幾個影響心理時間的因素。心理時間的長度和速度取決於下列因素：感覺和思想的強度、這兩者之間的交替、數量、接踵出現的速度，以及付諸的注意力程度、將之儲存在記憶裡所花的工夫，以及喚起的感情和聯想。不過，這些幫助我們理解心理時間的因素，也會讓我們做出錯誤的判斷。例如，集中精神就像望遠鏡的功能，把細節呈現得非常清晰，造成物體近在眼前的幻覺。居友借用了英國心理學家蘇利的類比。蘇利在一八八一年出版的著作《幻覺》中這樣表示：綁架或謀殺等轟動事件，在人們看來會比實際發生的時間更接近現在。當犯人服完刑時，沒有人會相信這項罪行是很久以前犯下的。

根據我們個人的理解，情感強度也是我們預估時間長度的一個因素。回顧一件讓我們感受深切的事件，會傾向於低估事件發生距今多久時間。這種幻覺在精神病學中可以找到對應病症。造成心理創傷的事件，總會不斷出現片段插敘，記憶穿透了心理上的現在，也無法隨心所欲地抹除。居友在書中寫道，彷彿這種記憶是伴隨時間而行，拒絕從視線中消失。當我們來到溫格恩山（Wengern Alp），總覺得好像一定得朝少女峰的廣大冰河扔一顆石子，而深度心理創傷與我們當下之間的距離就有如那顆石子所能穿越之遙。

清晰明確的念頭能夠引發遠近的幻覺，它作用於兩個時間方向上。在等待和期盼中，我們會把目標事件想像得如此清楚透徹，以至於低估了我們和事件相距的時間長度。在緊張的期待中，可能覺得時間漫漫無期，但是期待中的事情一旦發生了，時間卻往往如同飛逝而過，相對於之前的漫漫等待，就會感覺時間加速了。

記憶對時間長度和速度的「改造」，意味著我們可以從當前的經歷中找到過去：

有幾座地下埋藏著火山灰的城市，曾有更古老的城市存在，埋藏著更為遙遠的過去。居民在舊城的遺址上建起了新城，於是造就了城市的層層疊疊，街道之下是地下街道，十字路之下是另一層的十字路，生機勃勃的城市建築在沉睡的城市之上。我們的大腦也一樣，我們現在的生活掩蓋了過去的生活，只是我們不全然知曉；另外，過去的生活支撐著現在的生活，也是看不見的基礎。如果我們下探內在的過去，就會徘徊在廢墟中。

透視圖中的空間關係，也適用於對我們生命中更長時期的估計。如果引起我們注意的事物是處於開始與結束這兩點之間，則這兩點之間的距離看起來就會比實際距離更長一些；與此極為相似的是，發生重大事件和變化的一年，看起來會比單調無聊的一年更長。對居友來說，我們回溯某段時間的表面長度，似乎是由該記憶事件的特殊程度所決定的，例如事件有多鮮明劇烈，這也是為什麼童年歲月看起來很漫長、老年時光卻很短暫的緣故。居友對此做出如下評論：

童年時期對時間非常不耐煩，總想揮霍未來的時間，但時間卻是緩緩而行。另外，關於童年的印象也是深刻鮮活、豐富多彩的，所以那些歲月無論怎麼看都與眾不同。正因為如此，一個年輕人看待剛過去的一年，就像看待空間中的一連串場景。遠處的後台消失了，在揭開舞台的布幕後方，場景一個接一個地變換；我們知道一系列的背景已掛起來，準備在適宜的時機登場，映入觀眾眼簾。這些背

圖13. 尚・馬利・居友

景是重現過去的畫面；有些畫面已經褪色，變得模糊不清，使人產生遙遠的距離感；另外一些則是充當舞台的側幕。我們以這些畫面的視覺強度和出場順序來把它們分類，我們的記憶就像舞台管理人員。如此一來，對一個孩子來說，剛剛過去的新年元旦，就會退到比接下來發生之事件還遠的地方，而下一個新年元旦看來還很遙遠，於是這個孩子急切盼望著長大。

相較之下，晚年更像古典劇院裡一成不變的場景：一個簡單的場地，有時候時間、地點和表演達成真正的一致，一切都集中在最主要的活動，摒棄此外的一切；還有些時候甚至沒有時間、地點和表演。一周與另一周沒有區別，一月與另一月無異，生命的單調性在漫漫延伸。這些畫面全都融合為一。於是在想像中，時間被刪減了。願望也是如此：當我們快走到生命的盡頭時，每年都會感歎：「又一年過去了！這一年我做了什麼？有什麼感受、經歷或成就？這三百六十五天怎麼可能感覺起來不過才一、兩個月而已？」

如果想要「拉長」時間，有機會的話就得用上千個新鮮的體驗去充實它。例如完成一次充滿刺激的旅行，為周遭的世界注入生氣，來使自己恢復活力和青春。當你回首往昔，會發現一路走來歷經的事情和沿途風光已經累積在想像中，你眼中世界的所有片段將排成一列長隊。套個很貼切的形容，這列長隊就是一條呈現你心中的時間長河。

居友的英年早逝讓我們不禁為他那句「有機會的話」而唏噓。在生命的最後幾年中，他已經無法再完成令人興奮的旅行了，至少不是所謂地理上的旅行。有人可能會說居友不只活了三十四年，因為他在每一個人生轉捩點都更新了自己的內心世界。他幾近沉迷地穿梭於哲學和心理學這兩個截然不同領域的心靈之旅，必定等同於真正的旅行，具有延伸心智的作用。

一八八八年初，法國和義大利沿海地區因一場地震而造成重大破壞，居友的家也在地震中被毀，當地居民被迫在潮濕的畜棚裡過了幾個晚上。居友體質虛弱，受不了這種摧殘，因此感染了風寒，身體狀況明顯惡化。三個月後，居友病逝於耶穌受難日前夕。當時他四歲大的兒子奧古斯丁睡在隔壁房間。第二天早上，有人告訴他父親遠行去了。

內在光學

居友闡述對時間的看法，是透過內省的觀察而不是透過實驗。也許正因為這樣，他的觀察才如此具有說服力。對內在世界極敏感的人，知道如何為他人視為芝麻綠豆的事找到合適的心理位置。從字面上看，內省可能意味著「觀察自己的內心世界」，但是內省其實也包含他人的體驗，因此能夠應用在自身之外。在這個意義上，小說中對於內省觀察的內心獨白，能夠發人聯想，甚至讓其他文類產生共鳴。

法國文豪普魯斯特曾在名著《追憶似水年華》的一個章節〈蓋爾芒特家那邊〉（*Le Côté de Guermantes*）中，對於焦急等待中時間流逝緩慢的深思默想，有幾段極為精湛的描述。在著作中，敘述者剛寫了一封信給他心儀的斯特瑪麗婭小姐（Mme de Stermaria），邀請她共進晚餐，對方說將在當天晚上八點鐘前答覆他。於是，那個下午時間過得特別慢，彷彿沒有盡頭：

> 如果那個下午我別想著她回信的事，或有其他人來訪，時間就會過得很快。當時間在閒聊中度過，人們就不會計算時間，或真正關注時間，於是時間便消失了，而且當匆匆溜走的時間再度出現、引起你的注意時，已經離最初的時間點相當久遠了。但如果是孤單獨處，我們就會全神貫注於綿延不絕的等待時分，鐘擺單調不變的滴答聲響，讓我們把小時分割成分鐘，甚至感覺加倍漫長。若這段時間我們是和朋友共度，就不會這麼仔細計算一分一秒了。

經過漫長的等待，信終於來了，斯特瑪麗婭同意三天後與他共進晚餐。從那一刻起，他所思所想的唯一一件事就是三天後的約會。雖然只不過是要與心儀的女子吃頓飯而已，但他真正的願望是擁有她，深信當晚她會委身於他。他在想像中，一分鐘接著一分鐘地體驗著將如何撫愛她。約會之前的這段時間是十分難熬的：

> 等待與斯特瑪麗婭約會的這幾天，對我來說一點也不快樂。事實上，我能做的就是熬過這幾天。一般來說，與計畫目標之間的時間間隔愈短，時間看起來就會愈漫長，因為我們用了更小的量度標準，或僅僅是因為我們想到要去度量它。如我們所知，教皇統治制度的時間要用世紀來計算，不錯，或許可能根本沒有計算時間的念頭，因為該制度的宗旨就是代代相傳、永不止息。我要度過的不過只

有三天，卻以秒為單位來計算時間，全心全意想像著首先要採取的撫愛動作……

在這裡，居友的內在光學法則明明白白地發揮了作用：欲望使想像力變得鋒利，將事件如此近距離地置於我們的面前，就像透過望遠鏡看見的景象，以至於真正的距離在感覺上被不成比例地拉長，時間好像遲滯了。直到等待結束的那一刻，事件才會恢復正常的速度。只可惜，書中的敘事者未能得償所願。約會當晚，他派出自己的馬車去接她，馬車卻空著回來。馬車夫帶回一張斯特瑪麗婭寫給他的卡片，上頭寫著她沒料到自己不能前來，甚至還補上一句表示歉意的話：「今日之約，至為期盼。」

德國小說家湯瑪斯．曼（Thomas Mann, 1875—1955）的《魔山》（*The Magic Mountain*）也是一部關於時間和記憶的重要作品。《魔山》的德文原著於一九二四年出版，書中略微提及居友於一八八五年闡述的時間法則。書中寫道，卡斯托普（Hans Castorp）去達沃斯的一處療養院看望在當地接受治療的表兄，並在那裡待了幾天。之前就有人警告他，對於塵囂之中健康的人而言，在那裡待超過一個星期和不到一個星期，對時間的長度感會截然不同。

湯瑪斯．曼在一篇題為〈關於時間感的附記〉（*Excursus on the Sense of Time*）的文章中，思考過時間的厭倦效應。人們常說厭倦會使時間看起來漫長難耐，所以德語中的厭倦一詞是「Langeweile」。不過，這種厭倦感可能僅適用於一小時或一天；數周或數月等更長的時間，反而會被這種厭倦截短：「當一天和其他的日子沒有什麼不同，日復一日都一個樣，那種一致性會使最長壽的生命看起來也很短暫，彷彿時間在不知不覺中被偷走了。」相反的，充實有趣的內容「會讓平凡流逝的時間變得重要、廣闊和紮實，多事的年份因此比起貧乏空洞、彷彿隨風而逝的年份來得慢上許多」。看來，任何希望長壽的人，都必須用心聽取居友的建議，盡可能改變周圍的環境並且多旅行，拋棄常規慣例。湯瑪斯．曼遊歷的地方比居友多得多，但他也意識到旅行的效果其實並不持久：

當我們初來乍到一個新地方，時間那寬闊、廣泛和流動的年輕特性，可持續六到八天。然後，隨著我們「逐漸熟悉那個地方」，會感覺時間漸次縮短。這個緊緊抓住生命的人，準確來說是希望抓住生命的人，戰慄地看著日子愈來愈空洞，如枯葉匆匆落去。不消一個月，日子可能就令人驚恐地無法捉摸、飛逝如電了。

站在高高的山上，卡斯托普有許多機會揣摩這種體會的對立面，也就是時間那令人倉皇失措的延遲力。卡斯托普也曾患有肺病，並在療養院治療了七年之久。

普魯斯特和湯瑪斯．曼關於時間體驗的解釋，與居友的觀點相同。情感的強度與總和、記憶和期望的強烈程度，以及常規慣例或意外事件造成的影響，上述這些因素都會賦予心理時間自身的律動和長度。隨著我們的意識活動，時間會加速或減慢，會收縮變短或延展拉長。居友認為，為了掌握時間，關於時間的體驗和在其中儲存了時間體驗的某個記憶都是不可或缺的，因為「時間從一開始就存在我們的意識裡，就像存在沙漏裡一樣。我們的感知與思緒相當於從漏孔中流下的沙粒。它們不是混成一團，而是以其多樣性相互替換的。沙漏裡的涓涓沙流，就是時間」。

時間的感知

居友那一句「沙漏裡的涓涓沙流」意境，也使另一個問題明朗化。我們的想像只有將時間設想成空間坐標才能達到掌控時間之目的。追本溯源，時間的語言在本質上就是空間的語言。之前、之後、其間、長的或短的，一切都是假想時軸上的刻度。

西方文化認為，假想時軸是一條直線，我們盡可能準確地將時間單位放在這條直線上，就像一把尺上頭的刻度，每秒、每分和每小時都有其固定長度。一些關於時間的參考書表示，這條線貫穿我們的身體，所以我們「前瞻性地」看待未來的事情，而過去的事情則「被拋到身後」。未來是將要到來的時間（Zukunft, avenir），而過去是我們已經經過了的時間（passé）。游離於身體之外的時軸有個明確的方向：後來的時間出現在右邊。不管它是圖表上的時軸，還是歷史書裡的時間劃分，年表都是由左至右排列。

在「生命的階梯」這類畫作中（在中世紀，這類題材畫作極常見），幼年是從左邊的階梯開始往上爬，而晚年是從右邊的階梯往下走。表示未來的箭頭，例如指標「前往」或錄影機上的「播放」鍵，總是一成不變地指向右邊。我們關於時間和空間的直覺為何以這種方式運作，目前還不清楚，儘管有跡象表明我們由左至右書寫是導致直覺「未來位於右側」的因素之一。

心理學家茲萬（E. J. Zwaan）曾在以色列進行一系列實驗研究，受試者的母語是希伯來語，這種語言的書寫方向是由右向左。大多數受試者將代表「以前」的那張卡片，放在代表「後來」的那張卡片的右側。茲萬在荷蘭也進行了同樣的實驗，這次幾乎所有被調查者都將「以前」放在「後來」的左邊。這說明未來是位於右側的，因為向右移動與時鐘指針的運動方向一致，雖然到了鐘面的下半部，指標幾乎沒有向右移動。我們總是將「順時針方向」等同於「向右運動」，其實這是關於時間在方向性上的疑問，而非解釋。

除了為時間加上方向，我們日常的言論也讓時間具有變速和伸縮彈性的特徵。時間可以緩慢蠕動，也可以飛逝而過；時間可以加速前進、放慢腳步，也可以停滯不前；時間可以收縮或延展，也可以縮短或拉伸。思緒和言論中的時間填充了空間，時間體驗可以與空間體驗一致；對於居友的「內在光學」思想，以及普魯斯特和湯瑪斯．曼關於時間收縮、延展的觀點而言，這是至關重要的元素。方向、變速和彈性這三大特徵都將透視法則應用於它們的內在感知上。關於時間感知與時間特性也有相對應的實驗研究。十九世紀最後二十五年間，有多達數百起關於時間的心理學實驗研究。其中大多數實驗是在德國的實驗室進行，這些實驗旨在研究我們的「Zeitsinn」，也就是時間感。

時間感實驗

當時的實驗使用的方法可謂五花八門，無奇不有，而且在當今有關時間感知的研究中仍在使用。一個常用的實驗方法是透過蜂鳴器等設備，提供實驗對象一個時間間隔。蜂鳴器前後兩次發出的嗡嗡聲代表一個時間間隔，實驗者要求實驗對象透過模仿蜂鳴器的聲音重複那個時間間隔。

實驗者在第一個時間間隔中添加各種刺激，如喧鬧或溫和的雜音、快節奏或慢節奏的音樂。隨後，實驗者將實驗對象模仿的時間間隔，與蜂鳴器發出的時間間隔進行比較，以此來測定實驗對象是

圖14. 用於時間研究的嗒克特時間測量儀（The Taktir Apparatus）。這台儀器是以威廉·馮特的設計為基礎，發出的滴答聲的頻率和音量可以精確調節。

否高估或低估了某段時間間隔的長度，例如有慢節奏音樂的時候。還有一種實驗方法，是給實驗對象兩個等長的時間間隔，並在這兩個間隔之中，加入各種刺激，要求實驗對象說出哪個時間間隔較長。

為使實驗盡可能統一標準，德國萊比錫心理實驗室的創始人，也就是心理學家暨哲學家威廉．馮特，設計了嗒克特時間測量儀。這個儀器會發出滴答聲，頻率和音量都可以很精確地調節。馮特的同事梅伊曼（Ernst Meumann, 1862–1915）使用這台儀器時發現，如果在時間間隔中填入頻率完全一樣的滴答聲，只是音量愈來愈大，則儀器發出的滴答聲似乎會顯得愈來愈快。任何聽過法國音樂大師拉威爾作品《波麗露》（*Boléro*）的人都會產生同樣的幻覺，而且程度更甚：由於音量加大，感覺樂曲在末段時比開始時要快。聽說如果在演出過程中，拉威爾發現樂團指揮加快了節奏，是會勃然大怒的。

使用嗒克特時間測量儀與類似設備進行的實驗，通常適用於較短的時間間隔，最多不過幾秒鐘，半分鐘已經算是很長的時間。在這些時間間隔裡，可以按照相對嚴謹的順序加入一些刺激，從而盡可能精確地測定主觀時間的長度和速度的變化，若有必要，其精確度甚至可以達到毫秒。實驗者希望這種一絲不苟地以秒鐘或分鐘為時間間隔的實驗成果，能夠用來推斷數天、數月甚至數年的時間體驗。只是這麼一來時間間隔太長，無法控制變數，因此，最有可能的方法仍是以生命本身來做實驗，正如《魔山》的情節。不過，主導較長時間間隔的法則也許可以在較短的時間間隔上得到精確測定，這個想法很吸引人。居友和普魯斯特關於時間的描述超出了他們個人的內省，因為他們與他人的體會產生共鳴，因此也許我們可以期望實驗儀器不停發出的滴答聲、嗡嗡聲和嘎嘎聲來告訴我們實驗室外的時間失真狀況。

事實證明，跨越不同等級時間間隔的研究，並沒有想像中的那麼簡單。首先是術語的問題。即使是最簡單的時間實驗，使用術語也會引起語意上的混淆。某個人被要求準確說出一分鐘的時間間隔，而不能借助時鐘或手錶，實驗結果顯示此人主觀的一分鐘，真正長度是五十秒鐘，那麼，該說這是低估了時間長度的例子，還是高估了時間長度的例子？

有人會說，這是低估了時間長度的例子，因為當事人低估了一分鐘的長度。也有人會說，這是高估了時間長度的例子，因為他高估了一分鐘的速度。只消誇大這種措辭上的含糊不清，就能輕而易舉造成毫不一致的狀態。某個人休了一個星期的假，在假期的最後一天他才明白這個假期發生了什麼事。在回家的路上，他感覺離家在外遠遠不只一個星期。那麼對他來說，時間是過得更快還是更慢了？如果假期比其他的日子過得更快，那麼由飛逝而過的七天積累而成的一個星期，怎麼可能看似比其他星期要長得多？在主觀感覺漫長的一周當中，時間肯定把腳步放得很慢吧？

任何寄望於使用「長短」、「快慢」，抑或「延展」、「收縮」等術語來破解這個難題的人，最終只能指望用快刀斬亂麻的方式解決難題。幸好關於時間的研究加上實驗依賴的慣例和概念上的差別，能夠提供我們一些幫助。對於我們所說的低估或高估時間的現象而言，時鐘時間就是標準。一個將主觀上的「一分鐘」說成五十秒的人可能高估了鐘錶上時間走動的速度，即便如此，我們還是會認為他將一分鐘說成五十秒是「低」估了時間。如果估計一段更長的時間，我們必須判別主要估計和次要估計。對於「一段指定時間」所作的主觀速度估計，與對「時間間隔長度」的估計是有區別的。在度假時，我們對於時間的估計通常有反比關係，所以「快」的七天（主要估計）生成了「慢」的一周（次要估計）。這種反比關係同樣適用於無聊厭倦的時候。

正如湯瑪斯．曼指出的，其間「沒有發生任何事」的時間看似漫長，但這是主要估計，次要估計則認為時間縮短了。法國小說家、劇作家卡繆（Albert Camus, 1913–1960）也注意到這種自相矛盾的關係。在他的作品《異鄉人》（*The Outsider*）中，主人公被關進監獄，在那裡，除了回憶和晝夜交替，再沒有什麼可以分散注意力，時間就這麼過去。「我無法理解那些日子為何那麼漫長同時又那麼短暫。那些日子漫長難耐，但是時間又過得飛快，以致最後竟渾然不覺，所有的日子都是一個樣子。」有一天，當監獄的守衛告知他已被囚禁了五個月時，他雖然相信這是事實，卻不明就裡。「對我來說，在監獄裡打發的時光永遠都是同一天。」

「空洞的」時間

還有一種糾結複雜的狀況，最早是在關於時間的實驗研究中揭露的。威廉．詹姆斯曾用「『空洞的』歲月」來描述年齡漸長而時間顯然收縮的感覺。湯瑪斯．曼也曾用「貧乏」、「空洞」等辭彙形容時間飛逝而過。但是「空洞的時間」在實驗上又等同於什麼？是沒有刺激的一個時間間隔嗎？沒有實驗者可以向他的實驗對象提供這樣的東西，即使他做得到也不會這樣做。沒有人會將自己變成一片完整的空白後去體驗一個完全空洞的時間長度。空洞的時間等同絕對的真空，是虛幻的，不存在的；這個所謂「空洞的時間」照樣會偷偷地攫取你的思緒、觀察和記憶。

但仍有研究證實，不少「空洞時間」實驗，也就是在一個時間間隔裡不向實驗對象提供任何刺激，結果除了一些前後矛盾的發現之外，可說一無所獲。梅伊曼早在一八九六年就發現，有滴答聲干擾充斥的一個時間間隔，和沒有滴答聲、長度一樣的「空洞的時間」間隔相比，前者在感覺上要長一些。不過這種結果只適用於時間間隔十秒鐘以內的情況，如果超過十秒鐘，沒有刺激的時間感覺上就會比有刺激的時間更長一些。另一位研究者發現，如果聽到的不是滴答聲，而是令人惱怒的噪音，那麼一個出現噪音的時間間隔，似乎會比一個「安靜的」時間間隔更長一些。

•

美國心理學家列奧納德．杜伯（Leonard Doob, 1909–2000）曾寫過一本名為《時間的程式》（*Patterning of Time*）的書，對近一個世紀以來的時間研究做了精闢而博學的分析。學者邁克爾．弗拉赫蒂（Michael Flaherty）在更近期也發表過關於時間研究的作品：《一隻被觀察的壺》（*A Watched Pot*）。任何讀過這兩本書的人都會得出這個結論：所有這些關於時間研究的局限性，威廉．馮特和威廉．詹姆斯早在十九世紀末就提出來了。這兩位學者都對我們估計時間的失真產生了興趣。馮特將這種失真視為視覺性幻覺。事實上，這兩位的研究在很多方面都極為相似，例如在一個較長的時間間隔之後，下一個時間間隔似乎就變短了。

馮特使用嗒克特時間測量儀，小心翼翼地逐一控制著變數，等待這些變量對時間長度或速度產生作用。在實驗過程中，馮特向實驗對象提出的問題可能都是一些小問題，但實驗對象的回答都是具體的、可控制的。詹姆斯提問的則是一些大問題。他想搞清楚為什麼一星期的假期在結束時看似不只一個星期，為什麼生了一個月的病在記憶中可能感覺不過一星期。他根據自己的經歷、文獻中記載的他人經歷，或是透過與他人的談話，來尋求這些問題的答案。這些體驗有些是共通的，有些則是個人的，不可能透過實驗來對它們進行驗證或駁斥。

馮特在實驗中沒有向被調查者提問「為什麼年紀愈大，時間過得愈快」這個問題。那些希望透過實驗研究來解答這個問題的人，只能縮小研究範圍。近年來關於時間和記憶的研究中，已經總結出三個與歲月加速流逝現象相關的機制。第一個機制是「望遠鏡現象」；第二個機制是我們在上一章討論的懷舊效應；第三個機制則與我們體內生理時鐘的律動緊密連結。

望遠鏡現象

綁架並殺害了楊．黑恩（Gerrit Jan Heijn）的重犯弗蒂．E（Ferdi E.）獲釋出獄時，荷蘭全國上下的反應是：「你是說他已經服完刑了？綁架事件至今有多久了？」對大多數人來說，綁架發生的實際時間——黑恩是在一九八七年九月九日被綁架的——比他們以為的時間要早得多。心理學家蘇利早在一八八一年就提過一個類似的例子，也是關於一個備受矚目的案子。犯人在監獄裡服了三年的勞役之後獲釋，但是在公眾看來，那個案件好像不久前才發生。蘇利以雙筒望遠鏡作類比，解釋這個現象：

細節依然清晰可見，讓你產生這種印象，覺得遠處的某個物體比它實際所在的位置要近得多。

一九五五年，美國統計學家格雷（P. G. Gray）在問卷調查中發現了一個奇特的現象。對於「過去兩年間你多久去一次全科醫生那裡看病？」這一類的問題，事後核對發現，被調查者傾向於高估發生的次數，因為他們把兩年前去看病的次數也算進去了。換句話說，格雷發現一般人都會把事件發生的時間向當下拉近。有大量的實驗對此現象進行了專門研究，該現象一直被稱作「望遠鏡現象」，與蘇利的「雙筒望遠鏡」有異曲同工之妙。「望遠鏡理論」與蘇利的觀點沒有太大的差別：對過去的回顧被透鏡放大了，時間距離便縮短了，於是我們所想的那段時期就拉長了。

當個人的經歷捲入其中時，我們通常很難準確判斷「望遠鏡的景深」，涉及公共事件的情況則有所不同。一九九七年，英國心理學家克羅利（S. E. Crawley）和普瑞恩（L. Pring）進行了一項實驗，並將實驗對象估計的時間間隔與實際的時間間隔進行了比較。

他們草擬了一份用於提問的大事清單，即使對這些事件不是很了解，任何一個英國人也都肯定想得起來。這些問題包括車諾比核反應爐事故（一九八六年）、洛克比空難（一九八八年）等災難性事件，以及主要的政治事件，如佘契爾夫人當選英國首相（一九七九年）、阿根廷侵占福克蘭群島（一九八二年）、披頭四成員約翰．藍儂遇刺（一九八〇年）、甘地遇刺（一九八四年）、哈洛茲爆炸案（一九八三年）、布萊頓大酒店爆炸案（一九八四年），以及其他一系列重大事件。最早的事件是英國女王登基二十五周年大典（一九七七年），最近的事件是柏林圍牆倒塌（一九八九年）。接下來，克羅利和普瑞恩要求實驗對象盡可能準確地說出這些事件的年份和月份，結果發現一個有趣的現象：不同年齡的實驗對象所給的答案不一樣。中年（三十五至五十歲）實驗對象回答的事件發生時間比實際時間晚得多，從而驗證了早先實驗中所發現的望遠鏡現象；但是其他實驗對象（平均年齡為七十歲）回答的時間卻比事件實際發生的時間早得多，就像把望遠鏡倒轉過來，把事件的時間間隔拉長了。

「這有助於解釋為什麼年紀愈大，時間過得愈快。」克羅利和普瑞恩寫道，有可能是因為主觀感覺較長的一段時間，一定會逝去得較快。這項結論讓我們知道，關於時間概念的研究結果，有多難解釋和說明，因為對一些事情的解釋也可以反過來說。會把五年前發生的事，當成是三年前發生的人，正是那些驚呼「天哪！時間過得可真快」的人。

歲月加速流逝似乎是因為望遠鏡效應，而不是倒轉望遠鏡造成的。克羅利和普瑞恩的理論，只有在一種假設條件下才站得住腳，那就是對一段時間長度的過高估計和這段時間的主觀速度存在著反比關係。這一點的確在「度假現象」中得到了印證：假期的每一天都過得很快，但在假期結束時那七天看起來比尋常的一周要長一些。但是，這麼一來，不管是把望遠鏡正著看還是反著看，我們都會覺得時間是飛逝而過的，導致麼它們失去了解釋的價值。

懷舊效應：時間標記

法國醫生泰歐都爾．瑞伯特（Théodule Ribot, 1839–1916）於一八八一年在他的經典著作《記憶的疾病》（*The Diseases of Memory*）中寫道，試圖給一個記憶標注日期的人，都會利用一些標記，亦即那些在時間中占有明確位置的事件。我們並非主動選擇這些標記，而是它們把自己強加到我們身上。

總之，這些事件純屬個人，但也有一些是關於家庭或全國的，通常由一系列日常發生的事情、重要的家庭場合，以及職業活動等組成。

瑞伯特聲稱，這些系列事件數量愈多，個人生命就愈多姿多彩。「標記的作用有如里程碑或沿途的路標，都是從同一點開始，卻朝著不同的方向展開。無論如何，一系列事件得益於這種特性才得以並置，並且具有比較對照的目的。」當今的眾多作者都已將標記概念納入關於自傳性記憶的時間關係裡：自傳性記憶研究專家康威稱之為「參照點」，沙姆（M. S. Shum）則稱之為「時間的里程碑」。這些標記決定了某件事是多久以前發生的，是否先於或後於另外一件事，甚至是發生的準確日期。

只有在很難給一個記憶標明具體日期的時候，我們才會發現自己的時間標記發揮作用。記憶通常是在一個人的過去時軸上來回往復地移動，每一次移動都有一個「可是」作為關鍵點，例如：那是一九九三年以後的事，因為X已經和我們在一起工作了——可是鄰居還沒有搬走，因為我記得和他談起過這件事，所以那一定是一九九五年以前的事——可是Z仍住在家裡，所以一定是一九九四年九月以後的事——可是那是一個很不同尋常的秋日，所以一定是一九九四年十月左右的事情。噢，對了，那件事發生在我們放秋假的前一天。

標記讓記憶在兩個不斷接近的端點之間回彈。記憶與時間之間的關係所符合的程式，正如記憶本身一樣是獨特的，它有自己的顏色和情感，它與一系列更具體的聯想連結在一起，例如那時你有哪些朋友，或進行哪些日常活動。程式「我是什麼時候為P效力的」比「我是什麼時候在Q地生活的」程式更能啟動其他連帶的記憶，即使這兩個程式在時間上是一致的。正如瑞伯特所說，時間標記確實可以並置與進行比較。

瑞伯特曾不經意地說，當生命更多姿多彩時，記憶標記的數量也會更多。沙姆一定是受了瑞伯特這句話的啟發。他聲稱，老年人比較容易產生的懷舊效應，也就是比較容易記住年輕的事，是由於回憶的那段時期有大量的時間標記。如果時間標記確實向聯想網絡發出了指令，正如研究似乎指出的結論，那麼同樣的時間標記也能夠喚起記憶，所以在時間標記的數量與記憶的密度之間存在著正相關。典型的時間標記是「我與……的第一次會面」、「我第一次……」、「我剛開始……」，這些記憶都對懷舊效應產生很大影響。簡言之，時間標記不僅標記了時期和日期，還會導致晚年的懷想。

沙姆並沒有將這個理論與「年紀愈大，時間過得愈快」的體驗連結起來，但是前者的確是根據後者而得出的。包含豐富記憶的一段時期，回頭再看時會膨脹，比起實際長度相同卻沒什麼記憶內容的一段時期感覺似乎長一些。反之，時間標記的數量在中年和晚年會變少，在這些蒼白歲月裡，時間將會在主觀感受上加速流逝。乍看之下，這個解釋與威廉．詹姆斯的觀點有許多雷同之處，也就是認為童年記憶是深刻和極具刺激性的，晚年的記憶則枯燥乏味、千篇一律。但沙姆對上述觀點還有補充，最關鍵的因素是記憶的時間組織性：如果時間標記愈來愈少，其多樣性消失，則它們就不能形成網絡，於是抵達該時期記憶的重要通路也就不存在了。

生理時鐘

自一九三〇年代以來，幾個影響時間體驗的心理因素便已廣為人知。體溫可以導致主觀感受上時間的加快或放慢，是美國心理學家霍格蘭（Hudson Hoagland, 1899–1982）偶然發現的。霍格蘭的妻子發燒時，責備他去拿點藥為何花了那麼長的時間，而實際上他只出門一下子。霍格蘭讓妻子說出一分鐘有多長，發現她的「一分鐘」實際長度只有三十七秒。發燒愈厲害，對她來說一分鐘的實際長度似乎就愈長。研究記憶的心理學家巴德利進行了一個與此相反的實驗——或不如說是表演——他讓實驗對象在水溫只有攝氏四度的海裡游泳，結果與期待相符，這些實驗對象計算自己待在水裡的秒數時，都數得很慢。

在沒有控制因素存在時，心理過程可以發揮令人意想不到的精確「時鐘」作用，甚至長達數年的時間也可以判斷準確。一九三〇年代，法國微生物學家卡雷爾（Alexis Carrel, 1873–1944）在細胞層次上發現了各種具有時鐘或類似年曆的精確機制。例如，人體外傷傷口癒合的速度是隨傷者年齡的不同而有差異的，而且可以用公式精確描述。根據這個公式，我們可以預測二十歲傷者傷口癒合速度可能比四十歲傷者快一倍，還可以「從傷口的癒合速度反向推算受傷者的年齡」。事實證明，對於年齡在十至四十五歲之間的傷者，這個數學公式推算出來的資料是可靠的。

在我們體內運轉的生理時鐘有數十種之多。呼吸、血壓、脈搏、荷爾蒙分泌、細胞分裂、睡眠、新陳代謝、體溫，這些過程都有自身的周期，並賦予生命律動和節拍，這意味著各種生理過程都有特定的周期。將這些過程稱作「生理時鐘」不是解釋，而像個比喻，但這個比喻引發了不少有趣的問題，例如：你能將自己的生理時鐘撥快或調慢嗎？你能重新調整已經紊亂的生理時鐘嗎？我們的身體是由標準時間管理，並由一個主生理時鐘控制的嗎？最重要的問題是：年老時生理時鐘會走得更快還是更慢？

當我們理解這些生理時鐘的「內部構造」後會發現，最快的節奏發生在神經系統裡，有些神經細胞的信號發射速度可達每秒一千次。其次是腦電圖記錄下來的大腦活動周期：每秒八到十二個周期。相比之下，最慢的周期可長達二十四個小時，例如體溫和血壓的波動。在長度超過一天的周期中，最重要的當屬女性月經周期，平均為二十九天，體重和免疫系統的變化周期則長達數年。而介於最快和最慢周期之間某個位置上的，是我們可以聽到並感覺到的唯一一個生理時鐘：心臟。這是一塊能產生泵壓作用的肌肉，收放是由一個精密的計時器控制。時間和生命伴隨著心臟的跳動分分秒秒地流逝。心率調節器的設計原理就是以生理時鐘的節律為基礎，以弱電流控制心臟的不規律跳動。

根據個人每天的生理時鐘節奏，我們可以判定此人是「晨型人」還是「夜貓子」。對「晨型人」來說，體溫在凌晨時開始升高，下午四時左右升到最高，然後開始下降。而「夜貓子」在黃昏後精力依然充沛、思維仍舊活躍，體溫要到更晚一些才升到最高，生理時鐘比前者晚了四個小時。當我們垂垂老矣，生理時鐘向早上「轉移」，「晨型人」和夜貓子之間的差別也開始縮小。這個過程是與生命節拍的放緩同步發生的。這也是為什麼在火車站和郵局排隊辦事的青少年焦躁難耐的原因，恨不得為那些老年人開設專門服務窗口。

老年人中常出現的作息周期問題，很可能是由於視神經交叉上核（suprachiasmatic nucleus，簡稱SCN）中的細胞消耗造成的。完整無缺、體積不超過一立方公釐的SCN中約含有八千個細胞，剛好位於視神經交叉點的上方。SCN發揮著主生理時鐘的功能，如果它出了問題，人體內其他所有的生理時鐘都會失調。實驗顯示，SCN是由光線控制的。神經傳導物質多巴胺在這個過程中發揮重要作用。人到老年時多巴胺的數量會減少。SCN中的細胞消耗與多巴胺不足，可能會導致我們在應對時間方面出現大問題。

美國神經學家曼甘（P. A. Mangan）認為上述問題可以解釋相關實驗的結果。在這些實驗中，實驗者要求一群年長的實驗對象估計一個三分鐘的時間間隔是多久。我們從早先的實驗得知，孩子準確估計時間的能力是隨著年齡的增長而增強的，二十歲時達到顛峰，然後開始下降。人到晚年，估計時間的能力已下降到幼年的水準。曼甘認為，老年人總是覺得時間過得快。他將實驗對象分成三個年齡組（分別是十九至二十四歲、四十五至五十歲，以及六十至七十歲），要求這些實驗對象用數秒數的方法來估計一個實際長度為三分鐘的時間間隔有多長。青年組報出的時間非常精確，平均只比實際時間長三秒鐘；中年組平均長十六秒；而老年組卻長了四十秒之多。到了實驗的第二個階段，在實驗對象眼裡，那三分鐘過得更快了，因為在十分忙碌的時候，時間會過得特別快。為了分散實驗對象的注意力，實驗者要求實驗對象做物品分類，然後重新估計三分鐘的時間有多長。結果青年組直到三分四十六秒後才認為到三分鐘了，中年組也超出了六十三秒，而老年組卻平均超出至少一百零六秒。

看來，人到老年時就變成一個滴答作響又慢吞吞的古董手提旅行鐘（carriage clock）。旅行鐘的齒輪不會運轉得愈來愈不規律或時快時慢，而只是運轉得很慢，且慢得極富規律。那些了解自身時間感偏差的人可以根據需要將時鐘調節得和過去一樣準確。正如居友用一個古舊沙漏計算時間一樣，當我們年老時，也必須採用「老年矯正常數」來估計時間。

•

「望遠鏡」（或「倒轉的望遠鏡」）、懷舊效應和曼甘的實驗結果，這三大機制是否能結合起來，對「為什麼年紀愈大，時間過得愈快」這個問題提出令人信服的解釋呢？老實說，答案是：不能。理由很簡單——這些實驗的結果指向了不同的方向。曼甘實驗中的老人將「三分鐘」的時間估算得太長了；克羅利和普端恩的老年實驗對象也將事件放置得太久遠，把事件和現在的時間間距拉得太長，使「歲月」變得過於漫長。而實際上，它們與實驗對象體驗到的時間消逝感正好是相反的。

在曼甘的實驗中，當實驗者在三分鐘過後提醒一下實驗對象三分鐘到了，那些人會自問：「三分鐘這麼快就到了？」而克羅利和普瑞恩的實驗對象會想：「洛克比空難只是九年前的事嗎？（實驗對象提供的空難發生時間比實際時間平均提早超過兩年半）我以為是更早以前的事。」只有當人們把十年前發生的事說成是五年前的時候，才會產生那種介於當時和現在之間的歲月已然消逝的幻覺。

我們最可以信賴的，是懷舊效應和生理時鐘節律的放緩。當一位七旬老者想知道，過去的五年是否比更早之前的歲月過得更快，他不會和四十三至四十八歲或是五十六至六十一歲這段時間比較，而會傾向於與自己在中學讀書的五年，或童年、青春期的五年來作比較。就某種意義而言，這是一種極端的比較，將最豐富多彩、充實完整的記憶，與千篇一律、枯燥無味的記憶進行比較；他們比較的不是那些事件本身，而是重複性。隨著眾多生理節拍的放緩，外部世界看上去就會加速了。

青春長，老年短

回訪兒時的舊鄰，童年時代漫無盡頭的街道，現在只消幾步就走完。小路、花園、廣場，這一切似乎已縮小到原來的一半大小。連學校也縮小了，奇怪的是，和原來一樣大小的老師們還能裝在裡面。關於「在孩子眼裡街道似乎很長」這個問題的解釋，通用的說法是小孩將自己當成了碼尺。一旦他們長大成人，個頭是兒時的兩倍高，同樣的街道看上去就只有舊時的一半長。如果用原來的步伐來丈量，則街道的長度還是和原來一樣。

顯然，人類的記憶被這種視覺性幻覺欺騙了，而且它會貫穿人的一生。儘管每個人都意識到這種幻覺的作用，卻難以擺脫。你從未聽過有人這樣說：「最近我回到小時候住過的地方，本來以為所有的東西現在看起來都應該很小，但你信不信，它們的大小其實和原來一樣。」視覺性幻覺作用如此實在，所以和現實比較並不能修復正常的關連。街道一旦變窄縮小，就再也不會擁有正常的長度，就像一件用熱水洗後縮水的毛衣，即使再放進冷水也於事無補了。

當你回憶從前的狀況，是否和童年的時間一樣？時間和空間在本質上的區別，是你時常可以回到以前熟悉的地方，卻回不去以前的時間。在過去的街道上，你再也不會像一個六歲的孩子那樣走路了。你所記得的時間流逝，也不能用現實來檢驗。也許那樣的檢驗根本就沒有任何意義。諸如「很久以前」或「古老的」這一類對時間的估算和判斷，已根深柢固存在於我們的記憶中，就像昨日的街道，變小了就是變小了。街道變小也許得歸因於一個特別的碼尺，也就是你自己。

在小孩子的眼裡，一年已是一輩子的一大部份。小孩子會想為什麼一年那麼長，在長長的街道上度過他們長長的日子。我們的一生都在不斷使用這個碼尺，它是不斷變化的，因此碼尺本身根本就不存在。父執輩總是老的，直到你有了自己的孩子，然後計算當你只有你的孩子那麼大時，父母的年齡是多少。老師們也總是老的，直到二十年後的同學會上再見到他們時，才感覺他們好像有點反老還童了。大學新生總是愈來愈年輕，就像他們年輕的父母一樣。一段十年或二十年的期間，在年曆上是固定不變的，但是在個人體驗中則長短各異，有可能意味年曆上那段拋在身後愈來愈遠的時光，似乎在主觀感受上反而離我們更近了。

戰後十年出生的人，在十五歲生日時看待時間流逝的方式，和他們在五十歲時是不同的。即使在判斷未來的事件時，個人的碼尺也具有關鍵作用。一旦來到已經熟悉時間加速流逝的年齡，十年時間也會看起來很短暫，但在一個二十歲的人看來，這十年也算得上小小的永恆了。簡單來說，每個人都是自己用來測量的滑動碼尺，測量方式取決測量當下的刻度，於是當我們回頭看，結果都已不合時宜。

不過，人到暮年時，時間速度變化的方向性問題是毫無疑問的。客觀上的速度減緩造成了主觀上速度的加快，在這個過程中我們體內生理時鐘的運轉速度發揮了關鍵作用。這些生理時鐘當中，有不少在小孩子身上運轉得比在老年人身上更快。正如卡雷爾所言，如果讓我們根據生理時鐘的運轉來說我們的人生，那就是：長長的青春和短暫的老年。

也許這解釋了為什麼孩提時期日子總那麼漫長，到了老年卻時間過得飛快——因為我們在生理時間的背景下，無意中看了時鐘時間。卡雷爾解釋道，客觀時間，即時鐘時間，是均速流逝的，就像流過山谷的一條河。某人少小時在河岸邊輕快地奔跑，速度比水流還快。到了快正午的時候，他的奔跑速度減慢了，與河水的流速保持同步。到了晚上，因為他疲憊倦怠了，所以河水似乎流得更快，而他落後了。最後，他不得不停下來，在河邊躺下，而河水仍舊以它慣常的速度沿著河道繼續向前靜靜流淌。

參考書目

–Baddeley, A. D., 'Reduced body temperature and time Estimation', *American Journal of Psychology* 79 (1966),475–79.

–Camus, A., *L'étranger*, 1942. Quoted from A. Camus, *The Outsider*, translated by J. Laredo, London, 1982.

–Carrel, A., *Man, the Unknown*, London, 1953.

–Conway, M. A., *Autobiographical Memory*, Milton Keynes, 1990.

–Crawley, S. E., and L. Pring, 'When did Mrs. Thatcher resign? The effects of ageing on the dating of public events', *Memory* 8 (2000), 111–21.

–Doob, L. W., *Patterning of Time*, New Haven and London, 1971.

–Flaherty, M. G., *A Watched Pot: How, We Experience Time*, New York and London, 1999.

–Gray, P. G., 'The memory factor in social surveys', *Journal of the American Statistical Association* 50 (1955), 344–63.

–Guyau, J. –M., *La genèse de l'idée de temps*, Paris. 1890.

–Hoagland, H., 'The physiological control of judgments of duration: evidence for a chemical clock', *Journal of General Psychology* 9 (1933), 267–87.

–James, W., *The Principles of Psychology*, New York. 1890.

–Janet, P., 'Une illusion d'optique interne', *Revue Philosophique* 3 (1877), 497–502.

–Jünger, E., *Das Sanduhrbuch*, Frankfurt am Main, 1954.

–Krol, G., *Een Fries huilt niet*, Amsterdam, 1980.

–Mangan, P. A., *Report for the Annual Meeting of the Society for Neuroscience*, Washington, DC, 1996.

–Mann, T., *Der Zauberberg*, 1924. Quoted from *The Magic Mountain*, translated by H. T. Lowe–Porter, New York, 1968.

–Meumann, E., 'Beitrage zur Psychologie des Zeitbewusstseins', *Philosophische Studien* l2, (1896), 127–254.

–Michon, J., V. Pouthas and J. Jackson (eds.), *Guyau and the Idea of Time*, Amsterdam, Oxford and New York, 1988.

–Orlock, C., *Inner Time*, New York, 1993.

–Proust, M., *The Guermantes Way, Part II* translated by C. K. Scott Moncrieff, London, 1941.

–Ribot, T. *Les maladies de la mémoire, 1881. Quoted from The Diseases of Memory*, London, 1882.

–Shum, M. S., 'The role of temporal landmarks in autobiographical memory processes', *Psychological Bulletin* 124 (1998), 423–42.

–Sully, J., *Illusion: A Psychological Study*, London, 1881.
–Zwaan, E. J., *Links en rechts in waarneming en beleving*, Utrecht, 1966.

第十五章　關於遺忘

——既強韌又脆弱的記憶

記憶既脆弱又強韌。難懂嗎？其實很容易。脆弱，是因為：一個小小的血液凝塊、一次缺氧或一次腦膜感染，哪怕是最輕微的問題都有可能造成無法修復的損傷。強韌，是因為：即使是最嚴重的記憶喪失，記憶還是有絕大部份完整無損。失憶症（amnesia）患者仍能回想起單字和符號的意義，仍然知道該怎麼穿衣服或吃東西。不管腦部的損傷看上去有多嚴重，仍然會有部份記憶奇蹟般地躲過傷害而安然無恙。

在所有的記憶形式中，自傳性記憶是最容易崩解毀壞的。有兩種記憶喪失的型態，會讓記憶在時間順序上出錯。一種是「逆行性遺忘」（retrograde amnesia），就是在記憶受損前，所有發生過的事件都會產生記憶障礙。最極端的情況就是：過去的一切都消失殆盡。在這之前我從哪裡來？在這之前我在做什麼？我是誰？……對自己的過去與未來同樣一無所知，面對自己就像與一個陌生人在一起。另外一種記憶喪失形式是「順行性遺忘」（anterograde amnesia），也就是記憶損傷之後無法再儲存記憶。你能擁有過去的記憶，但是在記憶損傷之後，你的未來將永遠不會成為過去。

如果自傳性記憶是一本日記，那麼這本日記中所有的空白頁都被順行性遺忘撕去，而逆行性遺忘只給我們留下一堆空白的頁面。

這兩種形式的遺忘，帶給患者的痛苦其實無分軒輊，因為，時間從不同的方向，硬生生自他身上被截斷。用威廉．詹姆斯的時間比喻來說，在健康的時候，他跨上時間之鞍，不管瞻前或顧後都輕而易舉，但現在這個患者卻只能永遠背對著過去或未來。而不幸同時罹患這兩種遺忘症的人，例如癡呆症（dementia）患者，就只能在支離破碎的時間中了此殘生。這個破碎的時間從兩端收縮，最後收縮成一個沒有寬度的現在，無從回顧，也無法展望。

記憶與遺忘

我們都認為記憶和遺忘是相互排斥的。記住的事不會忘，忘了的事也想不起來。一方停滯，另一方就啟動。然而，若真可以將記憶與遺忘如此一分為二，那我們該把那些好像「忘記了某些事的記憶」置於何地？這些「忘記了某些事的記憶」不是指你已經遺忘的事件本身，而是指你知道自己曾經記得某些事情，但現在已經被你忘記了。你記得自己「曾經記得」。如果你記得自己「忘記了某件事」，表示那件事其實已經留在你的記憶深處了，就像牆上褪色的斑斑痕跡，輪廓分明地告訴我們，那裡曾經有樣東西掛了許多年。

記憶和遺忘之間的關係比單純的互不相容要複雜得多。有時候我們很確定某件事妥善收存在我們的記憶裡，卻怎麼也想不起來。我們每個人都體驗過，話就在嘴邊卻怎麼都說不出來的感覺。其實最明顯的就是，在那個字拒絕「現身」的那一刻，卻也同時暗示它的存在。如威廉．詹姆斯所說：

假設我們試著回憶一個被忘卻的名字，這時候我們的意識狀態是很奇特的。在那裡，我們的意識有一個缺口，但它不是一個單純的缺口，而是一個還在激烈活動的缺口。那個名字模糊的幻影就在缺口處，就在那個方向朝我們招手呼喚，忽近又忽遠，讓我們一時激動，一時又因為找不到適合的字眼而氣餒。如果這時蹦出了錯誤的名字，這個明確但又奇特的缺口卻又會馬上否定它們。因為那些錯誤的名詞套不進那個被遺忘的名字的模子。這個字的缺口與另一個字的缺口感覺並不相同。當被描述為缺口時，所有那些空洞的內容都可能看上去有必要成為那個樣子。我無法想起「斯波爾丁」（Spalding）這個名字的這個意識，和我未能成功想起「鮑爾斯」（Bowles）這個名字的那個意識，實際上相去甚遠。

那個「缺口」可以持續很長的時間，並且用令人懊惱的頑固姿態不斷向我們的注意力挑釁。心理學家布朗（R. Brown）和麥克內爾（D. McNeill）曾做過一個實驗。他們提供實驗對象一些相對不常用的單字，例如「舢舨」（sampan）、「血仇」（vendetta）等。當實驗對象有了那種詞到嘴邊卻說不出來的感覺時，實驗者就向實驗對象提出問題：這個詞是以什麼字母開頭的？它有幾個音節？詞中的母音是什麼？你能說出與這個詞近似的一些詞嗎？……結果顯示，那個「缺口」的輪廓的確掌握了一些訊息。有一半的實驗對象似乎對單字的第一個字母和音節數很清楚。但是，同一個「缺口」也引發了新的現象。發音、音節和分散的字母常會組合成一個新詞，也符合定義中的描述，而且它還老是「插隊」，想捷足先登，十足所謂的「醜姊妹」。那些絞盡腦汁想找到「sampan」的人，最後往往想出諸如「saipam」的詞，正好坐實了一個反諷的事實，那就是，你要找的詞明明就躲在那個醜姊妹背後，但是你愈要找它，卻愈是找不著。

同樣常見的情況是錯誤記憶（mistaken memory）。你會堅信自己忘了某件其實你根本不可能想起來的事，因為你壓根就沒記住過。我本人就犯過這樣的錯。一九七九年，荷蘭工黨政治人物暨前下議院院長安．馮德林（Anne Vondeling）在一起意外中喪生。我記得由工黨黨魁簽署的訃聞中有四行詩句，首句是「石南林間，穿過薄霧」，接著的這一句我不太喜歡，所以很快就忘了，最後兩句則是：

夜幕降臨，伴著鎖鏈的咔嗒咔嗒聲，
大地的眼瞼也重重地垂下。

訃聞中注明這首詩出自阿赫特貝爾。詩作要傳達的意象是：眼瞼得由鎖鏈吊起，一旦它垂下來遮蓋了眼睛，自己是無法抬起來的。這個意象牢牢地刻在了我的記憶裡，再也無法趕出我的腦海。後來，在我女兒出生那年，有人送了我一本阿赫特貝爾的《詩集》（*Verzamelde gedichten*）。為了找這兩行詩，我翻了這本詩集數小時之久，卻徒勞無功，甚至連類似的詩句也沒發現。我問了四、五個研究阿赫特貝爾的行家，也沒什麼收穫，有幾個人甚至堅稱那些句子並非出自阿赫特貝爾的手筆。怪了，那些工黨領袖應該也不會自己寫下那些詩句，然後再冠上阿赫特貝爾的名字吧。

二十年後，我的女兒已經成家，我在一則訃聞中再次看到那幾句詩。這次的內容有兩處不同：我忘了的那句已被省略，「眼瞼」也不是「重重地垂下」（slam down），而是「合上了」（went down），但作者仍是阿赫特貝爾。為了確認，我再次逐頁逡巡那本詩集。此外，我還查找了阿赫特貝爾傳記的索引。然而，再次無功而返。我把訃聞剪下來，擱在旁邊，然後致電給訃聞的第一位簽署人。他很熱心。我問他們是從哪兒引的那幾句詩，他回答我說，死者（也就是他的合作夥伴）曾在安．馮德林的訃聞中讀過那幾句詩。

我在尋找答案，卻又繞回到那個舊謎題。是什麼樣幽靈般的詩句若隱若現地浮出薄霧？那幾行詩真是阿赫特貝爾寫的嗎？我就此事的來龍去脈寫了一篇文章投給荷蘭的一家報社，然後靜待發展。一個星期後，我收到不少阿赫特貝爾迷的來信。閱信之後，頗覺自己疏陋，那種感覺持續了好多天，因為我真的把整件事都搞錯了。首先，那幾行詩確實出自阿赫特貝爾，摘自詩作《既成事實》（*fait accompli*）的倒數第二節。這首詩的結尾是：

今天的決定不容錯過。
明天我的信箋將從海牙寄出。
那裡，最後的郵班剛剛發送*。

另外，這首詩的確收錄在阿赫特貝爾的那本詩集中（九五五頁）。還需要說明的是，安．馮德林的那份訃聞不是工黨黨魁簽發的，而是馮德林家族發的。最後，阿赫特貝爾寫的那句「眼瞼垂下」用的不是「slams」而是「goes」。阿赫特貝爾的作品《詩作》（*Gedichten*）的史評版作者彼得．德．

* the last post：亦指熄燈號、葬禮號。

布勞恩（Peter de Bruijn）讓我明白，在最後一稿的手稿中，阿赫特貝爾描寫眼瞼垂下用的動詞是「let down」（垂下）而不是「goes down」（合上），更不是「slams down」（重重垂下）。我的記憶用了「slams down」，從而將原詩句通俗化，但阿赫特貝爾並未這麼做。現在回想起來，難怪當時幾位研究阿赫特貝爾的專家都不知道那幾行詩出自何處。

更糟糕的是，對那行「已經忘了」的詩句，我只記得它不是很美。事實上，那一行根本不存在。所以我肯定是虛構了一行，然後把它忘了。許多回信者也指出，《既成事實》這首詩最早收錄在另一本詩集裡，書名譯作《那些被遺忘的》（*Forgotten*）。

忘卻了的遺忘

懷疑自己的記憶力在減退的人都喜歡做「日常記憶調查問卷」，這是英國記憶研究學者巴德利和他的幾位同事編選的調查問卷，當中描述了二十七種常見的失憶。針對問卷中的每一項，被調查者都得計分，從一分到九分，共九級。例如：「（那種情況在他身上）過去半年根本沒有發生過」是一分；「不只一天一次」是九分。這份標準化的問卷是建立在：對沒有任何特別記憶異常的一般大眾的抽樣調查。

下列情況對所有人來說，大概每個月都會發生那麼一、兩次：得回過頭檢查是否真的完成本來想做的事、忘了把某樣東西放在哪裡、一個字「到了嘴邊」就是想不起來、忘了自己剛才說的話（「我剛才說什麼？」），或是忘了某件事是昨天發生的還是上星期。

另外一些情況就比較少見，大約半年才發生一次，例如忘記去做說過要做的事、忘記傳一個重要的口信、忘記物品通常放在何處、在一個之前常去的建築物裡迷了路，或是重複剛剛做過的事（「咦，為什麼我的牙刷是濕的？」）。

可是，如果你不再認得過去經常光顧的地方、閱讀報紙上的一篇文章而沒有意識到那篇文章之前曾讀過、忘記頭一天所做的事情的重要細節、不記得自己的生日、忘了報紙上某篇文章討論的是什麼事，或是做一些「白痴」的事，例如同一個問題問了某人兩次，那麼這個一般大眾的調查結果肯定會讓你坐立不安：那些被調查者宣稱，過去半年裡上述情況在他們身上從來沒有發生過。對於一般人而言，具代表性的調查結果會在很長一段時間內讓人感覺安心（「我的體重、飲酒量和健忘程度只超出平均水準一點點而已」），但隨著時間的流逝，記憶喪失的情況就愈來愈令人擔憂了。

不過，由於調查方法不同，一種奇特的人為假象出現了。在實際診斷中，會用很多不同的方法來確定患者記憶異常的程度。有的治療師會要求病人持續寫日記，有的會對病人做詳細的訪談，還有一些則會對病人做標準記憶測試，或要求他們填問卷調查表。巴德利和他的研究小組致力於研究這些不同方法能否得出相同的結論，其實驗對象是那些曾經受過腦傷的人。這些人大多是在交通事故中受傷，而且事後都出現記憶問題。令巴德利遺憾的是，他發現自己的問卷結果與其他的測試結果不十分吻合。回頭想來，箇中原因似乎也顯而易見：那些記憶出現問題的人「忘了他們的遺忘」。

巴德利引用了一名法律系學生寫的一篇日記。這位學生在突發腦溢血後就得了健忘症：「昨晚夜深，我想起來自己忘了把那些已經忘掉的事列個清單。不過我又怎麼知道自己忘記了什麼？」在研究一群大腦沒有受損的老年人時，也發現了同樣的問題：在調查問卷中獲得高分也標誌著可憐的記憶已經忘卻了自身的缺陷。有些人的記憶非常糟糕，以致他們根本不記得該抱怨什麼。

在黑暗中書寫

迄今為止，記憶和遺忘之間最奇怪的關係出現在被稱作「隱性記憶」（implicit memory）的現象裡。這種形式的記憶是由一個經驗層組成的，我們對經驗層中的事件缺乏有意識的記憶，它們卻仍影響著我們的行為。這是一個內省行為都無法穿透的記憶區，但是，從它對我們行為的作用力卻可以推斷出它的存在。它祕密地工作著，牢不可摧。即使是最嚴重的健忘症，這種隱性記憶也能毫髮無損。

首先要指出的是，類似隱性記憶的情況一定會毫無預期出現在那些順行性遺忘症患者身上。當這些病患被要求練習閱讀倒著寫的文字時，他們和正常人做得一樣快。奇怪的是，雖然每天早上他們都會很殷勤地出現在實驗者面前，卻已經忘記內容和練習過程，可是他們閱讀倒書的文字卻不斷進步，閱讀速度絲毫不亞於健康的實驗對象。可見他們記得自己已經學會的內容，卻不記得學習的過程。

醫學界起初認為隱性記憶只限於單純動作（simple motor）和知覺技能（perceptual skill），但美國心理學家沙克特（Daniel Schacter）和他的同事卻發現隱性記憶「更高級的」心智功能，例如對句子的理解。在一次測試中，實驗者給嚴重記憶喪失的實驗對象出示了一些不加以解釋就毫無意義的句子，例如「乾草堆很重要，因為傘蓋撕破了」。只有在「傘蓋」這個詞的前面加上「降落傘的」這幾個字才能完全明白句子的意思：降落傘撕破了，不過（跳傘者）幸好落在乾草堆上。同樣，只有在「接縫處」的前面加上「風笛的」，我們才能明白「音符出錯了，因為接縫處裂了」。

實驗者提供了記憶異常的病人一系列這樣的句子及與其解釋。幾天後，再給那些病人看沒有加修飾詞的相同句子時，他們對那些句子的反應是：「從來沒見過這個句子。」由於這些病人記憶異常，得出這樣的結論全在實驗者意料之中，然而，這些病患對理解那些句子卻沒有任何問題。可是當問他們怎麼能理解這麼語義模糊的句子時，他們卻一臉愕然：「這些句子不是很清楚又合乎邏輯嗎？」沒幾分鐘就被一掃而空的那一層之下，似乎有某種東西已經悄悄登錄，儘管意識心（concious mind）已無法將它喚起，但是它的確對語言的處理過程產生了影響。

一八八〇年，法國醫生泰歐都爾．瑞伯特發表了一篇關於記憶生理學基礎的論文。他在論文中闡述道，在日常語言中，記憶包含三個要素：經驗的儲存、對經驗的回憶，以及經驗在過去的位置。前兩個要素不可或缺，不論在什麼情形下，只要喪失這兩個要素，記憶都會被破壞殆盡。但是如果第三個要素消失了，「記憶就不再為它自己而存在，卻也沒有結束自己的存在」。這句話非常精準地描述了什麼東西還在，而什麼東西已經沒了。即使對於意識心而言，記憶好像已經失效了，其實它仍在繼續記錄著，在黑暗中留下紛繁銘刻。

將這個「黑暗中的銘刻」概念囊括進完美記憶的理論大家族裡是個非常誘人的主意。也許記憶無法將我們所見、所想、所經歷、所夢或所想像的全都一網打盡？一九八〇年，伊麗莎白（Elizabeth）和傑佛瑞．洛夫特斯（Geoffrey Loftus）共同發表了一項對部份心理學家調查的問卷。結果顯示，絕大部份（八十四％）被調查者認為我們的大腦裡有一個所有經歷的完整紀錄。如今我們無法否認的是，記憶可以將某些類型的資訊無限期保存下來。美國心理學家巴赫瑞克（Harry P. Bahrick）有一項實驗，考察實驗對象自學生時代以後就再也沒有用過的外語的記憶。結果顯示，大部份的辭彙，歷經五十年依然完整儲存在記憶中。巴赫瑞克將此儲存形式稱之為「永久性儲存」（permastore）。

瓦格納在他的日記式研究中也沒找到自傳性記憶從記憶中消失的證據：他能夠記住所有的事件。在此需要強調的是，那些事件是瓦格納出於研究需要而記錄下來的，因此，與其他事情相較之下，它們有可能被以更保險的方式儲存起來。瓦格納將遺忘的原因歸咎於無法提取「已儲存的經驗」：也許那些經驗還儲存在大腦裡，因為也沒有證據顯示它們不存在了，只是我們已經失去回憶的能力。

我們很可能擁有完美的記憶，卻沒有意識到它的存在。若果真如此，那麼它就必須是由瑞伯特三大要素中的第一個要素單獨組成的記憶。然而，從生物學角度來看，「記憶儲存了所有的經歷」的假設似乎是不可能的。記憶儲存在腦組織裡，而腦組織經歷著各種變化：發育、新陳代謝、損傷、衰退和死亡。某些經歷的痕跡會在一個人的一生中都保持完好無損，這一點無庸置疑，但所有的痕跡都能倖存，就值得懷疑了。

恐怖的虛空

任何患了嚴重記憶異常的人，不論即刻或長期，都會喪失他大部份的心智能力。神經損傷、缺氧、腦組織感染，或是以阿洛伊斯．阿茲海默（Alois Alzheimer）或謝爾蓋．柯沙可夫（Sergei Korsakoff）之名命名的病症——即阿茲海默氏症，以及柯沙可夫症候群——不管病因如何，兩者的結果都是大災難，因為許多已經掌握或學會的東西、那些一直以來得到妥善保存的東西，都會消失。

對順行性遺忘症患者而言，他失去了儲存新經歷、日後還能召回這些記憶的能力。他雖然還活著，但是已經沒有了未來。對逆行性遺忘症患者而言，過去被消除了，或是無法獲知了。那個曾經有能力、有才幹、有個性、有著豐富人生經歷的他，已經消失了。不管是順行性遺忘或是逆行性遺忘，患者都已經喪失大量的心靈智慧，再也無從補救。

失憶症就有如記憶遭到搶劫一般，但某些記憶也許可能得到修復。觸電或顱骨遭受重擊，都會引發逆行性遺忘，病人甦醒後發現過去的一部份消失了。某個時間的切點相對清晰，也就是甦醒的那一刻；而另一個時間的切點卻是模糊的，因為記憶恢復花費的時間隨著受傷程度不同而變化。恢復記憶有固定的過程，這一點最早是由瑞伯特提出的，從那以後，透過案例分析，人們對這個問題的了解也進一步加深了。瑞伯特在《記憶的疾病》（*Les maladies de la memoire*）書中寫道，最早的記憶會最先恢復，記憶的萎縮流失也是從較早的記憶開始。而在他稱為「老年癡呆症」（senile dementia）所導致的記憶喪失中，最近期的記憶最先消失，最早的記憶最後才消失。

瑞伯特警告，千萬不要將這個過程想得過於簡單：「如果我們以為記憶是依照『年齡』，像考古地層那樣，一層一層儲存在大腦裡，或是以為記憶的疾病是由表及裡，一層一層向下發展，像實驗者將動物大腦一片一片切除那樣，那就太幼稚了。」瑞伯特自己也在尋找今天我們稱為「瑞伯特法則」（Ribot's law）的解釋，重點放在聯想性連結較強的較早期記憶；它們由於經常重複使用，因此與其他記憶的關係更緊密。今天，關於失憶症病因的理論中，聯想的強度依舊是早期記憶相對較牢固之說的重要前提。也有研究提出，較早的記憶儲存在大腦中某個相對不易受到擾亂的區域。喪失腦損傷之前不久才發生之事的記憶，說明損傷已經對那些與鞏固記憶有關的化學過程產生干擾。

那些不是因突發撞擊所引起、而是似乎被慢慢蠶食的記憶異常，偶爾也會有些記憶殘留下來，足以讓患者安度此生。沙克特在《尋找記憶：大腦、心理和過去》（*Searching for Memory: The Brain, the Mind, and the Past*）中關於大腦失常對記憶的影響那一章中，描述了與朋友菲德烈克（打了三十年高爾夫球，已是箇中老手）一起打高爾夫球的經歷。

菲德烈克年屆五旬，罹患早期阿茲海默症。在兩個回合的較量中，菲德烈克的表現令沙克特很驚訝。儘管他的擊球品質因為身體的緣故而發生變化，但他仍能選擇適當的球桿，毫無困難地使用高爾夫用語，興高采烈地討論「博蒂」（低於標準桿一桿）。他的高爾夫禮數也無可挑剔：當他的球落在球洞和沙克特的球之間時，他會把自己的球撿起來，在那個地方放一枚硬幣作記號，然後禮貌地等沙克特打完那一桿。對菲德烈克來說，找球也不是難事：球打出去後，他會跟著球走。第一回合打到一半時，沙克特決定做一個實驗（他畢竟是個心理學家），提議改變開球順序，由菲德烈克先，然後才輪到自己。問題馬上就出現了：輪到沙克特時，菲德烈克必須在一旁等待。對他而言，這時間太長，以致他想不起剛才自己的球落在哪裡，於是等兩人都打完、向前移動時，沙克特必須幫他找球。當兩人打完球，回到俱樂部會所，菲德烈克已經忘了剛才比賽的狀況，不停說著一些諸如「今天輕擊球的情況不是很好」的場面話。一個星期後，沙克特又找菲德烈克打球。菲德烈克叫沙克特別對他期望太高，因為他已經幾個月沒去高爾夫球場了。

記憶喪失會導致空洞、鴻溝與虛空。沒有人能夠忍受活在空白的狀態下。在這種情況下，通常是用捏造的故事而非記憶，來填充這些空白。柯沙可夫症候群患者會編造上星期發生的事，然後煞有介事說給人聽；虛構是該病症的典型徵狀之一。這樣的記憶異常，內在可以有所「感知」，但並未導致空虛感；對於已經忘記的事，我們是不會想念的。

就像一個人去看眼科，才知道自己的視野縮小到什麼程度——在作診斷測試之前，我們有時無法意識到記憶惡化的問題。慣例、重複，以及允許人用既定模式來反應的環境，經常可以長時間撐起一個單憑自身能力幾乎已無法維持的記憶。

狀況不妙的第一個跡象，通常是一種未來指向的記憶開始惡化。所謂未來指向的記憶，指的是前瞻性記憶，也就是記得自己**要去做**什麼事情的能力。即使對健康的人來說，這也是一種有問題的記憶形式。當你對自己說：「我一定不能忘記……」它有時候就像個保證自己**一定會**忘記做此事的暗號。在更嚴重的記憶異常情況下，記住個人的計畫、意向，以及及時履行那些計畫和意向，開始出現問題，不僅對日常生活產生干擾，也是判斷記憶減退的指標。

對患者來說，喪失記憶的痛苦是難以忍受的，尤其是在早期階段。阿茲海默症早期患者，一旦意識到自己再也不能擁有健康正常的記憶，將會經歷從輕度焦慮到徹底恐慌之間的每一個階段。想像自己最終將忘記所有已遺忘的事、不可能再想起，甚至不知道去懷念，更是讓人無法接受，因為這意味你將不再以一個人的身份而存在。那些你最親密和最親愛的人也一樣，無法忍受你的記憶喪失帶來的空虛與失落。與那些開始失去記憶的親人接觸，是令人痛苦的事，因為儘管交談所需的工具，即詞語和理解詞語的能力，還會在相當長的一段時間內保持完好，卻能感覺到對方的話語間已經失落了情感和深度；提及雙方共同經歷的往事時，只發現共鳴已不再。那些話語還是原來的意思，卻再也不能喚起同樣的連結，猶如撥動音箱上斷掉的琴弦。

即使在記憶喪失更嚴重的階段，患者處在與過往環境幾乎沒有任何接觸的狀況下，其意識心還是會不顧一切想找出當下最緊迫問題的答案：我在哪裡？這些人是誰？在我身上發生了什麼事？……有一名八十三歲的老婦人，自從丈夫過世後就一直住在安養院裡。她罹患了阿茲海默症，記不得丈夫已於八年前去世了。當她情緒激動時，就會寫信給她的丈夫：

親愛的丈夫：

如你所知，我們正在登荷爾德與來自阿爾芬的老人家度假，非常期待能在這裡度過開心的一周。我這才發現，與你分離是一件非常傷心的事，希望我們倆之間最後一切都會沒事。我們現在在登荷爾德，與來自阿爾芬的老人家在一起。希望我們倆之間最後一切都會沒事，因為這樣的分離太痛苦了。當初我們沒考慮到這一點。這裡的人都很好，但我覺得那樣子跟你分開是很令人難過的事。希望等我回家時，一切都不會有事。這樣的分離實在太令人傷心。這裡很好，大家都在一起。沒有太多東西要寫，只希望等我回家時，我們倆都會心情好一點。這裡很好，大家都在一起。噢，親愛的丈夫，沒有東西好寫了，希望我一星期後回家，希望到時我們都有好心情。噢，親愛的丈夫，我的思緒與你同在，相信我。獻上誠摯的吻。

你親愛的妻子

這封信給人印象最深刻的地方，是句子的重複。顯然，這名老婦人的記憶只剩下一扇非常小的時間之窗，所有說過的話在一分鐘之內又重複一遍。甚至，可能連窗子也稱不上，只是一道最多容得下兩、三句話的小縫隙。另一個令人同情之處，是她不斷重複的**內容**。為什麼她這麼執著於不快樂的心情？可能她之前跟丈夫鶼鰈情深，過段日子兩人之間的爭執就會被拋到腦後——這段過往宛如溝槽一般深深刻入她的記憶裡。或許，這是她退化的記憶僅見的視野，而某個相符的回憶正好融入她一片迷惘的感覺中？甚至可能也不是這樣。或許賭氣與丈夫別離根本不是來自記憶，就如同待在安老院並非外出度假。她在那裡，看不到丈夫在身邊，只有其他老人相伴，這個她無法理解的問題困擾著她：所以，這肯定是一次老人相約出遊，而她親愛的丈夫正在家裡等她歸去。信紙上呈現的是過去的碎瓦殘片，信紙有多長，內容就可以重複多少次，她可以帶著一個深深的吻離去了。

參考書目

–Achterberg, G., *Verzamelde gedichten*, Amsterdam, 1963.
–Baddeley, A. D., *Human Memory: Theory and Practice*, Hove, 1990.
–Bahrick, H. P., 'Semantic memory content in permastore: 50 years of memory for Spanish learned in school', *Journal of Experimental Psychology: General* 113(1984), 1–29.
–Brown, R., and D. McNeill, 'The "tip of tongue" Phenomenon', *Journal of Verbal Learning and Verbal Behavior* 5 (1966), 325–37.
–James, W., *The Principles of Psychology*, New York, 1890.
–Loftus, E. F., and G. R. Loftus, 'On the permanence of stored information in the human brain', *American Psychologist* 35(1980), 409–20.

–Ribot, T., 'La mémoire comme fait biologique', *Revue Philosophique* 9(1880), 516–547.

Les maladies de la memoire (1881). Quoted from *The Diseases of Memory*, London, l882.

–Schacter, D., *Searching for Memory: The Brain, the Mind and the Past*, New York, 1996.

–Sunderland, A., J. E. Harris and A. D. Baddeley, 'Do laboratory tests predict everyday memory?', *Journal of Verbal Learning and Verbal Behavior* 22(1983), 341–57.

–Wagenaar, W. A., 'My memory, a study of autobiographical memory over six years', *Cognitive Psychology* 18(1986), 225–52.

第十六章　瀕死體驗
——看見自己的一生在眼前不斷閃映而過

一八三六年，德國物理學家暨哲學家費希納（Gustav Fechner, 1801–1887）發表了一個令人欣慰的理論，討論死後等待著我們的是什麼，並在《死後生命手冊》（*Büchlein vom Leben nach dem Tode*）一書中透露其觀點，討論人生在世的智性局限問題。

正常情況下，我們的意識在同一時間下只能顧及一個想法與一個記憶，絕不可能一次叫出心裡所有東西。回憶一次只能在一個地方駐足，當我們想召回某件事，可以這麼說，就像是用一盞光線微弱的提燈在腦海裡搜索，它狹窄的光域只能照亮一小塊地方，其餘則仍處在無盡的黑暗中。如此一來，這個探索自身記憶的人，在自己內心世界裡像個陌生人一般的徘徊：「有如踩著鋼索似地摸索著前行，看不到這條被照亮的思緒之道以外的無垠模糊暗影。」

這個畫面描述一針見血，而更令人沮喪的還在後面：光線慢慢向前移，最終隱沒在一間無邊無際的貯藏室裡。我們思維光環裡的所有事物，永遠固守它原來的位置，只要我們的思緒一向前移動，它便又重回黑暗中。光環的邊界是不可跨越的分水嶺：任何東西只要落到光環之外，就會有如最遙遠的物體一樣暗不可見。提燈沒有照到的那些地方，我們無從得知有些什麼。然而，費希納認為人死時這一切都會發生改變。當雙眼永遠閉上的那一刻到來，我們以為永恆的黑夜即將降臨，其實不然，而是光芒將開始照亮我們整個內心世界。只要瞥一眼，我們就可以明瞭所有不曾費心去了解的一切，所有我們儲存在記憶裡的事物。費希納宣稱，人在彌留之際對此已經略有感覺，回首這一生，那些以為已經完全忘卻的記憶又回來了。對垂死的人來說，「一道光突然照亮心中的每一個角落」。

費希納在書中的描述，如今常用「我看見我的一生像播放電影一樣從眼前閃過」這句話來描述。多年來，相當多文獻資料討論過那些有瀕死體驗（Near-Death Experience，簡稱NDE）的人。那些人在以為自己死期將至的時刻，看到一連串畫面在腦海裡快閃而過。文獻中的瀕死體驗包括溺水、從高處摔下，或是最後一刻死裡逃生等體驗。

全景的視野

一八二五年，英國海軍將官蒲福爵士（Sir Francis Beaufort, 1774–1857）應自然學家渥拉斯頓博士（Dr. W. Hyde Wollaston, 1766–1828）的要求，回信描述了一七九五年發生在他身上的一次瀕死體驗。蒲福當時還是一名年輕水手，不慎掉進樸資茅斯港的海水裡，事後蒲福承認自己在溺水過程中，腦子裡亂成一團：

> 以致我不能很準確記下事情發生的順序。不過，我想的絕不是即將發生的事；我的內心那時正遭逢突來的巨變——就是您覺得非常特別的這一段——那個當下的一切，如今在我記憶裡仍栩栩如生，

宛如昨天才發生的。

從停止掙扎那一刻起……一種無與倫比的寧靜感取代了原來的慌張與混亂——或許可以稱之為淡然，但絕對不是屈服，因為溺水已經不再讓我覺得是什麼惡事了。我不再想著獲救的事，身體也不再有任何痛苦。相反的，我處於一種相當舒服的狀態，一種懶洋洋的滿足感，之後才感覺到筋疲力盡的睡意。雖然知覺……麻木了，腦子卻是另外一回事，不知道被什麼振奮了，以一種無可言喻的速度運轉，念頭一個接一個竄起。這種感覺不只無法形容，沒有類似經歷的人也沒有辦法想像。

直到現在，我都還記得那些念頭是怎樣串聯的——我想到自己是怎麼落水的、做了什麼蠢事才會這樣（蒲福原本划著一艘小船準備回船上，想把小船綁到一個弦環上，「當時我很急，直接踏到船緣上，小船當然就翻了，我就掉進水裡……」），想到我出事會引發的騷動（因為我看到有兩個人跳過船邊的圍鏈下來救我），想到家裡的慈父怎麼承受這個打擊、他如何把這個噩耗告訴家裡其他人，還有千百件其他跟家裡有關的事，這些是最先湧現我腦海裡的東西。然後範圍擴大，我想起最近一次巡航、上一次出海旅行、我讀書的學校、在那裡成長和虛度的光陰，甚至想起孩提時的夢想和冒險。

我就像這樣回溯人生，每一件往事好像在我腦海裡逆向一一閃現。不過，不光是輪廓而已（像我現在的敘述方式），而是有具體細節和特徵的畫面。簡單來說，我的一生好像以一種全景的視野展現在眼前，而當中每一個畫面和場景，好像都帶著一種對與錯的判斷，或是因與果的思考。很多早就忘記的無關緊要小事，這時候又湧現我的腦海，而且感覺好像才發生沒多久……有件事特別值得一提：閃現在我腦海裡的無數個念頭，全都是對往事的回顧……我是在一個有宗教信仰的環境中長大的……可是在那個莫名的時刻，我很相信自己越過了那道界線，心裡卻沒有一個念頭是關於將來的（永生），因為我完全被困在過去。當時那些奔流氾濫的念頭占據腦袋多長時間——或是應該說，那段被壓縮的時間有多短——我沒辦法告訴你確切長短，不過，從窒息狀態開始到我被人救起，絕對不超過兩分鐘。

蒲福爵士在給渥拉斯頓博士的信中最後寫道：「如果這個無意間促成的死亡實驗讓您覺得滿意或感興趣，我也算沒白受苦了。您誠摯的，蒲福敬上。」

蒲福在最後一刻被救起。後來他發明了以其姓氏命名的風力分級法，因此流芳百世。

超出語言的表述範圍

這樣一個關於瀕死體驗的敘述可信嗎？抑或誠如其傳記的作者弗蘭德利（Alfred Friendly）所言，只是「一則關於一名溺水者之完全記憶的民間故事」？不太可能。身為「國王的水道學家」，蒲福對精確度非常熱中。在他的專業中，精確度和可信度是定義一切的標準。他在回覆渥拉斯頓博士的信中描述自己親身經歷的瀕死體驗，本意是為科學研究有所貢獻，因此他對此非常重視，對有關經歷也非常慎重。儘管蒲福有宗教信仰，但他並未將這次經歷視為神的旨意和安排，反而很詫異為什麼自己當時一心一意只想著過去的事，而非即將面對的死後世界。最後但並非最不重要的是，蒲福在信中所說的死亡體驗，大多都被後來的案例所佐證。

蒲福爵士描述的死亡體驗，幾乎每一句都讓人產生疑問。為什麼念頭是一個接一個地快速閃過？

圖15. 蒲福爵士銀版攝影術照片

蒲福怎麼能夠在這麼多年後，還想得起當時腦袋裡那一大串圖像？為什麼他的思緒起初是「前進」的、想到自己的死訊對父親的打擊，然後又毅然「後退」、想到過去的生活？為什麼他的記憶是倒序著放映自己的一生？那真的是他到當時為止的「一輩子」的回顧嗎？但他又說，想起「無關緊要小事」和「有具體細節和特徵的畫面」，這樣說得通嗎？為什麼在回憶中，他過去的所作所為都帶著一種對與錯的判斷、因與果的思考？

蒲福的經歷，也讓人不免想知道：他的經歷與其他的瀕死體驗報告，會不會有哪些共通之處。人之將死，腦海中出現的一幕幕總是「在時光中倒退」嗎？抑或有時也會按照時間順序排列？人在臨死之際，腦海裡出現的都是些視覺圖像嗎？抑或有時也會出現非視覺的回憶？人臨死前的一生回顧時，是否出現語言文字？致死原因不同，會造成瀕死體驗有所不同嗎？不慎從高處墜落的體驗，跟那些故意從高處跳下來的體驗，是否有差別？那種快速回顧一生的體驗，會發生在沒有遭遇致命危險的人身上嗎？

這些問題之下還潛藏著一個問題：如何表述那種非常態的體驗。蒲福的敘述，說明他曾經歷一種超出他正常經驗的體驗。也因此，在描述那段經歷時，他必須尋找一些詞彙來陳述那些超出自己想像力範圍的東西。這也是所有關於瀕死體驗的描述中常見的困擾：敘述者苦於不得不想像一種語言，來描述超出正常時間軌道之外的事。這也正是那些有過瀕死體驗的人經常運用各種比喻的原因，例如費希納說「突然一道普照之光照亮整個記憶貯藏室」，而蒲福在一幅「全景」中看到自己的一生。「我看見我的一生像播放電影一樣從眼前閃過」也是個比喻。

文獻中經常提到的「全景記憶」（panoramic memory）一詞，最早是由英國神經學家基尼爾．威爾森（S. A. Kinnier Wilson, 1878–1937）於一九二八年提出的，是一種既短暫易逝又經久難忘的記憶。這個條件會對進行實驗研究造成妨礙，但相關研究的數量卻多得令人吃驚。精神病學家調查了那些曾經從很高的橋上跳下水的人，醫生也對那些遭遇幾欲送命的事故、差點兒溺死或曾經遭槍擊的人進行研究。也有學者研究了那些能夠造成類似意象的精神與神經失常病症。神經藥物方面的有關研究，也揭示了一些與全景記憶的時間體驗之間饒有趣味的相似之處。

近代對瀕死體驗最早進行系統性研究的人，是瑞士地質學家阿爾伯特．海蒙（Albert Heim, 1849–1937）。他從自己的一次親身經歷出發，開始研究瀕死體驗。為了表示對海蒙的敬意，從他的研究談起再恰當不過了。

地質學家的墜崖瀕死體驗

阿爾伯特．海蒙愛好登山。一八七一年春天，他和哥哥以及三位朋友一起去攀登瑞士東部著名的森蒂斯峰（Säntis）。當時海蒙雖只有二十一歲，但已經是個很有經驗的登山者，還擔任當地登山協會會長一職。他從年紀很小時就對地質學非常感興趣。十六歲那年，他做了一個托迪山（Tödi）的立體模型並因此獲獎。後來他在蘇黎世大學主修地質學。這次登山活動的五天後，他將要教授他的第一堂課，成為該校不支薪的地質學講師之一。他們一行五人在暴風雪中登上近一千八百公尺高的菲拉爾普峰（Fehlalp），來到一個坡度很陡的雪層上。其他人正在猶豫時，海蒙決定開始下山，意外幾乎是緊接著發生。海蒙事後寫道：

這時一陣大風吹掉我的帽子，我沒有隨它去，反而做出一個奮力想抓住它的錯誤舉動，結果大風順勢將我吹下峭壁。在墜落過程中，我一直都是頭和背朝下。在墜落了大約二十多公尺後，我被摔在峭壁下方一塊雪地邊緣上。

從失足那一刻起，我就知道自己會跌落懸崖，以及墜到谷底的衝擊正等著我。我把手指緊緊摳進雪裡，希望它能發揮「剎車」作用。指尖磨出了血，但我沒有感覺到痛。我清楚聽見頭頂和身後呼呼的風聲，最後我聽到一聲悶響。我落地了，但我要到墜崖幾個小時後才開始感覺到痛。

在墜崖的過程中，我的腦袋裡開始湧現無數念頭。我在五到十秒鐘之內感受到的，就是用十倍長的時間也說不完。而且我的思緒非常連貫、清晰，絕對不可能被遺忘，像夢境那樣。首先，我想到命運的可能性，告訴自己：「我摔下來的地方顯然是一道陡坡，因為我還沒看到下面有地面。崖底是否還有雪這一點非常關鍵。如果從崖壁融落的雪在崖底部堆成一堆，而我正好摔在雪堆上，那我還有生還的可能。但如果那裡沒什麼雪，我肯定會掉在石頭上，這種速度摔下去是必死無疑。如果摔下去大難不死或還有一點意識，我得馬上拿裝醋酸的攜帶瓶往舌頭上滴幾滴。還有我的登山杖不能掉，因為它或許還用著。」

想到這裡，我馬上把登山杖緊緊抓在手裡。我想過摘掉眼鏡並把它扔掉，這樣就不會被眼鏡的碎片傷及眼睛，但我忙著被丟過來滾過去，根本沒辦法抬手。然後，我開始想到看到我墜崖的同伴。我對自己說，到底後，不管我有沒有受重傷，一定得馬上出聲喊他們、說我沒事，這樣我哥哥和另外三個朋友才能從驚慌失措和恐懼中恢復過來，想辦法下來與我會合。

接下來我想的是，五天後我不能到學校教授第一堂課了，還想到摯愛的親人收到我的死訊會有多心痛，於是我在心裡安慰他們。然後，我看到自己這一生化為無數的畫面出現，有如在一個跟我有點距離的舞台上搬演。

我看到自己是這齣戲的主角。一切好像被天堂之光美化了，沒有悲傷，沒有焦慮，也沒有痛苦，一切是如此美麗。記憶中的悲慘經歷也十分清晰呈現在眼前，我卻沒有感到悲傷；我感受不到任何衝突或矛盾，它們已轉化為愛。高尚和諧的思緒主宰並統合了這些畫面。一種神聖的寧靜感如同美妙的音樂一般穿透我的靈魂。我被輝煌壯麗的湛藍天空包圍著，身邊飄著美麗的玫瑰色和紫羅蘭色雲朵。我輕鬆地、輕巧地穿過這片天空，然後我看到自己正從空中墜落，而下面有塊雪地正在等著我。這一切，所有客觀的觀察、思緒和主觀的感覺都是同步發生的。最後，我聽見一聲悶響——我終於落地了。

片刻後，某個黑影從我眼前飛掠而過。我朝同伴所在的地方大喊三、四聲「我沒事！」然後往嘴裡點了幾滴醋酸，抓起掉一旁的眼鏡（眼鏡沒摔破）。我摸了一下背部和四肢，確定沒有摔斷骨頭。然後我看到本來感覺離我很近的同伴，正緩緩從我摔落的懸崖下方開出一條雪道一步步朝我走來。我不明白他們為什麼離我還那麼遠，但他們說他們整整叫了我半小時，而我沒回過半次。就在那一刻，我猛然意識到我在落地時曾經失去意識。那個黑影，其實是我受到衝擊的大腦所記錄的無意識狀態，感覺起來不到一秒鐘，實則不然；而在我意識到這一點之前，我的神志又恢復既往，開始正常運作，這才清楚看到同伴們真實的身影。

在這當中，我的意識曾經有一段全然的空白。在墜落天空的過程中，我體會到那些美妙、天堂般的感受，可以看、可以思考。而隨著撞擊導致我失去意識，那些感受突然被抹除，之後也不再延續。等我的朋友多瑞格扶我起來時，我可以動彈了。但這時頭部和背部突然疼痛難忍，我大叫了起來，直到被送到附近的麥格里薩爾乎（Meglisalp）急救才停下。儘管如此，我還是在原訂的時間，也就是五天後，完成我的第一堂講課。

可以肯定的是，看到別人從高處掉下去，比起某人自己從高處墜落，不論是事發當時的感受或事後的回憶，絕對是比較痛苦的一方。這一點已被無數瀕死體驗報告所證實。一般來說，那種淒慘的場景帶給目擊者的不只是一時的驚嚇，更是一種持久的精神創傷；但是，從高處墜落的倖存者，如果傷勢不重，這段經歷並不會給他留下恐懼和痛苦的記憶。當然，摔下來的人後來仍不免承受嚴重的頭痛和極度疲累感。我自己就曾經幾次看到別人從高處摔落，雖然他們都倖免於難，但回想起來仍覺得很可怕。甚至，每次想起看過一頭乳牛從高處掉下來的事，也會讓我難受不已。但在我的記憶裡，那段不幸的墜崖遭遇卻是另一種形式的愉快經驗，沒有痛苦或恐懼，就像我當下體驗到的一樣。

高空失足，「落入」天堂

海蒙被自己在墜崖過程中的體驗搞糊塗了。他曾料想自己可能會極度恐懼、驚慌或絕望，豈料他竟是意識清醒地揣摩自己的生還希望，以及泰然自如地看著歷歷往事從眼前閃過。接下來，海蒙開始追蹤那些遭遇過生命威脅卻活下來的人。長達二十多年間，他一直透過訪談或信件往來的方式，了解那些人在失去意識前的最後時刻裡發生什麼事。一八七五年，海蒙被授予蘇黎世大學地質學教授職位後，在阿爾卑斯山脈展開大規模的地質研究計畫，因此得以與登山者有頻繁的接觸。那些登山者中，有人曾有過類似的經歷——從高山上摔下卻逃過一劫。他還研究了一些曾經從高聳鷹架上摔落的建築工人，以及在高山上鋪設鐵軌卻不慎失足的工人。海蒙的研究對象不只局限於從高處墜落的倖存者，還包括發生在瑞士明興施泰因

圖16. 阿爾伯特・海蒙臨七十歲之際

（Münchenstein）的火車從高架鐵軌翻落災難事件（一八九一年）的倖存者，並前往漢堡軍事醫院拜訪在一八七〇年普法戰爭中受重傷的士兵，也訪問過一名差一點溺死的漁夫。一八九二年，海蒙在一場演講中向一群登山同好發表了自己多年來的瀕死體驗研究成果。

海蒙用一個詭辯的問題來當開場白：我們怎麼能夠去問一個人，「生命的最後時刻是什麼樣的感覺」，但其實那並非他真正的最後時刻？我們終究只能從倖存者身上去了解——只是，那並非他們的最後時刻。

海蒙覺得這種緊咬著「是否為真正的最後時刻」的質疑是沒有根據的。在他看來，人死後的無意識狀態，跟不可思議逃脫劫難後的無意識狀態，沒有什麼兩樣，只是第二種情況的當事人有可能知道自己失去意識前發生了什麼事。所以，這個人「會在他的一生中死兩次」。

然後，海蒙又回到下面這個問題：人之將死，到底是什麼感覺？根據他的研究調查，幾乎每個有過瀕死體驗的人，不論有沒有受過教育，對墜落的體驗都是一樣的。這種體驗與海蒙自己的經歷很相似：沒有恐懼，沒有怨恨，沒有疑惑，也沒有痛苦；沒有任何人有絕望的恐懼感，而這種恐懼在相對不是那麼立即致死的情況下（例如火災事故）有可能出現。在命懸一線的時刻，人的思維是極活躍，速度和密度是平時的上百倍。這場生命意外與可能的後果，都會被清醒的意識客觀整理一遍。時間在那個當下靜止了。通常，隨之而來的是倖存者突然開始回顧自己的一生，最後是聽到仙樂飄飄。「然後，意識毫無痛苦地消失了，通常發生在撞擊到地面的那一刻。當事人最多能聽到墜地的一聲悶響，但絕不會有痛苦的感受。很顯然的，聽到那聲悶響是即將失去意識前的最後一個知覺。」

一般以為他們在落地前便已失去意識，但事實上那些人的思緒是極清明的。海蒙的登山夥伴西格里斯特曾有一次從卡帕夫斯多克山（Kärpfstock）上滾落，事後他堅稱自己當時的思緒非常清晰，一切歷歷在目，直到撞擊到地面的最後一刻：「沒有痛苦，也沒有焦慮，我用一種這輩子前所未見的速度研究了一遍當下的狀況、家人的未來，以及之前為他們的福祉所做的安排。墜落過程中，沒有人們常說的呼吸停止跡象，一直到最後重重摔在懸崖下面的積雪上時，我才失去意識，沒有半點痛苦。」一個八歲時曾經從二十二公尺高的山峰摔下的人說，他在空中翻滾了三、四個觔斗，一直擔心褲袋裡父親送他的小刀會掉出來。還有一個主修神學的學生，有一次搭乘火車旅行，正巧遇上橫跨比爾斯河（Birs）的橋樑倒塌事件，列車車廂一頭栽進河裡，而他所在的那節車廂被壓在下面。他在寫給海蒙的信中描述當時的經歷，表示在那個斷裂橫木四處胡亂突刺的混亂煉獄之中，「我思如泉湧，許多念頭以最清晰的方式穿梭我的腦海」以及「畫面和景象一幅幅飛閃而過，一切非常美好，是我前所未有的體驗。」

海蒙調查過的高空墜落倖存者中，幾乎所有人當時都處於思緒清晰、心情祥和的狀態。沒有任何人在墜落過程中嚇得嚎啕大哭，也沒有任何人因為生命即將終結而感到絕望。「所以，我們那些在高山上去世的朋友，相信也在生命的最後時刻回顧了自己的一生，而那些歷歷往事都是經過美化的。」這麼一想，他們的摯愛與友人也會感到寬慰。海蒙在演講快結束時告訴聽眾，他的發現幫助了一名痛失兩個愛子（從高山上墜落身亡）的母親打開心結。「釋然與安心，是他們揮手作別這個世界時最後的感受。我們可以說，他們已經落入天堂。親愛的朋友，讓我們在心裡到那些因墜落而逝的朋友墓前獻上花圈吧！」

當潛意識取代意識

一九二九年，跟海蒙一樣出身瑞士的牧師暨精神分析學家奧斯卡．普菲斯特，又問起海蒙幾個他當年從懸崖上墜落的問題。那一年，海蒙雖已是八十歲高齡，仍在地質學方面筆耕不輟。儘管那次墜崖事故是發生在六十年前，他仍對普菲斯特提出的問題予以詳盡的回覆。

普菲斯特是佛洛伊德的老朋友，身為一名牧師，他經常在布道時運用心理分析。普菲斯特自己也曾兩度在登山時失足並險些送命，但最後都得以自救，第一次是在最後一刻抓住一根樹枝，第二次是成功把冰鎬鑿進冰層裡。他也有過無數念頭以閃電般的速度湧現而過的體驗。一開始，他還不相信自己失足了，「這不可能是真的，我只是想像自己掉下山了」，接著是對形勢的正確評估（「沒錯，我掉下山了」），然後是採取自救行動。經歷九死一生的經驗後，普菲斯特曾在一段時間裡以海蒙和那位軍官為研究分析的對象。在一篇關於他所謂的「衝擊思維」（shock-thinking）的文章中，普菲斯特詳細描述了海蒙與那位軍官的瀕死體驗。

當普菲斯特詢問墜落過程中他所有感覺的順序時，海蒙表示他無法提供精確的答案：「我相信它們是近乎同時出現的，或許可以比喻為快速投影的圖像，或拿來跟夢境中一幕緊接一幕的畫面相比。」在信的最後，海蒙補充道，「我看見就像投射在一面牆上的影像，那些影像依次快閃而過卻又不慌不忙，內容流暢又豐富，情緒完全沒有中斷。我感覺幾秒鐘時間有五分鐘那麼長。」海蒙自忖，在撞擊地面那一剎那，這些浮現腦海中的景象是否為逆行的，「而且因為如此，學生時代的影像成了當下思緒的一部份。但我覺得應該不是這樣。回想那個時候，我覺得那段人生劇場是以學校的場景開場，結束在墜入無垠或天空中。」應普菲斯特的要求，海蒙詳細描述了墜崖時在腦海中閃現的景象：

就像是從一座很高的房子的窗戶往外看，我看到自己變成一個七歲的孩子，正在去上學（在蘇黎世）的路上，然後我看到自己坐在敬愛的魏茲老師帶的四年級教室裡。我正在演出自己的人生，就像舞台上的演員，卻又同時坐在戲院最高的樓座裡，居高臨下觀看自己的表演。我好像既是劇中的主角，又是台下的觀眾，一人分飾兩角。我看到自己在學校的畫室裡拚命練習、參加入學考試、去登山旅行、製作托迪山的地貌模型、從蘇黎世山區的山上畫我平生第一張全景素描，身邊有我的姊妹和親愛的母親——我生命中非常重要的人——陪伴著我。突然間，一個念頭閃過：「我就要死了。」然後我看到郵差把一封寫著我的死訊的電報或信件送到站在家門口的母親手裡。母親和家裡的其他長輩對我的死深感悲痛，卻仍表現出他們的修養與崇高品格：沒有怨憎，沒有嚎啕，也沒有啜泣，就像我自己沒有絲毫焦慮或痛苦之感，而是從容就死一樣。

普菲斯特並未對海蒙的瀕死體驗進行分析，反而討論了另一名軍官的經歷。這名軍官時年四十五歲，十三年前在第一次世界大戰中差一點被炮彈炸死（第十二章中討論似曾相識感時曾提到此人）。普菲斯特以軍官告訴他的「最後」時刻做為理論基礎，拿海蒙的瀕死體驗當佐證。軍官說，炮彈爆炸後，他看到一連串的景象，其中之一是他兩歲左右坐在一輛小拖車裡的情景，最後一個景象是他坐在一輛汽車或火車裡旅行，絕美的風景飛馳而過，他覺得自己的人生非常美滿。那個坐小拖車的場景，連軍官自己都不清楚是怎麼回事，後來母親告訴他，他小時候蹣跚學步時，經常讓家裡那條狗拉的小車拉著他跑，而狗兒有時會一路跑到離他家一公里外的地方——沒有其他人陪伴，就他一個人。這名軍官在敘述其瀕死體驗時補充道，自己是絕不會讓小孩子在無人看管的情況下離家那麼遠。經他如此解釋後，普菲斯特嘗試從心理分析的角度作分析。

乍看之下，炮彈爆炸時看到一個小小孩坐在狗拉的小車裡，似乎毫無任何關連。不過，軍官的母親事後承認確有其事，因此提供了一個解釋。坐在那台小車上是有危險的，拉車的狗可能遭到另一條狗攻擊，或是受到經過的馬車驚嚇，但不知有什麼事或什麼人保護了他，讓他平安無恙。炮彈在戰壕裡爆炸後，軍官就失去意識，在命懸一線時，他的潛意識開始尋找類似的事件自我安慰：你當時身處險境，但仍安然以度；現在你又一次面臨危險，你也會再次受到保護。軍官在意識清醒時想起的只有那個坐小車的小孩，甚至不記得那隻狗，這一點反映的正是潛意識在此事件上添加的情緒意義（emotional significance）——因為那隻狗曾經置他於險境，因此軍官的潛意識刻意排斥牠。

順道一提，普菲斯特認為，軍官當時見到的最後景象與海蒙失去意識前的所見若合符節；軍官坐著汽車或火車穿越天國般的美麗景致，海蒙則感覺自己飄浮在藍天裡，玫瑰色雲朵環繞。他們倆都不覺得焦慮或悲痛，只有愉悅舒服的感受。簡單來說，這些最後的美麗景象掩飾了他們置身的險境，其實是他們的潛意識一手導演的結果，藉此將其注意力由無法承受的現實轉移開來。

普菲斯特問了自己一個問題：人類的心智為什麼以如此獨特的方式在運作？思如潮湧、回顧自己這一生，以及那種離奇的祥和感，究竟是怎麼來的？普菲斯特認為這個問題的答案可以用佛洛伊德的「刺激屏障」（stimulus barrier）概念來解釋。正如同我們的大腦會保護自己免於過度強烈的感官刺激，它也有一套自我防禦機制，讓我們可以抵禦過於強烈的精神刺激，方法之一就是「現實感喪失」

（de-realization），亦即感覺當時的情境並非真實的。普菲斯特舉了一名登山者目睹自己的朋友摔死的例子：

看到朋友趴在地上，鮮血從口鼻湧出，喉嚨發出聲響，他笑著對自己說：「沒事的，只是看起來而已，這只是一場夢。」之後，他整整等了一個小時，在離屍體很遠的地方徘徊，意識已經模糊不清，不斷反覆問另一個同伴：「費希爾去哪兒了？我們本來有三個人的！」一直到隊長告訴他費希爾已經死了，他才開始感覺到胸骨與肋骨傳來的痛楚。

普菲斯特自己也經歷過「現實感喪失」，當他兩次從懸崖上掉下來時，都曾經產生「這不可能是真的」這樣的反應。海蒙看到自己的一生彷彿在一個離自己有一定距離的舞台上上演，也是將過於強烈的刺激阻擋在外的一種方式。

普菲斯特認為，「刺激屏障」具有一種生理性功能。人在危急時刻下，腦中會飛速閃過無數個念頭，從而阻絕了正常的恐懼與害怕反應，以及它們癱瘓我們行動的影響力。無數思緒湧現與回顧自己這一生，讓那些從高處墜落、溺水、撞車或是遭到槍擊的人，忙得無法顧及死亡即將到來的痛苦現實。在此同時還有一個作用是，它們可以避免當事人失去意識。如果傷者在過程中真的不省人事，則任何營救行動都是徒勞的。因此，遇險的人在失去意識前的最後體驗，其實就是「刺激屏障」發揮保護作用的結果。它是以下面兩種方式來執行的：為了避免恐慌造成手足無措，現實被剝除其駭人的一面；另外，為了防止失去意識，潛意識好心上演了一齣假戲。如果意識在高度作用下仍無法解決，這時潛意識就會接手。

在文章的後段，普菲斯特偷渡了不少擬人化與政治性隱喻（佛洛伊德在這方面也是個高手）。普菲斯特表示，在突來的致命險境中，我們的意識必須忍受接二連三的羞辱。它軟弱無力，「就像被流放的君主，只能靠偶爾自故土傳來的不明就裡消息度日；這個放棄王權的可憐人在等待命運眷顧的同時，只能扮演被動者的角色」。若用政治比喻來看意識與潛意識之間的關係，它旨在提醒平常主導一切的意識：即使在我們的心靈世界裡，「也沒有絕對君主專制這種東西」（潛意識有機會取代意識）。因此，普菲斯特認為，「佛洛伊德的心理學是民主的」。

全景記憶出現，代表潛意識取代了意識——這個概念引發了一個棘手的問題。普菲斯特注意到了。如果某些知覺與想法因為可能造成傷害，而必須讓位給安心、寬慰感，則在我們心智世界裡的某個地方，一定也已經捕捉到那些知覺的危險性。普菲斯特表示，這裡的「某個地方」就是「前意識」（preconscious）。它注意到威脅，但努力將之擋在意識之外。這就如同一名很負責任的祕書，會將不受歡迎的訪客直接擋在候客室，然後請他們走人。又或，前意識就像飯店的門僮，職責之一是保護酒店客人免受不速之客的騷擾，但他終究不能完全避免有些人在外面吵鬧。於是我們的意識只會聽到遠處的嘈雜聲，其他什麼也聽不到。它自欺欺人地認為周遭是安全的，不察死亡正在逼近，而是在欣悅的錯覺中，度過自己的最後時刻。

瀕死體驗的比喻形式

全景記憶的早期論述總讓人覺得有點老土，但那些意外的內容其實反映了十九世紀人的日常生活，例如一匹馬突然受到驚嚇，馬車上所有乘客掉進水裡；一個小男孩打水時不小心掉入井裡……如今，這個時代的致命危險更多了：飛機失事、降落傘未成功打開、車禍等。新的急救措施也層出不窮。有了先進的醫學設備之助，心跳驟停的人有望被救活，服藥過量的人也可以透過及時注射針劑來中和藥效。很難說全景記憶的體驗會否隨著時代變遷而改變。我們的意識是只有一個座位的劇院，在另一個劇院上演的劇碼，我們只能間接得知。

可以肯定一定已經有所改變的，是描述全景記憶時使用的語彙。體驗本身可能恆久不變，但人們為了描述這種體驗而運用的比喻，卻是時代的產物。即使不知道溫斯洛博士（L. Forbes Winslow, 1844–1913）的大作《論大腦的隱晦疾病暨心理失常》（*On the Obscure Diseases of the Brain and Disorders of the Mind*）是在十九世紀六〇年代寫的，也不難從書的內容裡推斷出寫作時間，例如下面這段話說的就是發生在攝影術發明之後、電影術發明之前的事：

> 事情發生了，那些人溺水了……在臨死之際，呈現他們腦海中的，是一連串由他們過往生命場景構成的最精細、最引人入勝的畫作（tableaux）！……在這種狀況下，孩提時的記憶也被喚醒，並有如以最完美程序精製的藝術照一樣重現在腦海中。

我們發現，在攝影術發明之前，瀕死體驗描寫中使用的比喻也強調該體驗的視覺特性。一八二一年，英國知名散文作家德．昆西（De Quincey, 1785–1859）在《英國鴉片煙客告白》（*Confessions of an English Opium–Eater*）書中，描述自己某位親戚掉進河裡的事，在行將溺斃「那一瞬間，她看到了自己的一生，包括最入微的小事，像在一面鏡子中並排著；而且她突然間擁有一種領會整體與所有細節的能力。」德．昆西完全相信這個親戚的證言，因為她「尊崇真理的信念完全不少於福音使者」，而且具有「男子般的理解力」。

法蘭西斯．蒲福爵士形容自己的歷險為一種「全景式回顧」，這個說法在當時仍相當新穎。世界上第一幅可以從中間開始觀賞的環顧式畫作，於一七八七年問世。當時這種新式畫作還沒有個適當的名稱，「全景」（panorama，「pan」意為全部，而「horama」意為景色／視野）這個名詞要到一八〇〇年左右才開始使用。全景畫出現後，「全景」這個詞彙開始具有「廣大無邊、不中斷的景致」之意。蒲福於一八二五年寫下那段瀕死體驗的報告時，「全景」仍是一個相當新的比喻，形容能夠一眼看見廣闊的視角。

受寵的電影比喻

近代不少關於瀕死體驗的報告，是以各種視覺媒體來比擬全景記憶。一名在昏暗路上摔車的摩托車騎士，將自己的體驗比喻為混亂的幻燈片放映，一張張圖像以飛快的速度投影在他眼前。一名在降落傘事故中倖存的人說，當時他的大腦好像一台電腦，有人在短短數秒鐘內往裡面灌入他一生的畫面。一個在戰爭中受重傷的越南士兵則記得當時他的一生像高速運行的電腦一樣展開。然而，相對來說，這些比喻都不太常見。迄今為止，描述全景記憶用得最多的是電影，以及與電影相關的詞彙，例如閃回（flashback）、重播和慢動作。以下是瀕死體驗報告中曾用到的一些電影相關比喻說法：

- 「在即時快速**重播**這一生的過程中，我已經失去時間的概念……」
- 記憶從我眼前經過，就像在看「從攝影機裡拉出來的一卷**膠卷**。」
- 只有那些跟親密關係相關的記憶是「有選擇性的用**慢動作**播放。」
- 「像一部**快動作電影**，每個圖像快速連續地呈現，張張清楚又分明。」
- 「一部**飛快的電影**，只有重要情節和某些事件。」
- 「它就像一部**電影**，像有一台**錄影機**在你眼裡播放。」

以上只是其中幾個例子，由此可見，電影這個比喻具有一種魅力。事實上，海蒙就是被吸引的人之一。事隔多年後，精神分析學家普菲斯特又追問海蒙當年從山上墜崖的問題，於是我們有了海蒙瀕死體驗前後兩份報告，而且第二份用到了「電影」這個比喻。在一八九二年的第一份報告中，海蒙描述說，他看見自己的一生「化為無數的畫面出現，有如在一個跟我有點距離的舞台上搬演」。在一九二九年的第二份報告中，海蒙依舊沿用劇院演出的比喻，但他補充道，「最好比喻為快速投影的圖像」，他看見它們「就像投射在一面牆上的影像」。

我們無須為此覺得驚訝。「電影」是一個很貼切的比喻，既能表現全景記憶的視覺特徵，也能喚起從局外欣賞那些圖像的感覺。當某人說他的一生「像部電影一樣從眼前閃過」時，就是其高密度聯想網絡在運作之時。電影的放映與時間的流逝，在許多方面是相似的。電影放映可快可慢，兩者都會影響場景的感情色彩；即使是以正常的速度放映，也會因為剪輯手法而感覺或快或慢；電影既可以照事件發生的時間順序來表現，也可以打破時間框架，運用閃回和快轉鏡頭。全景記憶的各方面，包括主觀感受速度的快慢，以及時間的方向性，都能在「電影」這個比喻中找到最自然的詮釋。

一九九九年上映的電影《美國心玫瑰情》（*American Beauty*）最後一幕，巧妙操弄了時間的不同層次。簡單來說，這部電影主要是圍繞著知名演員凱文·斯貝西（Kevin Spacey）飾演的四十二歲男子——萊斯特·柏漢——的中年危機展開的。電影接近尾聲時，劇中另外一個人物朝萊斯特頭部開了一槍。槍響後，一切歸於平靜，然後背景音樂響起，一開始是舒緩的鋼琴伴奏，接著小提琴加入。然後觀眾聽到一個旁白。那是萊斯特的聲音，他說：「我總是聽人這麼說，人在臨死前那一秒鐘會看到自己的一生從眼前閃過。首先我要說，那一秒鐘根本不是一秒鐘，它延伸到無限的永恆，像一片時間之海。對我來說，我看到的是：我躺在童子軍軍營裡仰望天上的流星；楓樹的落葉遮蔽了我們那條街；還有祖母的雙手，和她像紙一樣的皮膚。」與此同時，橫搖的鏡頭帶出以下的黑白場景：一個躺在地上的男孩、楓樹、一雙滿是皺紋的手。一連串沒有關連的場景緩緩流過觀眾面前，代表最後這一秒鐘真的變成了時間之海。

像那樣的鏡頭帶有一種奇特的循環感。在電影語言中，來自過去的祥和寧靜場景、慢動作、閃回、黑白鏡頭，以及奇特的燈光效果——是表達人之將死的電影語言。事實上，全景記憶體驗的電影比喻本身已經成為一種慣例，但會涉及雙重風險。

首先，「電影」比喻如此通用，有可能影響倖存者描述自身經歷的方式，令瀕死體驗一致化，同時或許也會影響他們事後回想時看待這段經歷的方式。當用「電影」來比喻——其他比喻也一樣——會篩選特定的聯想組合，並據此建構其角度。或許我們應該有所警覺：用「電影」來形容全景記憶，這個慣常手法可能會反過來引導人們如何回顧那種難以言表的經歷。第二個風險是，「電影」這個比喻有可能遮蔽全景記憶的某些特徵。如果在全景記憶中存在著無法用電影詞彙表達的特徵，它們很可能會從敘述中悄悄被遺漏了。例如，瀕死體驗中的許多念頭感覺像是同時出現一般，對於這種意境，德．昆西在《英國鴉片煙客告白》一書中所用的「像在一面鏡子中並排著」比喻就比較適合，蒲福爵士的「全景」比喻亦同，但用「電影」這種線性時間的比喻就無法表現。

全景記憶的案例統計

近年來，在關於瀕死體驗的諸多報告中，有關全景記憶的表述可謂相當普遍。自美國醫生雷蒙．穆迪（Raymond Moody）的著作《來生》（*Life after Life*）於一九七五年問世後，瀕死體驗研究相關著作如雨後春筍般湧現。穆迪博士蒐集了大量案例，包括那些心跳停止或在手術中「臨床死亡」一段時間後復活的人，並從其體驗中發現驚人的相似之處，諸如安詳的心境、穿過一條隧道、飄離身體、遭遇一個發光體、重返人間的決定——形成一套普遍出現在死亡過程中的模式。據穆迪表示，其中一個階段是「個人一生的回顧」，落在遭遇發光體和重返生命之間。在發光體的協助下，瀕死者回顧了自己一生的畫面，感覺自己的人生達致一種平衡。在穆迪的案例研究中，許多關於全景記憶的描述，非常近似「平靜地回顧一生」的瀕死體驗，但是，「發光體」是個全新的元素，在以前的任何敘述中從未出現。穆迪對世人表達瀕死體驗的語言產生巨大的影響，堪與電影的發明者——法國的盧米埃兄弟——在視覺領域的影響力相提並論。

二十世紀七〇年代末，在東方神祕主義的浪潮下，瀕死體驗引起社會的廣泛關注。《來生》之後湧現的文獻，以瀕死者觸及彼岸的遭遇敘述占絕大多數。在同一時期，研究者展開各種更系統化的瀕死體驗研究。他們大多為擁有接觸瀕死倖存者管道的專業人士，包括心臟病專家、精神病學家和臨床心理醫師。無數問卷調查和訪談結果顯示，許多倖存者都有過全景記憶，令研究者得以嘗試總結出一些結論，包括全景記憶的出現頻率，以及它與年齡、性別和遇險事件類型等因素的關係。

美國心理學家肯尼斯．林恩（Kenneth Ring）蒐集了一〇二宗瀕死體驗案例，包括重病患者五十二例，溺水、高處墜落等二十六例，自殺未遂二十四例。被調查者中，有十二人表示在瀕死體驗中有過全景記憶，當中有十人的遇險純屬意外。在自殺未遂案例中，只有一人體驗到全景記憶。上述研究結果與美國精神病學家大衛．羅森（David Rosen）的研究結果相符。羅森曾經訪談七名從舊金山金門大橋上跳下來卻大難不死的人（英國心理學暨超自然現象作家蘇珊．布萊克摩爾〔Susan Blackmore〕計算過，從七十五公尺高的橋上跳下來，時速可達一二〇公里；以這種速度撞擊水面後，生還的機率只有一％）。這七人當中沒有人發生全景記憶的體驗。看來，它只有在足以致命但非主動尋死的情況下才會發生。

美國精神病學家諾伊斯（Russel Noyes, Jr.）和臨床心理學家克萊帝（Roy Kletti）曾對兩百多個瀕死體驗案例進行問卷調查或訪談。這些倖存者中，身臨絕境的原因更為多樣，其中高處墜落五十七例，交通事故五十四例，溺水四十八例，重病二十七例，以及其他事故二十九例。在所有被調查者中，承認有過全景記憶體驗的共六十人，而年齡似乎是影響因素之一：二十歲以下的年輕人比上了年紀的人體驗到全景記憶的機會要大得多；速度上，也是年輕人比年長者的感覺還要快。在這方面，蒲福爵士和海蒙可謂青年組的代表，當時兩人分別為十七歲和二十一歲。

諾伊斯和克萊帝還問了倖存者另一個問題：在危難之際，他們是否相信自己會死？答案並非顯而易見：有人並未想到生和死，有人很肯定自己會大難不死，也有人想到自己片刻後終將難逃一死——調查顯示，最後這種想法是很重要的影響因素，因為這些人中產生全景記憶的數量是其他人的四倍，而理解當前處境、感到幸福，以及靈魂與肉體分離等感覺，在他們當中也比較普遍。最後是，該研究顯示身臨絕境的原因是影響因素之一。據統計，溺水者中有全景記憶體驗的人數最多，占四十三%，其次是交通事故和意外墜落事故，人數分別占三十三%和九%——最後一種情況與海蒙的發現出入很大（他聲稱幾乎所有墜崖倖存者都有全景記憶體驗），卻與心理學家林恩的研究結果相符。林恩也發現全景記憶在溺水者中出現的機率比較大。

上述關於全景記憶體驗的研究既有共通點，也有不同之處。共通點是，對每個有過全景記憶的人來說，它是一種支配性的視覺體驗，畫面異常清晰、具體，而遇險者都是「收看的局外人」，自覺如一名觀眾。沒有人認為自己可以掌握畫面現映的節奏，只是有如著魔一般，被動地看著。一般來說，那些畫面喚起的感覺都是愉悅的。在如潮的思緒中，有許多是關於兒時的回憶，而且往往看到自己是情節中的一角。

至於不同之處，主要集中在事件出現的時間順序上：有些人回顧往事時是從年老到年輕，而有些人是由年幼到年長。有些人看見的圖像是連貫無縫的，而有些人是彼此獨立、斷斷續續的。此外，並非所有人都只看到過去的回顧，有些人也看到未來。這些未來事件有如記憶一般清晰，而且幾乎都有關於自己最親近的人得到噩耗後的悲痛場景。

童年回憶的慰藉力量

早在十九世紀六〇年代，溫斯洛博士就注意到，在生命的最後時刻，童年往事具有一種撫慰的力量。老人在臨終的病榻上，經常以為自己又回到兒時與夥伴玩耍嬉戲的場景：

在與生命作最後抗爭的時刻，我們的心思時常為田園風光和早年美好回憶所占據，想起那些天真爛漫的遊戲、色彩無與倫比的鄉間生活。所有純真的渴望與童年幻想，美好往事，具現眼前。在此命懸一線的時刻，它們帶著恍如昨日的美麗、清新和純淨，回湧上心頭！

在溫斯洛看來，全景記憶可能是在死亡突然迫臨時，一種自然過程的加速版本。諾伊斯和克萊帝的研究也得到類似的結論。他們也發現那些畫面的寧靜安詳特性，而且多與安全、快樂的童年有關。這種寧靜祥和感與性命攸關現實之間的強烈落差，在他們看來，說明了全景記憶具有一種非常重要的生理性功能。在這個意義上，他們認為全景記憶頗近似「自我感喪失」，後者是我們在危急情況下的一種調整反應，以防意識陷入惶恐和崩潰，通常伴隨著一種扭曲的時間感、意識活動加速、超然感，以及突然脫離現實、旁觀自身行為的感覺（參見一九五～一九九頁）。對諾伊斯和克萊帝而言，這些相似之處讓人無法忽視，因此將全景記憶視為「自我感喪失」現象的一種特別類型。全景記憶打造了一個沒有時間的安全空間，宛如死亡威脅根本不存在，身臨絕境的人在此頃刻間分裂，一部份出現在那些歷歷在目的畫面中，另一部份則猶如一個第三者淡然旁觀著。如此一來，一種超然感油然而生，作用是將絕望和恐懼有效阻擋在意識之外。

超然感假說與普菲斯特提出的「潛意識取代意識」觀點有不少共通之處，基礎概念是：它是一種本能的生理性反應。不過，「自我感喪失」假說裡多了某個尚未得到廣泛接受的新因素：置身「自我感喪失」狀況下的人，看到的畫面是沒有生氣、蒼白的影像；若它們能喚起任何情緒，也只可能是漠不關心的感覺；但伴隨全景記憶體驗出現的那種超然感不同，它來自一種「一切都安好」的寬慰感。

幻覺取代知覺

十九世紀末期，英國知名神經學家約翰．杰克森提出一個幻覺起源的新理論，今天也被視為全景記憶的解釋之一。根據他的理論，大腦在沒有感官刺激的情況下幾乎是無所適從的。若由於刺激因子太單一、缺乏變化，導致我們知覺失能或麻木，而這時外部刺激源也被切斷，則大腦就會採取緊急應變措施，求助那些儲存在大腦中的舊刺激因子，並對它們再加工。這是一個非常劇烈的過程，導致令瀕死者覺得自己像個局外人一樣看著眼前的一切，彷彿整個情節就在眼前上演一樣。正常的記憶是「來自內部」的經歷（我們宛如「在腦海中」看見那些記憶），全景記憶中的形象卻是如此鮮明生動，在正常情況下，只有「來自外部」的形象才可能具備這樣的特點。

美國精神病學家偉斯特（Louis Jolyon West, 1924–1999）曾經將我們的大腦比喻為一個站在窗邊的人，身後的壁爐中正燃著熊熊火焰。白天，這個人透過窗玻璃觀察外面的世界，而當夜幕降臨，房間內的陳設慢慢映射到窗玻璃上。最後，而且自己並未意識到，他正看著自己站在燈火通明的房間裡。在黑暗的襯托下，在窗框之內的影像，是從他的內在自我投射出來的。

將全景記憶體驗視為一種失去感官刺激因子而觸發的幻覺，似乎相當符合溺水者的瀕死體驗。蒲福爵士在回憶那段死亡歷險時寫道，一陣「慌張與混亂」之後，窒息的痛苦感變成「一種無與倫比的寧靜感」，表示此時他的知覺已經麻木。然後，許多異常清晰生動的圖像穿過他的腦海，充斥著「具體細節和特徵」。其他不少溺水倖存者也表示他們是在一陣混亂後開始回顧一生的。

一八九六年，《哲學期刊》上刊載了一篇報告。有名男子在八歲時不慎掉到井裡，並在最後一刻被救起。這個倖存者記得當井水開始灌進嘴巴和耳朵裡時，他使盡渾身力氣想抓住井緣。最後，當認為自己難逃一死時，他停止了掙扎，任由自己平靜地漂浮在水面上。瞬間，「無數過去的事件飛速地、變化繽紛地展現在眼前」。那些影像「來自外部，非常鮮明而生動；我就像個旁觀者一樣看著自己」。這個例子再次說明了，瀕死者腦海中出現的形象似乎來自外部，而且只有在外部世界沒有其他刺激因子後，才變得清晰可見。

對於溺水以外的其他瀕死體驗案例而言，乍看之下，幻覺假說似乎比較缺乏說服力。那些從高處墜落的人，或迎面遭到某物撞擊持續兩、三秒的人，事發時並未有感官刺激因子短缺的現象。而在另一方面，海蒙描述當年墜崖的經歷時寫道，當他把手指摳進雪壁裡，或頭部撞擊到峭壁下的積雪時，並未有任何疼痛感，當時唯一還正常的感覺是聽力（他在落地時聽到一聲悶響）。或許，在生死關頭這種極端狀況下，太多知覺變得遲鈍或被關閉了，因此即使只是短短幾秒鐘，那面反射幻覺的銀幕也能夠架起。

神經學上的三大解釋

將全景記憶解釋為一種幻覺也有不足之處，因為它無法解釋為什麼那些畫面總是伴隨著祥和寧靜、一切安好的感覺。如果幻覺是由儲存在記憶裡的內容所組成，為什麼臨終之際出現的偏偏多是平靜、無憂無慮的童年記憶？痛苦、悲傷和憂慮的感覺到哪裡去了？為什麼除了映射在窗玻璃上的美妙倒影之外，大腦什麼也看不到？此外，幻覺假說也無法對「圖像以飛快速度呈現」這個現象提供合理解釋。不論瀕死體驗者見到的畫面是回溯式的抑或照年代順序呈現，所有關於「生命最後時刻」的報告都提到飛快播映的「電影」畫面，不是在正常時間的狀態下。還有，為什麼時間也隨著從「內部」到「外部」的轉化而改變呢？因此，幻覺這個說法充其量只能提供部份解釋。

還有一種理論闡釋了最廣義的全景記憶，它是基於以下三方面的研究提出的：大腦的生物化學因子、癲癇症，以及海馬體的活動。

二十世紀七〇年代，科學研究顯示，人腦裡有一種類似嗎啡的蛋白質：腦內啡，它是我們身體在承受痛苦和壓力時產生的神經傳導物質；換句話說，是身體內部自製的嗎啡。它會削弱痛苦的刺激，並產生一種安樂與愉快感受。一般常言的跑步與跳傘時的「快感」，都是來自它的作用。然而，腦內啡對癲癇患者卻有個副作用：減弱病情發作的先兆。相關機制尚不清楚，可能是它影響了抑制癲癇發作的神經元活動。顳葉癲癇（我們在第十二章討論過）是一種特定的癲癇症，發作前兆有時與全景記憶有許多相似之處：時間感扭曲、產生幻覺、身為局外人觀察自身、熟悉感，以及記憶閃回等。法國神經學家費列（Charles Féré, 1852–1907）早在一八九二年便提到癲癇症與全景記憶的相似之處。因此，全景記憶與顳葉活動之間或有關連。

除了腦內啡和顳葉，神經學領域對全景記憶的解釋還有第三個方向。對杏仁核進行電擊刺激時，會引發我們焦慮或（正好相反的）舒服感受，而毗連的海馬體對自傳性記憶的儲存是不可或缺的。刺激海馬體，會導致異常清晰、具體的記憶閃回。海馬體中的神經元比大腦任何其他地方的神經元對自發性放電更為敏感。許多不同類型的癲癇症、暫時的記憶喪失與微明狀態**，都是海馬體中敏感的平衡機制被打亂所致。

綜合神經學上的這些發現、假設和類比，可以歸結出以下的解釋：人在極度震驚與恐慌的一開始，身體會釋放出大量腎上腺素，大腦隨即進入一種極活躍的狀態；想法與反應一個接一個飛快湧現，讓人感覺時間變長了。接著，命在旦夕可能帶來的壓力、痛苦、缺氧或其他具體危害，導致腦內啡開始分泌。它使人對痛苦的感覺和刺激變得遲鈍，並確保在本能的恐慌反應後由一種平靜感接手。

** twilight state：患者因顳葉部位的不正常放電作用，感受強烈恐慌、驚嚇、憤怒或興奮的情感，反應變慢，表現如夢又恍惚的行為。整個發作過程中，可能表現很安靜或突然爆發攻擊、破壞行為。此狀況會在意識障礙下持續數小時，且可能以癲癇大發作結束。

然而，這種使感覺麻木的效應同時解放了與記憶、時間感相關的大腦區域活動。海馬體的神經元、杏仁核與顳葉其他部份自發活動起來，將一連串飛速呈現、隨意集結的畫面投射到意識裡。令人緊張憂慮的景象不在其中——或更精確來說，在舒緩麻木或異常歡愉的狀態下，瀕死者用一種光明、寧靜祥和的態度來看待一切。瀕死者最終不是失去意識，就是甦醒過來、感受到疼痛。不論是哪一種情況，這些圖像到時候都會消失。

阿爾伯特．海蒙的墜崖經歷與上述情形驚人地相符。在他失去平衡、驚恐地掉下懸崖時，出於本能反應地把手指摳進雪壁裡，以減緩墜落的衝擊。當時他的疼痛感已經麻木，只剩聽覺告訴他最後摔在懸崖下面的積雪上。墜崖的過程中，海蒙的思維活動極其活躍，存活可能性的相關念頭以閃電般的速度奔馳在他的腦海。他想到那瓶醋酸、登山杖和眼鏡，這些著地後應該做的事，想到自己的兄弟和朋友，想到無法如期登台授課，也想到家人對自己的死訊的反應。從墜崖那一刻起，他沒有受到外部任何其他刺激，腦海裡的念頭轉變為呈現眼前的形象，他認出它們全都來自他的過去。此時，海蒙心態平靜而安詳。那些畫面是由不受他控制的聯想引導。在這個過程中，他只是個被動的接受者；換句話說，他不是那些聯想的導演，只是一名觀眾。他也想起一件痛苦的往事，但他不再有傷感，即使想到母親從郵差那裡得到自己的死訊也沒讓他感到難過。他看到的回憶，就跟郵差送訊到他家裡的幻想一樣清晰。在這寧靜祥和的時刻，正常的時間感消失了，以致他事後無法確定那些畫面是順著時間抑或回溯出現的。根據神經藥理學對全景記憶的解釋，海蒙的確是一名旁觀者，他在自己的意識裡欣賞了一場演出，劇中的道具和場景來自於自身的記憶，但劇情的走向掌握在腎上腺素、腦內啡與顳葉自動活化的神經元手上。

美好愉快的絕命關頭

仔細檢視上述的全景記憶假說，不難發現：所有關於全景記憶的研究成果加起來，就只是少數幾個推測、一些統計上的關連與具暗示性的類比。知覺喪失進而引發幻覺之說本質上就是個類比，創傷性事件引發「自我感喪失」現象或癲癇症發作的先兆也一樣。而不論哪一種情況，類比依然不是全面的。因此，順著「全景記憶只不過是……」這個思路得到的每一個結論，都是不當的。如果這些精神或神經藥學理論上的機制，真如其倡議者所說的充份解釋了全景記憶的成因，則我們不禁要問：為什麼不是所有身歷險境的人都會有全景記憶的體驗？事實上，即使在最容易產生全景記憶的條件下，例如說溺水，也只有一小部份倖存者有過全景記憶。

現代對於全景記憶的解釋，通常是以十九世紀醫學和神經學方面的研究成果為基礎，例如童年記憶的慰藉作用（溫斯洛），或是幻覺的力量（約翰．杰克森），又或是與癲癇徵狀的連結性（費列）。後來開展的全景記憶相關研究證實了這些觀點，有一些研究也從實驗的角度得到確證。某些發現，例如大腦中「天然鴉片」腦內啡的存在與其對情緒的影響，多少已將看似迴異的不同理論統合起來。普菲斯特關於全景記憶的精神分析學說，沒有提到腦內啡或神經元自主活化的概念，而神經生理學的解釋中也找不到「遭流放的君主」和「飯店門僮」概念。儘管如此，這兩個貌似迴異的理論都做出「遇險者最初的恐慌感退去後，將繼之以放鬆的安樂感」預測。透過生動的擬人手法，也許普菲斯特已經揭示了大腦在危機時刻進行的「熱鬧製藥活動」之心理學面運作。

任何一個相信自己將在片刻間死去之人，突然擁有無數的過去，以及所剩不多的未來。從此時到彼時，他成了一個站在生死分界上的人。對某些人而言，意識在瀕於死亡之際似乎能夠展翅飛翔。這些人的記憶被賦予一種強度，一種前所未有的強度。這些瀕死者在一個不曾有過的地方「看到」他們的記憶：記憶，在他們的「眼前」，對著他們呈現出來。太多影像在瞬間飛逝而過，攪亂了正常的時間長度感與節奏。在危急時刻，腦海中喚起的記憶，不再具有他們熟悉的感情色彩和意義，即使是痛苦的回憶，也分沾到那一刻的平靜與安詳。正因為這種體驗是非常態的，因此也無法再以正常的方式來表述。蒲福爵士在描述自己那段瀕死體驗時曾寫道，當時他的思維「以一種無可言喻的速度」在運轉，想法和念頭飛速閃現，「這種感覺不只無法形容，沒有類似經歷的人也沒有辦法想像」。在所有關於瀕死體驗全景記憶的報告中，皆不乏與此大致相同的說法。將全景記憶的體驗訴諸筆端，似乎帶出一種與我們內省經驗不相容的時間尺標。

諸多關於瀕死體驗全景記憶的描述中，運用的各種比喻也透露了一定程度的無能為力。作者只能從他與讀者共享的經驗領域尋找相關比喻；在此同時，他也十分清楚比喻和他的「現實」之間的差距。全景、劇院表演、高速運轉的電腦、三十五厘米膠卷、幻燈片放映、電影或錄影帶等比喻，在全景記憶的相關描述中比比皆是，運用這些比喻的人轉過身後，姿態一變向讀者致歉，告訴他們：比喻只是對無以言表之經歷的笨拙類比。對全景記憶抱持濃厚興趣的醫生、神經學家和精神病學家，也都體會到這種無能為力。他們輕易掉進了比喻和類比的陷阱，而上述各種解釋予我們的滿足感也只是審美上的，而非科學上的。

普菲斯特在其論文的結尾處，也試圖用一個比喻來表達全景記憶的美妙清澈感。這個比喻將讀者帶回海蒙墜崖與普菲斯特兩度遇險的崇山峻嶺中。普菲斯特剛從山上回到家，夜晚將至，很難辨識出山嶺的輪廓，只有峰頂仍捕捉到最後一抹光線，帶著一抹神祕的紅霞俯視著暮色。

參考書目

蒲福爵士描述溺水遭遇的信件摘自《約翰．巴羅爵士的自傳性記憶》（*An Autobiographical Memoir of Sir John Barrow*）一書，一八四七年於倫敦出版，三九八～四〇三頁。同樣的文字也見於威廉．芒克（William Munk）的《安樂死》（*Euthanasia : Or Medical Treatment in Aid of an Easy Death*），一八八七年於倫敦出版。

海蒙在阿爾卑斯山的墜崖經歷摘自《瑞士登山協會年報》（*Jahrbuch des Schweizer Alpenklubs*）雜誌（一八九一～一八九二年第二十七期，一八九二年於伯恩（Berne）出版，三二七～三三七頁）中的〈墜落之瀕死體驗有感〉（*Notizen über den Tod durch Absturz*）一文。完整英文譯稿，可見於諾伊斯和克萊帝的〈墜落之瀕死體驗〉（*The experience of dying from falls*）一文，發表在一九七二年第三期《*Omega*》期刊（四十五～五十二頁）。

普菲斯特的論文英譯本可見於《*Essence*》雜誌（一九八一年第五期，五～二〇頁）上的〈致命危險中的心智狀態〉（*Mental state in mortal danger*）一文，諾伊斯和克萊帝合譯。本章關於普菲斯特的引語均摘自此文。

–Basford, T. K, *Near–Death Experiences: An Annotated Bibliography*, New York, 1990.

–Blackmore, S., *Dying to Live: Near–Death Experiences*, London, 1993.

–De Quincey, T., *Confessions of an English Opium–Eater*. Originally published in *London Magazine*, 1821.

–Egger, V., 'Le moi des mourants. Nouveaux faits', *Revue Philosophique* 42 (1896), 337–68.

–Fechner, G. T., *Das Büchlein vom Leben nach dem Tode* (1836). Quotcd from *Life after Death*, translated by M. C. Wadsworth, New York, c. 1904.

–Fére, C., *Pathologie des émotions*, Paris, 1892.

–Friendly, A., *Beaufort of the Admiralty: The Life of Sir Francis Beaufort 1774–1857*, New York, 1977.

–Kinnier Wilson, S. A., *Modern Problems in Neurology*, London, 1928.

–Moody, R. A., *Life after Life*, Atlanta, 1975.

–Noyes, R., Jr., and R. Kletti, 'Panoramic memory: a response to the threat of death', *Omega* 3 (1977), 181–94.

–Noyes, R., Jr, and D. J. Slymen, 'The subjective response to life–threatening danger', *Omega* 4 (1978–9), 313–21.

–Oettermann, S., *The Panorama: History of a Mass Medium*, New York, 1997.

–Pfister, O., 'Schockdenken und Schockphantasien bei höchster Todesgefahr', *Internationale Zeitschrift für Psychoanalyse* 16, 3–4 (1930), 430–55.

–Ring, K., *Life at Death: A Scientific Investigation of the Near–Death Experience*, New York, 1980.

–Rosen, D. H., 'Suicide survivors: a follow–up study of persons who survived jumping from the Golden Gate and San Francisco–Oakland Bay bridges', *Western Journal of Medicine* 122 (1975), 289–94.

–Winslow, F., *On the Obscure Diseases of the Brain and Disorders of the Mind*, London. 1861.

–Zaleski, C., *Otherworld Journeys: Accounts of Near–Death Experience in Medieval and Modern Times*, New York and Oxford, 1987.

第十七章　以記憶為本

——《勸世靜物畫：一名年輕畫家的肖像》

致我的父親

到荷蘭萊頓市的拉肯哈爾（Lakenhal）美術館，你會看到一幅題為《勸世靜物畫：一名年輕畫家的肖像》（*Vanitas still life with portrait of young painter*）的名畫，作者是十七世紀畫家大衛．貝利（David Bailly）。我們完全有理由相信這是一幅自畫像，因為從他的其他畫作中得知畫家本人就是畫中人的模樣。

關於貝利這位畫家，我們知之甚少，那個年代幾乎沒有留下任何關於他的記述。貝利一五八四年生於荷蘭的萊頓（Leiden），在參觀了雕塑巨匠雅克．德．海恩（Jacques de Gheyn, 1565–1629）的工作坊後立志成為畫家。一六〇八年冬，二十四歲的貝利前赴德國與義大利，在那裡展開繪畫生涯。五年後，由於「厭倦了漂泊」，貝利重回故土，很快成為知名的肖像畫家，客戶主要來自學院界人士。

貝利直到一六四二年才結婚，當時已經五十八歲，新娘艾格妮塔．范．斯汪博赫（Agneta van Swanenburgh）的年齡不詳。一六五七年春天，這對夫妻簽下他們的遺囑，那時貝利已經虛弱得沒辦法在文件上簽字。他的確切死亡日期可能是一六五七年十月的最後幾天，但萊頓彼得教堂（Pieterskerk）登記的死亡日期是一六五七年十一月五日。很顯然，貝利之死對當地不算什麼重大損失，因為教堂紀錄與地方殯葬紀錄也不相符。如今，人們之所以還記得貝利，主要是因為《一名年輕畫家的肖像》這幅勸世靜物畫（Vanitas still life）。「Vanitas」原意為拉丁文的「虛空」，這類靜物畫的主旨在描繪死亡之不可避免。

從貝利頭部畫一條線連接骷髏頭，這條對角線主宰了桌上所有其他物件。骷髏頭空洞的眼窩直望著懸在桌子最遠邊緣處的一張紙，上面寫著「Vanitas vanitatum, et omnia vanitas」（虛空的虛空，凡事都是虛空）。連接畫家的頭部和骷髏頭的對角線，穿過一支剛掐熄、仍冒著一縷煙的蠟燭。桌子上方，飄浮著肥皂泡——生命就是一個肥皂

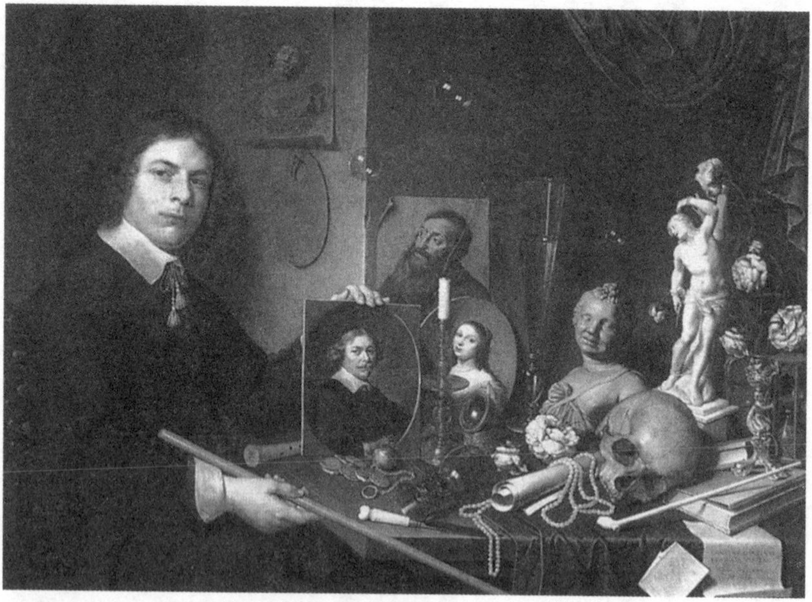

圖17. 大衛・貝利的《勸世靜物畫：一名年輕畫家的肖像》
© Museum De Lakenhal

泡。骷髏頭放在一堆東西中間，它們象徵世間萬物的無常本質：一只大酒杯倒在桌子上，菸斗已經熄滅，盛開過的玫瑰已經凋零，硬幣與小飾品散落一桌。桌子上還有一個擺在書後、勉強可見的沙漏，裡頭的沙也快要流完了。時間差不多了。

在畫中，荷蘭知名畫家哈爾斯（Frans Hals）的《魯特琴手》肖像畫掛在調色板上方的牆面上。畫家的面前擺放著一支舌簧八孔直笛（recorder），只露出尾端。在所有藝術中，音樂是最短暫無常的一種，因為音樂在十七世紀還不能被保存。世界上最早出現的「記憶」聲音的東西——留聲機——要到一八七七年才問世。

X光讓這幅畫某個引人好奇的細節無所遁形：在前稿中，貝利將作畫用的腕杖指向畫作中央上方的一張女性臉龐。這支腕杖後來被改為擱靠在桌上，但那張女性臉龐仍隱約可見，幾乎有如一個幽靈，出現在那只有刻槽的玻璃杯後。在我們看來，這個女人是個謎。她是誰？為什麼她一開始被放在一個如此顯著的位置？是什麼原因促使貝利最終決定讓她「消失」？最重要的是，貝利為什麼後來用層層顏料掩蓋她、卻又讓她的形貌隱約透出？

貝利的臉上有種傲慢自負的神情，看起來相當於他在三十歲上下的樣貌，或許是因為剛結束遊歷

圖18.《一名年輕畫家的肖像》局部，牆上隱約浮現的女性臉龐。

歸來，有如一顆冉冉升起的新星。但他這種自滿的表情被一種莊重感調和了，散發自貝利手上那幅老者的小型肖像。貝利好像在說他意識到自己有朝一日也會變成一個那樣的老人，帶領觀者正視這不可避免的人生議題：老年。

讓時光倒流的畫作

《勸世靜物畫：一名年輕畫家的肖像》傳達的訓誡是：人應該好好安排自己的人生，因為當生命來到最後，我們終究必須回頭審視這一生。到時候，我們將會如何看待那些決定我們一生的價值觀？我們曾經熱中追求的財富、美麗、藝術、知識與其他的一切，帶給了我們什麼？想領會這幅畫所揭示的人生真義，觀者必須依照從左到右、從青年到老年、從過去到未來的順序來研究這幅畫。正如時間的箭頭總是指向右邊，這幅畫的方向也是從左至右的。

不過，這幅題為《勸世靜物畫：一名年輕畫家的肖像》的畫作，其實可以當成兩幅作品來看，其中一幅是我們上述所介紹的，而想要看到另一幅，必須先了解兩件事。其一，寫著「vanitas」字樣的那張紙上，還寫著「大衛．貝利於一六五一年作」；其二，貝利在一六五一年已經六十七歲了。

正是這兩點改變了一切。自畫像（如果我們可以稱它為自畫像的話）的真正主人公其實不是那個拿著腕杖的年輕人，而是橢圓框內的那名老人。貝利將自己畫成四十年前的年輕模樣。在這幅自畫像中，我們看到的不是一名憧憬著未來的青年，而是一名追憶美好往昔的老者。

在《勸世靜物畫：一名年輕畫家的肖像》中，在幾乎可以耳聞滴答聲之下，我們可以讓時間逆行。這幅畫的時間腳步不是向前進，而是往後退，從右至左，這是與時間方向相反的動線。貝利在畫中所繪的一老一少兩個肖像構成一個「完形」（Gestalt）——不是空間上的，而是時間上的：看到這兩幅肖像的原型人物是有可能的，但同時看到他們則絕無可能。

奇特的是，即使逆向解讀，這個訊息仍舊成立，因為不論是追憶青春時光，抑或前瞻老年歲月，都指向時間的流逝。這就是貝利這幅畫想表達的嗎？發光發熱的年輕時光，無限追憶也追不回了？因為他精益求精、並未虛度人生，因此終能完成這幅靜物畫？抑或是，用盡一生追求，終究是一場空？或許是他想留給我們一件將永恆寄託於無常中的不朽畫作？除了這幅沉默的畫，貝利並未留下與它相關的任何資料。他的用意，我們將永遠無從得知。

在畫中，橢圓形畫框裡的老貝利正好位於兩條對角線的交叉點上。老人的肖像靠立在桌上，只是這幅「虛空」靜物畫的一部份而已。但它是被抓在手中（輕柔地抓住，我猜想），在年輕的貝利手中，出自年老的貝利「以記憶為本」的畫筆。我們可以說，在離開人世的六年之前，貝利已經畫了這幅《勸世靜物畫：一名年輕畫家的肖像》，將記憶託付給它歸屬的地方：永恆與無常之間。

參考書目

–Bruyn, J., 'David Bailly, "fort bon peintre en pourtaicts et en vie coye"', *Oud–Holland* 66 (1951), 148–64, 212–27.

–Draaisma, D., '"Naer't onthoud". Bij het *Portret met stilleven* van David Bailly', *Feit & Fictie* 3 (1996), 79–83.

–Popper–Voskuil, N., 'Self–portraiture and vanitas still–life painting in 17th century Holland in reference to David Bailly's vanitas oeuvre', *Pantheon* 31 (1973), 58–74.

–Wurfbain, M. L., 'Vanitas–stilleven David Bailly (1584–1657)', *Openbaar Kunstbezit* 13 (1967), 76.

第十七章　以記憶為本

為什麼年紀愈大，時間過得愈快

從心理時間的祕密，到記憶如何形塑我們的一生

Why Life Speeds Up As You Get Older: How Memory Shapes Our Past (WAAROM HET LEVEN SNELLER GAAT ALS JE OUDER WORDT. OVER HET AUTOBIOGRAFISCH GEHEUGEN)
（初版書名：記憶的風景——我們為什麼「想起」，又為什麼「遺忘」？）

作　　者　杜威·德拉伊斯瑪（Douwe Draaisma）
譯　　者　張朝霞
封面設計　萬勝安
封面插畫　周柔禾
內頁排版　高巧怡
行銷企劃　蕭浩仰、江紫涓
行銷統籌　駱漢琦
業務發行　邱紹溢
營運顧問　郭其彬
責任編輯　林淑雅
總 編 輯　李亞南
出　　版　漫遊者文化事業股份有限公司
地　　址　台北市103大同區重慶北路二段88號2樓之6
電　　話　(02) 2715-2022
傳　　真　(02) 2715-2021
服務信箱　service@azothbooks.com
網路書店　www.azothbooks.com
臉　　書　www.facebook.com/azothbooks.read
發　　行　大雁出版基地
地　　址　新北市231新店區北新路三段207-3號5樓
電　　話　(02) 8913-1005
訂單傳真　(02) 8913-1056
二版一刷　2023年6月
二版二刷(1)　2024年6月
定　　價　台幣420元

ISBN　978-986-489-800-8

本書原中文譯稿，由中國山東教育出版社《為什麼隨著年齡的增長時間過得愈來愈快–記憶如何塑造我們的過去》（2006 年出版）一書提供。

國家圖書館出版品預行編目(CIP)資料

為什麼年紀愈大，時間過得愈快：從心理時間的祕密，到記憶如何形塑我們的一生？ / 杜威.德拉伊斯瑪(Douwe Draaisma)著；張朝霞譯. — 二版. — 台北市：漫遊者文化出版：大雁文化發行, 2023.06
336　面;15*21　公分
譯自：Why Life Speeds Up As You Get Older: How Memory Shapes Our Past
ISBN 978-986-489-800-8(平裝)
1.記憶
176.33　　112007282